PHÉNOMÈNES BIZARRES, ÉTRANGES ET INEXPLIQUÉS

JOHN MICHELL
ROBERT J.M. RICKARD

ANTHOLOGIE DES PHÉNOMÈNES BIZARRES, ÉTRANGES ET INEXPLIQUÉS

Traduit de l'anglais par Marie-José Epron

PIERRE BELFOND
3 *bis*, passage de la Petite-Boucherie
75006 Paris

Ce livre a été publié sous le titre original
PHENOMENA
par Thames & Hudson, Londres.

Si vous souhaitez recevoir notre catalogue
et être tenu au courant de nos publications,
envoyez vos nom et adresse en citant ce livre.
Éditions Pierre Belfond
3 bis, passage de la Petite-Boucherie
75006 Paris

ISBN 2.7144.1333.1

TABLE DES MATIÈRES

LE MONDE DES PHÉNOMÈNES

Cet ouvrage n'est pas uniquement un recueil de prodiges, c'est une anthologie de merveilles répétées. Il s'agit d'expériences survenues à des personnes de toutes les époques, de thèmes de la vie se renouvelant sans cesse, mais parvenant toujours à échapper à l'explication raisonnable. Leur existence est impossible, en termes d'un système rationnel de croyance et, cependant, ils résistent à toute tentative d'exorcisme et de suppression. Ils sont répétitifs et réels. Ils affectent les gens sur les plans mental et physique et c'est pourquoi nous les inscrivons parmi les « vrais » phénomènes de ce monde. A leur propre niveau, ils correspondent aux thèmes constituant des archétypes mythologiques et aux images constituant ceux des rêves. Ceux-ci également, puisqu'ils se qualifient de répétitifs et réels, nous pouvons les considérer comme « vrais » et nous y faisons référence en composant la vision globale du monde que nous appelons phénoménisme. Cet ouvrage a pour but de servir d'introduction à la notion élargie, phénoméniste, de la réalité que nous offrons comme un moyen de considérer les choses, plus complet, pratique et gratifiant que la vision mondiale et physique de la science moderne, car il est fondé sur l'expérience de la vie plutôt que sur sa conception.

Au titre du phénoménisme, nous acceptons tout; nous ne croyons rien dans l'absolu; nous n'expliquons pas. Toute théorie proposée constitue une hypothèse temporaire. Notre étude traite du contenu de l'expérience humaine des événements qui se produisent, que l'on pense se produire ou dit se produire. En particulier, nous nous intéressons à la gamme énigmatique de phénomènes dont l'existence se déroule dans l'intervalle entre la « dure » réalité des vis et des écrous, des briques et du mortier, et la réalité « psychologique » des rêves.

Charles Fort (1874-1932) fut le père du phénoménisme moderne, rénovateur du monde, révolutionnaire cosmique. Se fondant sur la collection d'anomalies et d'irrégularités dans la vision du monde scientifique, réunie au cours de sa vie, il identifia un grand nombre de types jusque-là non reconnus dans la réalité phénoménale, tels que les OVNI, la boule de feu et l'effet de téléportement. De plus, il élabora avec subtilité et humour une vision philosophique de la vie, capable de s'adapter à une somme d'expériences des plus vastes. Tous les produits de la nature et de l'imagination étaient pour lui un délice. Il acceptait tout ce qui arrivait dans la vie et rejetait tous les mythes d'interprétation s'opérant à des niveaux divers de réalité. Il n'y a pas de hiatus dans la gamme des phénomènes. Toutes les catégories, toutes les divisions sont créées arbitrairement par l'homme, car il n'existe pas plus d'événements isolés que d'organes isolés dans le corps. « Un cri vengeur s'élève dans Hyde Park à Londres — très loin, dans le Gloucestershire, un château ancien s'enflamme. »

Dans la continuité des phénomènes, il existe des sommets, telles les îles d'une chaîne de montagnes submergées. Dans ce volume, nous avons choisi des phénomènes groupés autour de certains sommets et classés dans diverses catégories. Celles-ci sont artificielles et n'ont d'intérêt qu'à titre de commodités temporaires, car chacune peut être infiniment subdivisée et confondue à d'autres pour produire des modèles divers de sommets ou d'archipels dans la géographie de l'univers phénoménal. Un de nos objectifs est de démontrer la grande variété des images qu'il est possible de projeter sur l'expérience de la vie ou d'en retirer. Et nous entamons notre justification du phénoménisme comme philosophie la moins inadéquate, en supposant que le meilleur moyen d'éviter de devenir un raseur, un maniaque ou un obsédé est de reconnaître que la nature est tout à fait capable d'égaler les plus folles envolées de l'imagination humaine et de manifester les preuves nécessaires à la défense des plus folles théories que l'on puisse rêver. Ce n'est que dans cette optique, confirmée de préférence par des expériences dans le genre de celles de la Reine Blanche de Lewis Carroll (« Il m'est arrivé, avant d'avoir pris le petit déjeuner, de croire jusqu'à six choses impossibles[1] ») que l'on peut apprécier à leur juste valeur des scènes telles que celle du savant professeur qui réprimanderait un exalté pour ne pas considérer le monde à la manière des pédants contemporains et verrait en échange violemment critiquer son aveuglement à ce qui devrait paraître évident à n'importe qui.

En tant que phénoménistes, nous ne reconnaissons aucune certitude. Cependant, tout autour de nous s'épanouissent des convictions diversement élaborées, celles des tyrans, des psychiatres, des grands prêtres de la science et de la religion, des détraqués et des fanatiques, chacune consistant en sélections diverses prises aux sources communes — le monde de la perception sensorielle —

1. *De l'autre côté du miroir*. Traduction de H. Parisot.

et chacune rivalisant avec les autres. Les diverses visions mondiales se font la guerre à propos du statut de la réalité dominante ; nous appelons cela de l'impérialisme mental et pensons qu'il vaut mieux éviter ces certitudes. Elles sont soutenues par une ignorance étudiée et un aveuglement sélectif et produisent finalement le même effet irritant que le port d'œillères. Lorsque les croyances, chéries durant toute une vie, sont confrontées à une expérience contradictoire, les premières devraient avoir la grâce de s'incliner. Pour notre part, nous nous délectons de toutes les croyances et de toutes les théories ; nous favorisons toutes les interprétations et toutes les écoles de pensée et nous considérons avec bienveillance les orthodoxies sévères comme les hérésies passionnées. Chacune reflète un aspect de la nature humaine et chacune a une contribution positive à offrir au fonds commun de la compréhension humaine. Cependant, nous préférerions goûter un petit échantillonnage de chacune, plutôt que d'en avaler tout rond une entière. Partout dans cet ouvrage, nous avançons de nombreuses théories pour expliquer les événements et apparitions étranges qui s'y trouvent rassemblés, mais si chacune a son utilité pour expliquer une part de l'évidence, aucune n'est capable de couvrir l'étendue complète des phénomènes dans aucun domaine. Nous apprécions les théories comme des œuvres d'art et nous élaborons les nôtres dans le même esprit, préférant toujours étudier la réalité à sa source, dans les productions de la nature, plutôt qu'à travers les représentations que les gens en ont tirées.

Les avantages d'une vision mondiale phénoméniste se manifestent par l'événement suivant, inclus dans *Miscellanies*[1] de John Aubrey.

En 1655, un homme qui aurait dû être à Goa, colonie portugaise en Inde, et qui avait réellement été dans cette ville quelques instants plus tôt, se trouva subitement ramené au Portugal. Il avait été mystérieusement transporté à travers les airs. On lui fit un juste procès ; déclaré coupable, il fut brûlé sur un bûcher.

Les autorités ecclésiastiques du Portugal, à l'époque, comme tous les défenseurs d'orthodoxies en général, n'étaient pas phénoménistes. Ils réclamaient des explications et expliquaient eux-mêmes en termes de la réalité dominante. Cette réalité comportait des magiciens et des sorcières, ennemis de la foi, sorte d'opposition officielle. L'une des caractéristiques de ces ennemis, utile à leur identification, était leur propension à voler à travers les airs. Per-

1. Mélanges.

leurs récits. Les savants observent et font des rapports sur les sonne d'autre qu'un saint ou un magicien reconnu ne réalisait de tels exploits et, puisque l'homme de Goa n'était pas un saint, il devait être magicien. On suivit le raisonnement logique au point de le brûler.

La tragédie provenait de l'attitude moralisante des autorités envers les phénomènes. Nous ne pouvons pas, aujourd'hui, dire si l'homme fut réellement transporté à travers les airs de Goa au Portugal ; nous ne connaissons pas les détails, bien que les preuves à l'époque aient été assez convaincantes pour le faire exécuter. Mais nous ne croyons pas qu'il ait forcément été magicien. Au XVIIe siècle, il existait suffisamment de preuves, pour quiconque voulait les rechercher, de l'existence de la lévitation et d'envols spontanés et, depuis cette époque, un grand nombre de cas valables ont été consignés, allant de l'enlèvement attribué aux fées au téléportement moderne lié aux OVNI. Nous en donnons des exemples dans nos chapitres « Étranges disparitions », « Enlevés et restitués » et « Téléportement ». Un grand nombre des cas semblent s'être produits spontanément, plutôt que par magie ou sorcellerie ; et nous considérons la mode actuelle de les attribuer aux OVNI comme tout aussi arbitraire que les explications antérieures. Si les autorités portugaises avaient été capables d'une analyse objective de l'histoire de la lévitation spontanée, au lieu de se borner à en accepter l'explication en vogue à l'époque, elles n'auraient jamais pu justifier le fait de brûler l'homme venant de Goa.

Nombreux sont les malentendus, les injustices et les malheurs qu'il eût été possible d'éviter avec un brin de phénoménisme : visionnaires internés, agents de liaison avec les OVNI licenciés, savants discrédités pour avoir fait des découvertes irrationnelles, Jeanne d'Arc, et beaucoup d'autres, brûlés pour avoir conversé avec les esprits. Fort enregistra plusieurs cas où des perturbations inexplicables du type « esprit frappeur » avaient été injustement attribuées à des enfants de la maison et fréquemment à une malheureuse servante, parfois médium inconscient de ces troubles. Inévitablement, avec la désorganisation moderne de toutes les croyances et en réaction aux certitudes oppressives des grands colporteurs de théories du XIXe siècle, le phénoménisme est de plus en plus apprécié pour son abord global de la réalité. Dans son sillage se développe une nouvelle et bénéfique tolérance. Les agents de police peuvent repérer les pumas dans le Surrey ou poursuivre des OVNI dans le Devon et demeurer, malgré tout, agents de police. Les gens mystérieusement transportés dans les airs ne montent plus au bûcher ; et il arrive même que l'on croie effets de la réalité para-scientifique, telles la marche sur le feu ou la torsion des cuillères. Les humanistes, libérés de concepts autrefois obligatoires, comme les esprits ou la primauté de la matière, étudient la baguette du sourcier et la vie après la mort à travers l'évidence neutre des phénomènes qui les accompagnent. On trouve même des psychiatres pour écouter sans sourciller les impossibles expériences de leurs patients. Cependant, l'exclusionnisme, comme l'appelle Charles Fort – tendance à adopter une part rationnellement cohérente de la réalité comme véritable substitut d'un plus que rationnel ensemble –, continue à s'épanouir dans le monde académique, qui informe le politique. La seule révolution que nous puissions espérer est celle qui libérera la masse des phénomènes opprimés, les arrachera à leur condition méprisée et leur permettra de s'exprimer dans la gestion de notre conception de la réalité.

La variété des phénomènes et leurs explications

Nous nous attachons aux symptômes plutôt qu'à la cause : à des symptômes d'existences qui n'existent que par leurs symptômes ; aux objets tombant du ciel ou disparaissant dans l'atmosphère, qui sont ou non là où ils devraient être ou ne pas être ; aux apparitions réitérées de choses impossibles ; aux événements et aux phénomènes rencontrés sur le plan physique et obéissant cependant aux lois de l'onirisme de préférence à celles de la physique. Nous concevons trois modes de réalité : « dur », « psychologique » et, entre les deux, « phénoménal », tous actifs et efficaces, tous confondus. Des événements se produisant à un certain niveau se réfèrent à ceux d'autres plans ; les causes et les effets ne sont pas différenciés. Est-ce de fumer qui entraîne le cancer, ou le cancer pousse-t-il à fumer, ou les deux proviennent-ils d'une autre origine ? La catastrophe aérienne cause-t-elle le pressentiment, ou la prémonition est-elle cause de catastrophe, ou les deux sont-ils provoqués par une tierce chose ? Il existe des correspondances reliant tous les niveaux de réalité. Des objets étranges dans le ciel, des monstres sur terre et dans la mer, des humanoïdes et des hommes non terrestres. C'est de ces éléments archétypaux que sont faits les rêves, les créations de mythes universels et de contes de fées ; ils glissent cependant parfois du côté de la réalité phénoménale pour choquer ou mystifier les témoins humains et, à l'occasion, approchent aussi, sans jamais l'atteindre, la tangible réalité, présentant des lettres de créance spécieuses, telles d'étranges empreintes et des photographies bougées. Et parmi l'énorme quantité de justifications, de signes et d'apparitions, à peine un élément de preuve « tangible », pas l'ombre d'une vis ou d'un écrou pour persuader ceux dont la notion de réalité se limite à de tels objets. Cette aversion qu'ils ont à donner une preuve convaincante de leur existence constitue un élément frappant de nos phénomènes et peut-être le meilleur indice que nous ayons de leur nature. Serait-ce délibéré ? Nous encouragerait-on à croire, uniquement pour nous précipiter vers la déception ? John Keel, auteur d'ouvrages sur les OVNI, exprime d'intéressantes réflexions à propos des déconvenues qui frappent – et qui doivent bien avoir une cause – les prophètes ovniens, à la suite d'une période initiale d'inspiration. Mystifications non identifiées au sein d'une parodie cosmique; course au trésor universelle dont les indices sont donnés en langue morte et le trajet piégé; nous reparlerons du sujet lorsque nous serons mieux informés.

Il y a aussi les dissimulations. Les conservateurs de musées sont rarement phénoménistes. Ils étiquettent en termes de précédentes attributions ou bien ils rejettent. Personne n'a envie de garder la pièce provenant d'un autre puzzle. A l'époque où l'Église avait la haute main sur les musées et exposait des reliques sacrées et des objets d'origine miraculeuse, les preuves de nos phénomènes étaient mieux mises en valeur. Mais on les expliquait à l'aide de la religion et l'explication justifiait le mythe sur lequel se fondait la religion; si celle-ci changeait, on modifiait l'explication. Et le processus se perpétue; en voici un exemple. Un grand nombre de nos phénomènes sont liés à certains lieux, sites d'anciennes églises et endroits que la tradition a toujours tenus pour sacrés. En tant que phénoménistes, nous croyons que le caractère hiératique de ces lieux naquit, à l'origine, d'un événement qui s'y produisit et qui pourrait se renouveler. Lueurs mystérieuses, guérisons miraculeuses, visions et spectres sont généralement, et de longue date, associés à d'anciens sanctuaires. Les diverses caractéristiques des lieux destinés à être appelés sacrés ont été reconnues à des époques très reculées, et expliquées par la suite. On attribua d'abord les guérisons ou les visions à des dieux locaux, puis à d'autres divinités d'autres religions, puis à des saints ou des hommes saints de la légende, ou à Bouddha ou à la Sainte Vierge Marie. Un aspect moderne de la tendance à donner des justifications en termes de mythes contemporains se manifeste dans la théorie, née du culte ovnien de notre âge de l'espace, selon laquelle on attribue les grands sanctuaires des civilisations primitives aux entreprises des hommes extra-terrestres.

Le phénoménisme compte deux catégories d'ennemis : les dissimulations et les explications.

Charles Fort, connaisseur des phénomènes, l'était également des explications. En 1881, une tempête se déchaîna sur la ville anglaise de Worcester (voir « Chutes d'animaux et de matières organiques »). Des tonnes de bigorneaux et de moules additionnés de quelques crabes tombèrent du ciel, jonchant les rues, cours et jardins. Evidemment, elles ne tombèrent pas vraiment du ciel car, pour commencer, il n'y a pas de bigorneaux, etc. là-haut. Alors, une explication locale prit corps. Un marchand de poissons avait déversé son stock d'invendus. Le poissonnier de Worcester devint le personnage préféré de Fort. Il symbolisait toutes les explications inadéquates, désespérément tirées par les cheveux, dont le rationalisme doit parfois se contenter, faute de mieux. Fort dépeint avec alacrité le poissonnier de Worcester œuvrant dans les rues, sans attirer la moindre attention, avec ses nombreuses charrettes chargées de coquillages superflus. Ses assistants sont très occupés à en lancer des pelletées sur la route. Ils escaladent les murs et en recouvrent les cours et les toits. Leur tâche terminée, ils s'évanouissent sans laisser de traces. Des enquêtes démontrèrent qu'aucun bigorneau ni autre coquillage n'avait été mis en vente ce jour-là sur le marché de Worcester.

Fort identifia un autre type d'explication généralement répandu — l'élément endosse le rôle de la totalité. Une maison subit les attaques de forces mystérieuses; c'est un classique des « esprits frappeurs ». Des pierres volent, des objets flottent, des feux s'allument, les coups pleuvent — puis on surprend un garçon à jeter des pierres. Les phénomènes cessent et, bien évidemment, on rend le garçon responsable de toute la série d'épisodes.

Il existe dans la nature un principe subtil que Fort fut le premier à remarquer, en tout cas depuis l'époque des anciens alchimistes : la tendance qu'ont les expériences scientifiques à produire des effets gratifiants pour leurs auteurs. Il y eut le cas futile des escargots accommodants. En août 1886, des escargots tombèrent du ciel, près de Redruth, en Cornouailles. Un correspondant du *Redruth Independent* les prit pour des coquillages marins; il en plaça certains dans de l'eau de mer et ils se développèrent. Un autre, persuadé d'avoir affaire à des escargots d'eau douce, en immergea néanmoins quelques-uns dans de l'eau de mer — et ceux-là moururent. Nous n'accusons personne de malhonnêteté, nous remémorant la nouvelle doctrine des physiciens subatomiques d'après laquelle l'action d'observer affecte l'objet de l'observation. Nous connaissons le schéma. Prenons le cas du Pr Paul

Kämmerer, par exemple. Il soutenait une théorie, hérétique, à propos de l'hérédité des caractères acquis. Pour la prouver, les crapauds de son laboratoire auraient dû présenter des pattes noires et rugueuses. Ce qu'ils firent. On en envoya un spécimen en Angleterre, aux fins de contrôle, et il fut trouvé conforme. L'hérésie déplut à d'autres savants. Eux aussi opérèrent une vérification sur le crapaud, espérant le discréditer, et ils lui découvrirent les pattes teintes à l'encre de Chine. Chacun des protagonistes expliqua le phénomène de manière différente, mais aucune explication ne fut plus intéressante que le phénomène lui-même. Kämmerer souhaitait des crapauds à pattes noires et fut exaucé; ses détracteurs souhaitaient le contraire et ils obtinrent satisfaction. La mystification de Piltdown est un cas similaire. Darwin prétendait que seule l'imperfection de l'empreinte fossile inhibait la découverte de maillons manquant à la chaîne reliant les espèces. Une génération de savants s'employa à trouver le plus important des hypothétiques maillons manquants, celui qui relie l'homme au singe. L'évolutionnisme et une certaine vision du monde en dépendaient. On le souhaitait ardemment. On le trouva et, par dessus le marché, en Angleterre, matrice de l'empire et de la doctrine officielle. Pendant quarante ans, le crâne de Piltdown, mi-homme, mi-singe (même peut-être trop) demeura la preuve convaincante des vérités de l'évolutionnisme. Il convertit les derniers indécis. Le vieux Boyd Dawkins, originellement opposé à Darwin, avoua ses erreurs sur la foi de cette pièce. En 1953, on dénonça le crâne comme étant un faux maladroit, mais qui en était responsable ? Les détectives déclarèrent que plus d'une personne avait dû y participer, tous les suspects étant des évolutionnistes célèbres et l'un d'eux, Teilhard de Chardin, promoteur d'une religion évolutionniste. Peut-être y ont-ils tous participé ? L'évidence a tendance à le prouver, mais il nous paraît difficile de croire à une telle supercherie, fanatique et massive, si longuement perpétuée. Il nous reste un simple phénomène : on souhaitait un crâne d'homme-singe et le souhait fut exaucé.

Un grand nombre de nos phénomènes se comportent comme le crâne de Piltdown – ils exaucent les souhaits et répondent aux besoins –, telles des créations de l'imagination qui se seraient matérialisées. Les gens sensibles des montagnes Rocheuses rêvent de géants poilus qui vivraient tout en haut des sommets. Ils ne se contentent pas d'en rêver, ils les voient réellement. Même à jeûn, ils les voient et ainsi le Yeti de l'Himalaya possède un cousin américain, « Bigfoot » (grands pieds), le grand monstre américain, avec ses phénoménales lettres de créances : empreintes, mèches de cheveux et photographies peu convaincantes. Ces questions suscitent chez les psychologues pas mal de commentaires, tous pertinents, mais lorsqu'ils en viennent aux explications, ils ont tendance à laisser l'élément prendre des allures d'ensemble. On ne peut pas balayer les phénomènes d'une explication facile, comme d'un geste de la main, et les décrire, eux-mêmes ou leurs témoins, en termes cliniques. Cependant, un grand nombre de nos phénomènes entretiennent des liens très étroits avec l'état d'esprit de ceux chez qui ils se présentent. Considérons, par exemple, la marche sur le feu ou la lévitation ; exploits physiques certains, s'il en est ; mais on peut aussi les qualifier d'imaginaires, puisqu'ils sont réalisés au cours d'états de transe ou d'extase. Il en est de même pour les apparitions – monstres, loups-garous, etc. – reliées à des désirs inconscients, des images ataviques et des aspirations ardentes. Cependant, nous ne suivons pas les psychologues dans leur volonté de situer la source de nos phénomènes dans l'inconscient. Nous n'en avons aucune preuve. Les images de l'inconscient peuvent y avoir été imprimées en premier lieu, ou, au contraire, la chose peut avoir précédé son propre reflet. Il est vrai, les philosophes accordent la primauté au monde mental sur le physique, mais lorsqu'on en vient à des questions telles que que : « La perception a-t-elle précédé le perçu ? », la futilité nous envahit et nous nous en retournons vers notre source de folie actuelle et satisfaisante, l'étude de la réalité phénoménale.

Une fenêtre ouverte sur le monde des phénomènes

La difficulté inhérente aux cosmologies rationalistes provient du fait qu'elles ne parviennent jamais à s'accorder totalement à l'expérience. La divergence entraîne l'irritation et les innocents en souffrent ; les talents et le génie sont supprimés ou déformés ; le monde semble plus terne qu'habituellement ; on institutionnalise un état d'esprit grossier. Aucun système rationnel ne peut amalgamer et réconcilier tous nos phénomènes. Et nous devons donc, nous-mêmes, être logiques et faire suite à cette conclusion en cherchant une cosmologie irrationnelle. Une religion semble la première réponse évidente. Les systèmes religieux font sa place à l'irrationnel, se fondent dessus. Mais une observation plus précise démontre que ces irrationalismes n'apparaissent comme tels qu'à l'extérieur du système. A l'intérieur, le tout constitue un plaisant raisonnement, puisque tout est relativement expliqué. Les enfants de Fatima virent une dame rayonnante et lui parlèrent.

On leur expliqua qu'il leur avait été accordé une vision partagée de la Sainte Vierge Marie — une vue de la S.V.M. en jargon phénoméniste. Un grand nombre d'événements semblables ont été consignés à la fois à l'intérieur et en dehors d'un contexte religieux. En Amérique, au cours des années 1950, Howard Menger déclara avoir été en contact et en conversation avec une autre (ou la même) dame rayonnante. Il écrivit un livre à son propos, *From Outer Space to You*[1], la présentant dans le contexte du culte des OVNI comme une missionnaire de l'espace, venue en réponse à un souhait. C'est l'idée de l'époque qui stylise son identité. Elle a été diversement décrite comme Reine des Fées, Isis, ou Déesse blanche. Ses noms sont légion mais, chaque fois, se dissimule derrière eux la même expérience — une rencontre avec une dame sympathique et rayonnante.

Il y a quelque chose à dire en faveur de toutes les stylisations qui confèrent au phénomène la réalité qui lui est due. Ceux qui voient la dame rayonnante, quel que soit son nom sur le moment, sont au moins autorisés à croire qu'ils ont vu quelque chose. De diverses manières, l'explication psychologique moderne est la moins satisfaisante de toutes, car en situant la source de la vision exclusivement chez le voyant, elle en réduit le contenu à la projection hasardeuse d'un psychisme dérangé. L'expérience devient illégitime, plus du tout source de merveille, mais de honte, présage de malheur, symptôme de maladie méritant des soins attentifs. Cette manière de voir les choses est excessivement mesquine. La psychologie a apporté une contribution utile à l'étude de nos phénomènes en attirant l'attention sur la relation qui lie un grand nombre d'entre eux à des états mentaux inhabituels; cependant, les phénomènes eux-mêmes, la marche sur le feu, les stigmates, les corps rayonnants, les monstres aquatiques et terrestres, les batailles spectrales et tout le reste demeurent inexpliqués. Leur seule constante est le statut qu'ils partagent tous dans la réalité : moins que « dur », plus que « psychologique ».

Une cosmologie globale, voilà ce que nous recherchons : une vision totale du monde qui accepterait sans jugements moraux et sans censure rationaliste la gamme complète des expériences humaines réitérées. Une telle interprétation de l'Univers ne peut évidemment pas exister à l'intérieur des canons de la science ou de la religion organisée. Toutes deux paraissent offrir une vision globale du monde, mais ne peuvent la maintenir qu'en supprimant l'expérience, à moins de l'expliquer en termes de ses propres

1. Message de l'espace.

hypothèses de base. Pour découvrir des précédents au genre de système que nous recherchons, nous devons remonter à un passé lointain : avant l'avènement de la science et de la religion dogmatiques.

Charles Fort était tout à fait un homme de son temps. Il n'accordait aucune confiance au passé. L'ensemble de sa documentation ne concernait que les événements contemporains ou très récents. Et, d'après sa seule documentation, il élabora une vision de la réalité qui parut à sa génération une construction de folie sans précédent. Cependant, elle n'était pas sans précédent. L'Antiquité a connu des Fort; il y en a toujours eu; mais dans les Temps modernes, ils ont été classés parmi les hérétiques et étouffés par l'orthodoxie religieuse ou scientifique. Pour trouver des Fort respectés et épanouis, nous devons nous tourner vers les philosophes anciens, les sages pleins d'humour de la Chine taoïste, ou les Occidentaux pré-socratiques. Socrate soutenait lui-même la vision fortienne, se disant le plus informé des hommes car lui seul se rendait compte de son ignorance, mais, à cette époque, les grands prêtres et les défenseurs de l'orthodoxie avaient pris le pouvoir et il fut mis à mort pour avoir opposé le relativisme aux certitudes officielles de la religion d'État. Il démontra l'existence d'autres dieux que ceux de la République, comme Fort démontra des phénomènes autres que ceux reconnus par la science.

Des pluies d'animaux et d'objets venant du ciel, par exemple. A en croire le grand nombre de comptes rendus sérieux, ce n'est absolument pas un événement rare. Et pourtant, ce phénomène, généralement bénin – et parfois bénéfique –, est de nos jours traité de manière honteuse. En dépit de la documentation impressionnante réunie à son sujet, il est victime de la certitude scientifique, exclu, supprimé ou expliqué partiellement. Il en est de même pour beaucoup d'autres types d'événements répétitifs. Nous sommes en quête d'une cosmologie les englobant tous, non seulement pour éviter les injustices provenant de leur ignorance, mais aussi parce que la science, non informée à leur propos, manque d'une documentation complète nécessaire à ses investigations. D'après l'évidence apparaissant dans cet ouvrage, nous suggérons qu'il peut y avoir dans la nature des principes ou forces actives que la science a jusqu'ici ignorés pour n'être pas strictement contenus dans le domaine des lois physiques dont elle traite. Assez curieusement, la science a commencé à reconnaître le niveau de réalité le plus dénué de substance, le monde des types psychologiques, avant de reconnaître le niveau intermédiaire de la réalité dont les racines plongent à la fois dans les mondes objectif et subjectif. Dans l'univers où se combinent et s'harmonisent tous les niveaux de la réalité, nous devinons les caractéristiques d'un organisme vivant. L'auto-régulation est un élément de tout être vivant. Une plaie active le processus de guérison; les besoins s'expriment et sont satisfaits; les manques attirent leur compensation, parfois avec excès. La soif excessive a entraîné des gens, jusqu'à l'éclatement dans des oasis. Il en est ainsi, universellement. Une année, il y a pénurie de crapauds, bien que cela ne touche pas beaucoup de monde; mais cela entraîne une compensation et l'année suivante, l'abondance. Des crapauds sortent de l'eau par vagues, pleuvent du ciel; les gens doivent les rejeter par pelletées hors de leurs maisons. Avec Fort, nous notons cette tendance hermaphrodite, inhérente à la nature, à satisfaire ses propres désirs, tendance qui engendre le mécanisme de la magie. La vision cosmique de Fort constituait un renouveau spontané de ce qui avait provoqué les écrits des anciens philosophes mystiques. Si l'on souhaite attirer quelque chose dans la nature, écrivait Plotin au IIIe siècle de notre ère, à propos des sanctuaires et lieux d'invocation des Anciens, l'on doit construire un réceptacle pour l'accueillir. Pendant presque tout le cours de l'histoire, cette vision des choses a prévalu. Derrière tout acte magique, tout rituel, toute réunion liturgique, se dissimule l'idée que des désirs peuvent être artificiellement implantés dans la nature, pour provoquer leur exaucement. Ainsi, l'homme tribal danse pour attirer la pluie et les amateurs d'oiseaux suspendent des boîtes à nicher dans leurs vergers. Un grand nombre de nos phénomènes peuvent être reliés à cette tendance réflexive d'auto-compensation qu'a l'univers de répondre aux besoins provenant naturellement de chacun de ses propres éléments comme à ceux qui lui sont imposés par la volonté humaine concentrée. Quelques exemples divers : l'étang nouvellement creusé déborde de poissons subitement et sans raison; le stigmate de l'alliance apparaît au doigt d'une épouse virginale consacrée au Christ; la manne tombe du ciel sur les fidèles dans le désert; l'on rencontre ou l'on obtient des nouvelles peu après avoir pensé intensément à un ami; et tous les miracles, coïncidences, jeux de mots inspirés ou licence poétique. La force de lévitation emporte l'extatique à la poursuite de ses pensées; les monstres peuplent les imaginations enfantines, le Loch Ness ou l'Himalaya, et les hommes singes les imaginations darwiniennes et la marne caillouteuse de Piltdown.

Une cosmologie globalisante constitue l'élément fondamental d'une science globale, fondée sur l'observation totale. Une telle science devrait traiter de probabilités et non prétendre dispenser des certitudes. Elle décelerait des rythmes, des schémas d'événements, des correspondances entre incidents qui n'en ont apparemment pas. Aux époques révolues, les phénomènes dont nous traitons étaient considérés avec respect, officiellement. Les gouverneurs provinciaux en Chine et en ancienne Babylonie étaient tenus d'inclure dans leurs rapports annuels à leur gouvernement central tout événement étrange survenu au cours de l'année – objets curieux dans le ciel, apparitions, naissances de monstres, hallucinations populaires ou malaises, tout symptôme subtil de perturbation psychologique, et par conséquent sociale. Les Chinois avaient établi des tables de correspondances entre certains phénomènes et les imperfections du gouvernement et de la justice et l'on traitait ou modifiait les manifestations par des changements appropriés dans la doctrine officielle. Les avantages de cette approche phénoméniste de la science sont reconnus de l'actuel gouvernement en Chine dont la méthode de prévision des séismes, la seule au monde à réellement fonctionner, est fondée sur la pratique ancienne d'interprétation des augures. Les pandas géants du zoo de Pékin sont consultés, on note les événements inhabituels se déroulant dans la nature et, nous avons lu dans les journaux, le 3 juin 1976, que les Chinois imputent leur réussite à l'obligation à laquelle sont tenus les paysans de rendre compte de tout comportement étrange chez les animaux et des modifications dans les niveaux des cours d'eau locaux.

Un des éléments d'un système de gouvernement phénoméniste gênant pour les puristes fortiens est sa tendance à inventer des mythes. Un mythe est une sorte d'explication – mot suspect dans les milieux phénoménistes. Cependant, nous avons déjà avoué notre goût pour les explications et théories de toutes sortes, à l'unique condition, néanmoins, qu'elles servent réellement à expliquer, qu'elles englobent le phénomène dans son ensemble et non pas partiellement. Si elles possèdent cette qualité, elles peuvent aller au fond du fantastique ou de l'absurde. Cela n'aura pas d'importance. Si elles suscitent le rire, ce sera tant mieux. Les enfants les apprécieront plus et également les gens âgés, et tous les autres pourront choisir d'y croire ou non, selon leur goût. Si les mythes sont nécessaires, comme nous les soupçonnons de l'être, ils devraient être agréables et inoffensifs, ne pas être pris trop au sérieux par les gens responsables, ni présentés avec insistance comme croyances obligatoires. Nous trouvons dans l'ancienne solution japonaise au mystère de la chute incompréhensible d'objets du ciel l'exemple d'un mythe explicatif qui recouvre le phénomène tel qu'il a été perçu, ne nuit à personne et fait plaisir à tous. La raison proposée est qu'il existe un trou dans le ciel, laissant ainsi parfois échapper des choses. Les objets apparus de cette manière sont conservés comme curiosités secrètes dans les temples shinto. Les exégètes officiels d'autres sociétés avancent avec un certain succès des raisons différentes, tout aussi débonnaires, du même phénomène. Le mythe de Fort, plein d'humour mais logiquement irréfutable, d'une super-mer des Sargasses atmosphérique, récipiendaire et, à l'occasion, dispensatrice du bric-à-brac terrestre, est du même ordre traditionnel. L'approche la plus insuffisante pour n'importe quel aspect de l'expérience du réel est de la nier, non pas de l'expliquer mais de s'en débarrasser d'une vague explication. L'attitude du XIXe siècle – qui se perpétue jusqu'à nos jours – vis-à-vis du phénomène des « chutes » était de balayer chaque incident comme supercherie, hallucination ou erreur. Même au début de ce siècle, il y eut des autorités capables de nier la réalité des météorites en s'appuyant sur des raisons scientifiques – aucune pierre ne peut tomber d'un ciel sans pierres – et les chutes d'autres matières, telles que celles décrites dans nos chapitres, demeurent, toujours selon la même logique, l'objet de l'incrédulité.

Néo-phénoménisme : science de l'avenir. Sans rien à prouver, aucune foi, aucune théorie ou tabou à inhiber, nous regarderons l'Univers directement en considérant toutes les preuves de lui-même qu'il choisira de manifester. Nous ferons la découverte de nombreux archétypes phénoménaux, de leur périodicité et de leurs associations géographiques, et des types de gens et d'états d'esprit qui en sont le plus généralement affectés. Un Bureau des signes, présages et aberrations à répétition réunira et traitera notre documentation et décelera des parentés. Et, par-delà les liens, nous trouverons des causes sous forme de caractéristiques universelles échappant à la raison. Peut-être, si l'effort paraît en valoir la peine, irons-nous jusqu'à devenir magiciens, maîtres en lévitation à des fins de transport personnel et commercial, loups-garous sur commande, invocateurs de la foudre pour allumer nos feux, d'averses de poissons pour remplir nos étangs, de manne dans le désert ou d'essaims de coccinelles lorsque les pucerons envahiront nos rosiers. Quoi qu'il en soit, nous rendrons le monde plus riche en étendant la reconnaissance de chacune de ses réalités pittoresques, en élargissant le champ de l'expérience phénoménale qu'une personne équilibrée peut avouer apprécier et en trouvant une signification à des événements que la mentalité désespérément terre à terre, officiellement encouragée par notre époque, a été conduite à ignorer ou dévaluer.

PLUIES DE GRENOUILLES ET DE POISSONS

Des grenouilles, des poissons, et pourquoi pas, des crapauds. Le 23 septembre 1973, d'après le *Times* du lendemain, des dizaines de milliers de petits crapauds étaient tombés du ciel lors d'une bourrasque subite sur le village de Brignoles dans le midi de la France. Le *Times* en rendait responsables les récentes tornades. A Chalon-sur-Saône, racontait le *Daily News* du 5 septembre 1922, des petits crapauds étaient tombés pendant deux jours. Une pluie semblable s'était abattue près de Toulouse en août 1804; dans l'article cité par Charles Fort et tiré de *Comptes rendus*, il décrivait les crapauds comme étant jeunes et terriblement nombreux. Au cours d'une belle journée ensoleillée était soudain apparu un grand nuage d'où étaient tombés les innombrables petits crapauds, à la stupéfaction des spectateurs. Il est question d'une autre pluie du même genre dans une lettre datée du 24 octobre 1683, conservée à la collection des manuscrits de Blickling Hall à Norfolk. D'après John Collinges, son auteur, une forte pluie de crapauds avait inondé le village d'Acle dans le Norfolk. Un véritable fléau ! Les crapauds avaient envahi les maisons et le patron du bistrot d'Acle, incapable de résister plus longtemps à leur odeur, les avait jetés par pelletées au feu ou dans la cour. Le lendemain, ils avaient tous disparu.

Si on réunissait les innombrables récits de chutes de grenouilles et de crapauds, ils rempliraient un énorme volume. A titre d'acompte, nous en donnons quelques exemples.

Nous pourrions débuter sur le mode classique avec Pline, citer un passage des Almanachs historiques annamites, et en venir, au IVe siècle après Jésus-Christ, à Athénée qui, dans les *Chroniques deipnosophistes,* relate certains événements : la pluie de poissons qui, pendant trois jours, incommoda la région de Chéronée, en Grèce, et la chute de grenouilles d'une telle ampleur que les routes en furent bloquées, les habitants incapables d'ouvrir leurs portes et le village empuanti pendant des semaines. Le long chapitre traitant des récits du Moyen Age étudierait la théorie, classique à l'époque, selon laquelle les grenouilles et les crapauds existent dans la terre, à l'état embryonnaire, et se révèlent à la suite d'une ondée. Les Temps modernes débuteraient avec Jérôme Cardan et sa récente explication des pluies de grenouilles comme l'œuvre de trombes qui aspirent les batraciens sur les montagnes et les rejettent en pluie sur les plaines. Le XIXe siècle apporterait sa collaboration avec des centaines de cas, dont un grand nombre tiré des volumes de Charles Fort et des articles du Dr E.W. Gudger, autorité moderne et distinguée en matière de pluies de grenouilles et de poissons. Le siècle contemporain ne nous décevrait pas avec sa propension aux interviews de gens comme la dame de Sutton Park, à Birmingham, qui, s'abritant de la pluie le 12 juin 1954, vit des centaines de petites grenouilles rebondissant sur les parapluies des passants et effrayant tout le monde par leurs sauts et leur prolifération. En appendice à ce volume, nous pourrions citer l'article paru dans *Info Journal* n° 10, donnant la liste des cinquante-trois cas de pluies contemporaines de poissons en Australie.

Les cas de pluie organique font la joie de tous les amateurs de phénomènes étranges, non seulement en raison de leur intérêt propre, mais aussi à cause de l'importante récolte d'explications diverses qu'ils parviennent à susciter. La théorie léguée par Pline et prédominant jusqu'après la Renaissance – des grenouilles existant à l'état embryonnaire dans le sol et s'épanouissant à la faveur d'une averse rafraîchissante – correspond bien à un élément de documentation observé pour la première fois par Fort, selon lequel les grenouilles et crapauds sont toujours petits et jeunes, jamais (bien que « jamais » autorise toujours des exceptions) des grenouilles ou têtards adultes. Elle est, bien entendu, inopérante dans des cas comme celui signalé par un caddy dans une lettre au *Camdem News* de l'Arkansas, publiée le 2 janvier 1973, racontant une « chute de toutes petites grenouilles, grosses comme des pièces de vingt centimes » au cours d'un orage : « Ni les joueurs de golf ni moi-même ne pouvions en croire nos yeux en regardant les milliers de grenouilles tomber tout droit du ciel, avec la pluie. » L'explication actuellement en vogue est fondée sur des trombes, mais des trombes sélectives, soulevant, transportant et relâchant en pluie uniquement grenouilles et poissons, et rejetant tous éléments associés à leur environnement tels que boue, vase, cailloux, herbes ou autres espèces animales. Les trombes ne sont habituellement pas aussi exigeantes et elles ne suffisent pas non plus à expliquer les nombreux cas de chutes provenant de ciels clairs, au cours de jours calmes, sur des espaces de terrain très délimités, et se prolongeant pendant un long laps de temps ou survenant de manière répétitive à un endroit particulier.

On explique fréquemment les chutes de poissons par le dégorgement d'oiseaux volant à grande altitude. Les tremblements de terre en constituent une autre explication. Le comte de Castelnau, naturaliste réputé, décrivit une pluie intense, persistant pendant plusieurs jours en février 1861, après quoi on découvrit une espèce locale de poisson-chat jonchant un terrain de soixante arpents à Singapour. Les indigènes les ramassèrent par paniers, telle la manne envoyée du ciel, mais le comte, fort de son éducation et sans avoir assisté à l'événement, en attribua la cause à un tremblement de terre. Il ne donna pas de plus amples explications et, en tout cas, le tremblement de terre avait eu lieu cinq jours auparavant. Humboldt, autre savant en renom de l'époque, dénonça la notion de pluie organique comme une superstition médiévale. (De son temps, évidemment, on réprouvait même les météorites...) En Amérique du Sud, il se trouva en présence de « poisson bouilli » répandu partout sur le sol. Il y avait à proximité un volcan que Humboldt incrimina comme l'origine à la fois des poissons et du fait qu'ils étaient bouillis. On cite le cas très discuté, près d'Aberdeen, dans le Sud du pays de Galles, d'une abondante chute de poissons – le plus long atteignant près de 13 centimètres de long – recouvrant les jardins et les toits des maisons, le 11 février 1859. Des spécimens furent envoyés au Dr Gray, du British Museum, qui les assimila à des vairons et éluda leur origine céleste en suggérant qu'il devait probablement s'agir d'une bonne farce par laquelle un plaisantin aurait arrosé un camarade à l'aide d'un seau d'eau tiré d'un ruisseau.

Charles Fort, qui affectionnait particulièrement les chutes de grenouilles, conçut la notion d'une « super-mer des Sargasses » tapie dans l'atmosphère supérieure, recueillant des objets terrestres qu'elle redistribuerait à l'occasion. Dans *Lo !* il exprima une idée encore plus mystique, l'une des plus fascinantes de ses conjectures. En 1921, on relata dans le Sussex qu'un étang rempli d'eau en novembre abondait en tanches au mois de mai suivant. Dans un autre cas, un fermier du Maryland creusa une tranchée qui se remplit d'eau après une semaine de pluie. On y trouva des perches de deux espèces différentes, de 10 à 18 centimètres de long. Il semble, écrivait Fort, que le nouvel étang, vibrant de sa soif de poisson, en accord avec sa nature, les ait attirés d'un endroit inconnu. Les poissons tombant sur la terre le font peut-être par erreur, étant destinés à d'autres lieux. Pour atténuer les erreurs de la nature en la matière, voici un classique fortien : « Envoyer des poissons d'eau douce dans un lac salé n'est pas plus déplacé que, par exemple, envoyer des aumôniers sur des cuirassés. »

Certains se souviennent d'avoir, enfants, entendu parler des étangs artificiels, creusés depuis peu dans les collines de craie du

Wessex et qui, loin de tout bras de mer, se sont trouvés soudainement remplis de poissons. Et on peut citer d'autres mystères, tels les cas d'anguilles peuplant d'un seul coup des lacs de montagne. Fort suggéra que le téléportement – phénomène par lequel les choses disparaissent d'un endroit pour apparaître ailleurs – pourrait être un agent actif en ce qui concerne la distribution des espèces. Toutes les nouvelles sortes d'organismes vivants pourraient avoir pour origine la super-mer des Sargasses. Un exemple se serait peut-être produit près de Birmingham, le 30 juin 1892, sous la forme d'une chute de petites grenouilles différentes de l'espèce locale car presque blanches.

L'observation de Fort à propos du nouvel étang attirant les poissons nous intéresse par sa concordance exacte avec l'ancienne doctrine de magie, selon laquelle un vide doit naturellement attirer à lui l'objet destiné à le remplir. Plotin, néo-platonicien mystique, révéla le meilleur moyen d'attirer ce qui nous fait défaut : fabriquer un récipient spécialement conçu pour le recevoir. Suspendez une boîte à nicher dans le verger et un oiseau sauvage viendra y faire son nid. Creusez un étang idyllique pour des poissons; ils viendront le peupler.

Fort tenait une réponse toute prête pour quiconque l'aurait pris au sérieux et aurait attendu en vain la venue des poissons. Supposez que le développement de la vie ici-bas dépende d'un processus de peuplement par bombardement, disait-il, tous les moindres recoins de la terre étant maintenant habités par les animaux prévus pour les occuper, la force de téléportement n'a plus lieu d'exister. Elle survit, faiblement, par atavisme. Au lieu d'éléphants, il tombe parfois des petites grenouilles.

CHUTES D'ANIMAUX ET DE MATIÈRES ORGANIQUES

En 1950, cinq hommes tombèrent d'un nuage orageux sur les monts Rhön, en Allemagne; ils étaient enchâssés dans des couches de glace. L'explication de ce phénomène parut dans *Strange Stories : Amazing Facts*[1] de 1975; de forts courants aériens avaient entraîné dans le nuage cinq pilotes de planeurs; les hommes avaient sauté en parachute, devenant ainsi les noyaux de gigantesques grêlons. Mais, comment expliquer qu'une chute de grêle ait projeté à terre une tortue de 15 à 20 centimètres, entièrement contenue dans un bloc de glace ? L'événement, respectueusement relaté par la *Monthly Weather Review* en mai 1804, survint à Bovington, dans le Mississippi.

La plupart des gens ont entendu parler des suicides périodiques des lemmings de Norvège, mais on peut se demander pourquoi, si cette pulsion morbide provient d'une cause génétique, subsistent certains éléments qui perpétuent l'espèce. Après avoir lu ce chapitre et les autres traitant de chutes d'objets, les lecteurs seront peut-être moins choqués à l'idée d'éventuels éléments de remplacement pleuvant du ciel; en particulier, à la lumière d'autres récits de pluies d'animaux, comme l'évocation par C. Tomlinson dans *The Raincloud and the Snowstorm*[2] d'une pluie de rats « transportés par le vent » dans une vallée norvégienne. Un article à propos du cycle du lemming dans le *Journal of Cycle Research* de janvier 1957 nous fournit d'autres précisions en citant des sources historiques. Ainsi, en 1578, « dans tous les environs de Bergen, il plut de grosses souris jaunes qui nageaient vers la terre, lorsqu'elles tombaient dans l'eau ».

Une autre chute de souris advint à l'automne, l'année suivante. Les croyances traditionnelles en des phénomènes similaires, bien qu'habituellement écartées comme autant de « contes populaires », reposent très solidement sur l'observation.

Des milliers de serpents de 30 à 45 centimètres de long firent leur apparition au cours d'une pluie torrentielle dans un endroit relativement délimité (deux pâtés de maisons) à Memphis,

1. Récits étranges : Faits stupéfiants.
2. Le nimbus et la tempête de neige.

Tennessee, le 15 janvier 1877, si l'on en croit le *Scientific American*, 36-86. Personne ne vit tomber quoi que ce soit mais il était tellement improbable qu'un si grand nombre de serpents aient pu se cacher dans une surface urbaine aussi restreinte (cela ne s'était jamais produit) que les gens choisirent de croire qu'ils étaient tombés du ciel. Toutefois, on n'en trouva aucun sur les toits. Mais cela ne doit pas nous détourner de notre conviction – nous connaissons trop d'histoires d'objets tombant de points d'apparition en plein ciel pour ne pas accueillir celle-ci avec le plus grand sérieux (cf. « Chutes d'objets fabriqués »).

En 1896, on lisait dans le *Philadelphia Times* que plusieurs centaines d'oiseaux étaient tombés d'un ciel pur dans les rues de Bâton Rouge, en Louisiane. On comptait des canards, des oiseaux-chats, des pics et de nombreux volatiles au plumage étrange, ressemblant à des canaris, mais tous morts. Dans une seule rue, des enfants en ramassèrent deux cents. Il était impossible de nier la réalité; la ville était encombrée de cadavres d'oiseaux. W.L. McAtee, dans la *Monthly Weather Review* de mai 1917, développe une théorie selon laquelle des oiseaux migrateurs auraient été déviés de leur route par quelque tempête, mais, bien entendu, ceci ne suffit pas à expliquer comment des centaines d'oiseaux de différentes espèces auraient pu mourir et tomber simultanément et au même endroit. Cela nous conduit à un autre mystère. Au mois de janvier 1969, une force mystérieuse frappa des centaines de canards en vol au-dessus de St-Mary's City, dans le Maryland. On aurait dit qu'ils avaient rencontré une explosion invisible et silencieuse, même si personne à terre n'avait entendu ni vu autre chose que leur chute. D'après le *Washington Post* du 26 janvier 1969, ils étaient tombés avec de multiples fractures des côtes et de sérieuses hémorragies, dont ils souffraient déjà *avant* d'atteindre le sol.

Les pluies de matières hématiques font partie des prodiges connus des hommes depuis les temps les plus reculés, mais, malgré de nombreuses récidives modernes et des références anciennes (cf. Homère et Plutarque), on considère toujours le phénomène comme un « mythe ». Le 15 mai 1890, une substance ressemblant à du sang tomba sur Messignadi, en Calabre. D'après *Popular Science News*, 3-104, le Bureau de météorologie italien l'avait identifiée comme étant du sang d'oiseau. La revue prétendait qu'une nuée de volatiles avait dû être déchiquetée par une bourrasque, mais ses propres comptes rendus ne faisaient état d'aucun vent de ce type; ils ne donnaient aucune explication non plus sur le fait que les carcasses des oiseaux prétendument déchiquetés étaient introuvables. Le 17 août 1841, des ouvriers dans un champ de tabac du Tennessee furent surpris par le crépitement de grosses gouttes sur les feuilles. Se rapprochant pour mieux voir, ils notèrent que les gouttes ressemblaient à du sang et qu'elles tombaient tout droit d'un étrange nuage rouge situé à la verticale. Ils coururent chercher le propriétaire et un certain Pr Troost et, revenant accompagnés de ces éminentes personnalités, trouvèrent le champ jonché de petits morceaux de matière puante. L'*American Journal of Science* d'octobre 1841 contenait un rapport du Pr Troost dans lequel le savant se bornait à identifier la matière comme étant de la graisse et du tissu musculaire d'animal, tout en évitant de se prononcer sur la nature du « sang ». Par la suite, cette docte revue préféra définir l'événement comme une farce des travailleurs noirs qui, pour des raisons inconnues, auraient répandu un cochon pourri dans le champ.

On relève dans le *Scientific American* de mars 1876 que, le 8 du même mois, de nombreux témoins dans le Kentucky virent des flocons de viande tomber lentement d'un ciel pur. Comme souvent dans nos récits, y compris la chute de viande du Tennessee citée ci-dessus, ces flocons se limitèrent à un espace restreint (un champ oblong). Un chercheur constata que les flocons de viande (l'un d'eux mesurait environ 10 centimètres carrés) étaient « parfaitement frais ». Courageusement, il en goûta et lui trouva une saveur proche de celle du « mouton ou du gibier ». Une fois encore, le public put se régaler du spectacle des savants en pleine querelle, ignorant le témoignage oculaire, favorisant leurs théories préférées, celle à l'honneur étant que tout cela aurait été dégorgé par une nuée de buses. Le rapport le plus récent parmi nos dossiers émane de la *Flying Saucer Review* de novembre 1968, citant des journaux brésiliens. Durant 5 à 7 minutes, le 27 août de cette année-là, de la viande et du sang tombèrent sur une superficie d'un kilomètre carré entre Copcava et São José dos Campos.

Mais, si l'existence dans le passé de pluies de sang et de chair est indubitable, celle de pluies colorées ne l'est pas moins. *La Nature* du 28 septembre 1880 relate l'étude par le Pr Brun, de Genève, de comptes rendus traitant d'une pluie de matière hématique près de Djebel Sekra, au Maroc. Le chercheur trouva des rochers et de la végétation jonchés d'écailles rouges séchées qu'il identifia comme étant les restes de colonies du micro-organisme *Protococcus fluvialis.* Une trombe les avait déposés là, expliqua-t-il, mais il fut contraint d'avouer sa perplexité face à la sélection extraordinaire : il s'agissait uniquement de *jeunes* organismes.

Nous acceptons volontiers le fait qu'il se soit produit des chutes de colonies de nostoc (algues bleu-vert) ou d'infusoria ou d'exsudations ou d'œufs d'insectes. La plupart des cas de « chutes de gelées » se produisent en liaison avec des lueurs aériennes inexpliquées. Chladni raconte le cas d'une masse visqueuse tombée en 1652 avec une « météorite lumineuse » en Italie — *Annals of Philosophy,* 12-94 — et d'une « matière gélatineuse » précipitée avec un globe de feu sur l'île de Lethy, en Inde, en 1718 — *American Journal of Science,* 26-133. Le *Scientific American,* 2-79, relate que le 11 novembre 1846 un objet brillant de 1,20 mètre de diamètre laissa derrière lui (ou se transforma en) une masse de « gelée fétide » à Loweville, New York. Et ainsi de suite. La continuité du phénomène repose sur une solide documentation. L'*Evening Herald* de Dublin, par exemple, fait état d'une étrange lueur qui survola West Meath pour aller s'abattre dans un champ. On crut d'abord à un OVNI, mais les enquêteurs se précipitant sur les lieux n'y trouvèrent qu'une masse de « beurre de marne ». L'évêque de Cloyne, dans ses écrits de 1696 (cités dans *Philosophical Transactions,* 19-224), parlait des nombreuses chutes de cette espèce dont il avait été le témoin de près ou de loin au cours de sa vie en Irlande et disait que ce « beurre de marne », quel qu'il fût, était tenu en grande estime par la population locale pour soigner les brûlures. Le Pr McKenny Hughes évoquait dans *Nature,* le 23 juin 1910, une idée très répandue selon laquelle les étoiles filantes se transformeraient. Il prétendait avoir lui-même vu le « pourrissement des étoiles », appelé *pwdre Ser* par les Gallois. Les tentatives d'identification de ce phénomène au champignon *Tremella mesenterica* demeurent infructueuses.

Fort exprima une théorie : à l'instar du germe de l'œuf alimenté par son enveloppe, peut-être ces chutes seraient-elles des tentatives pour nourrir notre planète comme un système embryonnaire, en utilisant des processus de téléportement, et ainsi notre environnement aurait-il été préparé à l'avance pour nous par des ponts aériens de matériel, d'alimentation et de vie venant d'ailleurs — processus se déroulant encore par intermittence, vestige d'époques plus actives. Aussi excentrique que puisse paraître cette idée, elle s'accorde tout à fait à la réalité : car, nous espérons l'avoir démontré, les choses tombent vraiment du ciel et sont souvent vivantes et comestibles. Le peuple juif, après tout, implorant le Ciel de lui envoyer de la manne et des cailles, a bien vu ses prières exaucées et, à notre connaissance, il se produit encore de nos jours des pluies de lichens comestibles en Asie Mineure.

Les graines qui remplirent les rues de Kirkmanshaws, en Perse, furent considérées comme de la manne, mais, d'après le *Daily Mail* de Londres du 13 août 1913, elles auraient plutôt été apparentées à du maïs indien. *Info Journal* 8, 1972, évoque une pluie de haricots d'Afrique occidentale qui s'abattit sur une ferme au nord-ouest du Brésil dans le courant de l'été 1971. A propos de ces cas et d'autres encore, nous restons pantois devant la manière dont on s'appuie sur la théorie de la trombe, même si elle est systématiquement discréditée à l'examen. A un moment donné de 1897, un nombre incalculable de graines tombèrent autour de plusieurs villages de la province italienne de Macerata. *Notes and Queries* du 18 septembre 1897 les identifiait comme étant des graines de l'arbre de Judée, provenant d'Afrique centrale, et la plupart d'entre elles en étaient au premier stade de la germination. Nous refusons l'idée d'une trombe capable de soulever *uniquement* ces graines en si grandes quantités (sans aucune brindille, feuille, etc.), de les transporter en Italie, tout en les gardant bien groupées en l'air et sans en faire tomber aucune sur le parcours ! *Philosophical Transactions*, 16-281, indique que des grains de blé tombèrent dans le Wiltshire en 1686 : les fichus machins étaient inclus dans des grêlons !

DES PROJECTILES TOMBÉS DU CIEL

Lavoisier, Gassendi et d'autres grands savants des XVIIe et XVIIIe siècles se penchèrent sur les récits de pierres tombant du ciel. Palpant et examinant les projectiles, ils interrogèrent les témoins mais furent incapables de faire face aux implications de la réalité. « Il n'y a pas de pierres dans le ciel, démontra Lavoisier à l'Académie des sciences, par conséquent, aucune pierre ne peut tomber du ciel. » Le 13 septembre 1768, un galet de plus de 3 kilos tomba sur Luce-en-Maine dans le fracas d'une puissante explosion. Lavoisier questionna les témoins, étudia la pierre de près et lui attribua une origine terrestre – probablement déterrée par l'éclair. « En dépit de la croyance des Anciens, écrivait-il, les vrais physiciens ont toujours considéré avec scepticisme l'existence de ces pierres. » Heureusement qu'aucun de ces véritables savants n'était présent le 7 novembre 1492, lorsqu'un énorme rocher tomba à Ensisheim devant l'armée de Maximilien Ier.

La théorie des météorites ne fut entièrement acceptée qu'au début du XXe siècle; cependant, nous nous intéresserons en particulier aux chutes de pierres de caractère non météorique et à celles qui adviennent dans des circonstances étranges ou en relation avec d'autres phénomènes. La météorite de Dhurmsalla, masse de pierre entourée de glace, fit son apparition le 28 juillet 1860. Le commissaire de police de Dhurmsalla, en Inde, déclara dans les *Délibérations de l'Institut Canadien*, 2-7-198 qu'à quelques mois de là il s'était produit une pluie de poissons à Bénarès, une chute de matière rouge à Furruckabad, un tremblement de terre, une tache noire sur le disque solaire, un « ténèbre anti-naturel durant un certain temps » et d'étranges manifestations aurorales. Le soir qui suivit l'événement, le commissaire lui-même vit dans le ciel un grand déploiement de lueurs, que de nos jours, on appellerait des OVNI.

Le catalogue des météorites de Greg décrit la pierre de Dhurmsalla comme « intensément froide, au point d'engourdir les doigts et les mains » (*Rapport de l'Association britannique*, 1860).

Le très grand nombre de rapports concernant des chutes lentes de pierres, personnalisées ou prodigieuses, permet d'en choisir quelques-unes au hasard. Le *Times* du 1er mai 1821 : les pierres continuent de se déverser sur une maison de Truro, en Cornouailles, au mépris de la garde et des enquêtes menées par le maire, les soldats et d'autres encore. Des faits semblables sont rapportés depuis l'époque où le Seigneur « projeta de grosses pierres du ciel » sur les Amorrites (Josué x-11). Tite-Live (1,3) nous raconte que, lorsque Tullus enleva les Sabines, des rochers se mirent à pleuvoir sur un bosquet sacré, en haut du mont Albano. Les Romains y dépêchèrent des observateurs qui témoignèrent de l'événement. La liste de Greg comporte environ deux mille rubriques remontant jusqu'à l'an II après Jésus-Christ et un grand nombre de celles-ci ne concernent évidemment pas de « véritables » météorites. Fort fait état de centaines de chutes non météoriques et prétend en connaître encore beaucoup d'autres, mais il refuse de les décrire, invoquant le dicton que la fréquence ne rend pas une vérité plus vraie. Miriam Allen de Ford, auteur américain et l'un des correspondants les plus fidèles de Fort, écrivait, dans un essai biographique sur celui-ci publié dans *Fantasy and Science Fiction,* en janvier 1954 : « En 1922, une retentissante chute de pierres se produisit à Chico, en Californie. Je m'y rendis pour enquêter pour Fort et vis, de mes propres yeux, une pierre tomber d'un point invisible du ciel et se poser délicatement à mes pieds. »

A Charleston, en Caroline du Sud, le 4 septembre 1886, on vit des pierres rebondir sur la chaussée devant les bureaux du *Charleston News and Courrier.* Il était 2 h 30 du matin et personne ne put détecter le moindre malfaiteur; cependant les projectiles étaient chauds. L'édition du 6 septembre du journal contenait le témoignage de l'éditeur, qui avait lui-même assisté à deux autres chutes de galets chauds à 7 h 30 du matin et à 13 h 30 le même jour. Il remarqua qu'ils semblaient en effet venir d'un point au-dessus de sa tête, leur chute se limitant à une surface d'environ 25 mètres carrés. Le *Rand Daily Mail* du 29 mai 1922 relate une histoire encore plus étrange. Pendant plusieurs mois, une pharmacie de Johannesburg, en Afrique du Sud, se trouva être l'objet d'un bombardement lapidaire et on crut que le phénomène visait une jeune fille hottentote employée dans l'officine. La police fit enclore le jardin et on renvoya la jeune fille à l'intérieur de la pharmacie. De nombreuses pierres tombèrent sur elle, à la verticale. La police prit note de cette verticalité, car elle espérait découvrir un complice en observant la trajectoire. Néanmoins elle fouilla le quartier, mais les fragments minéraux continuèrent de poursuivre la jeune fille. Pendant des semaines, l'enquête se déroula sans succès, la police observant, impuissante, le phénomène lapidaire.

Un cas troublant de chute personnalisée de pierres fut répertorié dans *Info* 14. Deux hommes pêchaient au bord d'un lac à Skaneateles, New York, dans la soirée du 27 octobre 1973, lorsqu'une grosse pierre tomba dans l'eau, éclaboussant tout autour d'elle, suivie d'une seconde, puis d'une troisième, chacune plus volumineuse que la précédente. Ils scrutèrent le voisinage avec leurs lampes de poche, mais ne trouvèrent rien d'anormal. Puis une pluie de graviers les obligea à ramasser leurs affaires et les suivit tandis qu'ils se précipitaient dans leur voiture. Ils démarrèrent en trombe. Un peu plus loin, ils effectuèrent une halte pour changer de vêtements et, à nouveau, des cailloux les harcelèrent. Ils s'arrêtèrent pour boire un remontant et, en sortant du bar, ce fut un véritable bombardement. Devant la maison de l'un d'eux, ils se quittèrent sous des torrents de projectiles. L'analyse établie par le département de Géologie de l'université de Syracuse identifia les chutes à des types lapidaires locaux.

Un autre type de chute de pierres peut également se produire à l'intérieur de pièces ou d'espaces clos. Nous mentionnons de semblables prodiges dans « Matérialisation et envol d'objets », mais voici un classique récent. Pendant cinq jours, il plut des pierres autour d'un jeune aborigène, ouvrier agricole à Pumphrey, en Australie occidentale; on cita des savants attendrissants attribuant le phénomène à des « vents fous ». Ce fut le clou lorsque deux témoins jurèrent s'être trouvés enfermés dans une tente avec le jeune homme et avoir vu tomber à ses pieds des cailloux. Il ne s'agissait d'aucune mystification et la tente ne comportait certainement pas de trous permettant à des cailloux ou des vents fous de passer. On classa les projectiles parmi les spécimens « tout à fait ordinaires » (*Daily Express,* 22 mars 1957).

Parmi les « chutes », celle des blocs de glace constitue une des espèces majeures. Nous mettons les lecteurs en garde contre une trop grande confiance dans l'explication apparemment rationnelle selon laquelle ils proviendraient d'avions. Flammarion évoque une masse de glace de 5 mètres de long, 2 de large et près de 4 d'épaisseur, qui tomba à l'époque de Charlemagne (*L'Atmosphère,* 1888); et, même s'il avait existé des avions modernes dans la première moitié du XIXe siècle, ils n'auraient jamais pu porter le poids de certaines des « chutes » répertoriées sans tomber eux-mêmes du ciel. En 1802, 6 mètres cubes de glace s'écrasèrent au sol, en Hongrie; en 1828, un bloc d'un mètre de large tomba à Candeish, en Inde. Le *Times* du 14 août 1849 signalait que, la veille au soir, une masse de glace de forme irrégulière était tombée à Ord, dans le Ross-shire, à la suite d'un coup de tonnerre extraordinaire. Mesurant environ 7 mètres de diamètre, elle devait peser près de 500 kilos. Ron Willis réunit pour *Info 3* quarante-six cas de ce genre, issus de Fort et de sources plus modernes, et les lecteurs peuvent se référer à son classement et à son exposé de la théorie des avions et des météorites de glace et de celle selon laquelle les vents, s'ils sont suffisamment puissants, peuvent soutenir ces masses en formation.

On connaît des cas spectaculaires. En novembre 1950, on découvrit une ferme de l'Exmoor, près de North Molton dans le Devon, jonchée de morceaux de glace grands comme des assiettes à soupe. Entre autres, un mouton gisait, le cou tranché net par le bloc de 7 kilos planté dans la terre près de son épaule (*Evening News* de Londres du 9 novembre 1950). Mais ceci n'est rien à côté de la mort étrange d'un charpentier sur le toit de sa maison, près de Dusseldorf, le 10 janvier 1951, transpercé par une lance de glace de 15 centimètres de diamètre et de 2 mètres de long, d'après le reportage de Frank Edwards dans *Strangest of All*[1].

Les annales des « chutes » fourmillent de bizarreries. Nous pourrions parler de blocs de glace puante; de chutes de glace de couleur, de cristaux de sel, d'alliages de cuivre, de brique vitrifiée et d'albâtre; de grêlons de carbonate de soude et d'une pluie d'acide nitrique, la plupart datant d'une époque antérieure à celle où la pollution industrielle les a rendues habituelles. On a vu des chutes de fragments métalliques qui ne s'expliquent guère par la théorie météorologique; par exemple, une boule molle tomba sur Cannifton, Ontario, que l'on identifia par la suite comme étant composée de fragments de verre et de zinc à l'état presque pur (*Belleville Intelligencer*, 11 novembre 1968). Une étonnante boule de calcaire se posa près de Bleckenstad en Suède, le 11 avril 1925; elle éclata en fragments qui, d'après le Pr Hadding de l'université de Lund, contenaient des coquillages et même des traces d'un animal ressemblant à un trilobé (*The Exploration of Space*[2], par P.G. Gittens). On verra dans « Le crapaud dans un moule », d'autres récits d'animaux trouvés au cœur des rochers.

1. Étranges entre tous.
2. L'exploration de l'espace.

CHUTES D'OBJETS FABRIQUÉS

Une des traditions chrétiennes les plus étranges soutient que le Pilier de Saragosse arriva à cet endroit porté par des anges accompagnés de la Vierge Marie (de son vivant) qui, du haut de ce monument, donnait des instructions à l'apôtre saint Jacques. On trouve dans la plupart des cultures des récits concernant des objets fabriqués réputés être tombés du ciel, comme ce pilier. Autrefois, on tenait ces objets pour sacrés et on les conservait dans des temples, à moins de les utiliser à des fins magiques. De nos jours, ils moisissent dans les sous-sols des musées ou dans des vitrines oubliées, sous l'étiquette « Objet rituel de l'âge de pierre ». Curieusement, le catalogue de météorites de Greg, dans le *Rapport de l'association britannique*, 1860, mentionne une pierre ouvragée, en forme de pilier, tombée du ciel à Constantinople aux environs de l'an 416.

Les pierres pyramidales, appelées à diverses reprises pierres d'orages, pierres de foudre, haches célestes et flèches de tonnerre, sont universellement appréciées comme talismans contre l'éclair. D'après l'ouvrage de C. Blinkenberg, *Thunder Weapons*[1] 1911, les indigènes de Birmanie, de Chine et du Japon croyaient ces objets façonnés dans le ciel. Tallius, écrivant en 1649, évoque la croyance de certains naturalistes selon laquelle les pierres de foudre « seraient engendrées dans le ciel par une exhalaison fulgurante, conglobées dans un nuage par l'humeur amalgamée ». A l'instar de nombreuses explications contemporaines de phénomènes, cette assertion paraît avoir un sens. La science classique attendit plusieurs siècles pour accepter la notion de pierre tombant du ciel. Fort s'intéressait tout spécialement aux nombreux récits de « pierres-en-forme-de-haches » découvertes à proximité de lieux d'impact de la foudre, ou incrustées dans les arbres foudroyés. Blinkenberg précise que la croyance populaire, dans des pays aussi divers que la Jamaïque, la Norvège, la Malaisie et les îles Britanniques, voulait que ces « haches » accompagnent l'éclair. A celle-ci, Fort ajoute la croyance semblable des Indiens de l'Amérique du Nord (*Primitive Culture*, 2-237) et de ceux d'Amérique du Sud (*Journal of American Folklore*, 17-203).

1. Armes du tonnerre.

Les Anglo-Saxons craignaient tout spécialement le « tir des elfes » ou les « flèches de fées », minuscules projectiles fabriqués et lancés par les fées. Nous avons cherché à établir une continuité dans notre documentation et avons retrouvé ces phénomènes à des époques et dans des pays différents. Ce qui s'est transformé en mémoire ancestrale a pu être fondé, en d'autres temps, sur de véritables incidents; à l'inverse, ce qui a participé de la fiction devient parfois une réalité (voir « Coïncidences »). A. MacGregor, dans *The Haunted Isles*[1], donne un excellent compte rendu moderne d'un cas de « tir d'elfes » : « A Loch Maddy, il y a quelques années, une jeune fille sortit pour ramasser une brassée de ces flèches de fées dont l'une tomba à ses pieds en sifflant. (Voir d'autres récits de pierres volantes en relation avec les fées, dans « Personnages miniatures » et les « Itinéraires enchantés »).

En juin 1887, un disque très régulier de pierre taillée tomba sur Tarbes. Les *Comptes rendus* (1887-182) tentèrent de lier le phénomène à une trombe, mais l'objet, que n'accompagnait aucun débris, était entouré de glace.

En 1910, une controverse éclata dans les pages du *Scientific American* lorsque Charles F. Holder annonça qu'il venait de déchiffrer une inscription profondément gravée dans une « pierre étrange, ressemblant à une météorite, tombée dans la vallée de Yaqui, au Mexique. On discrédita assez facilement les assertions de Holder attribuant les signes à une origine maya, et on oublia d'enquêter sur la déclaration première concernant la chute sur la terre d'une pierre portant des inscriptions.

De nos jours, le phénomène paraît avoir revêtu un autre aspect et, en accord avec notre époque impie, son origine divine s'est dévaluée pour s'accorder à la production la plus triviale de la technologie moderne. Dans nos archives, nous pourrions trouver des récits de pluies de papier d'argent et de « cheveux d'anges » depuis 1911; de produits chimiques manufacturés depuis 1842; de vis et d'écrous depuis 1936; de matières plastiques depuis 1955; d'un cube de cuivre en 1961; et de toutes sortes de boules, grandes et petites en métal et en plastique, depuis le début du XIXe siècle. A Bijori, en Inde, des perles multicolores prêtes à être enfilées tombent régulièrement, dit-on, depuis près de cent ans. Elles viennent parfois en si grands nombres que l'on peut les ramasser par poignées. D'après *Fate* (janvier 1955), tous les efforts pour en retrouver la source ont échoué (présumant d'un transport par trombe et d'un stock baissant de manière régulière dans une

1. Les îles hantées.

manufacture ou un entrepôt). Par ailleurs, même une enquête policière ne parvint pas à expliquer une pluie de balles de golf s'abattant sur Punta Gorda au cours d'un orage floridien, le 3 septembre 1969 (*Info Journal*, 7, 1970).

Dans *Myths and Legends of China*[1], E.T.C. Werner évoque en 1922 la vieille histoire de Lei Jung, duc du Tonnerre, qui jeta du ciel un flacon de lotion guérissante à une femme frappée par la foudre. Bien que déformé dans l'esprit et la forme, l'équivalent moderne se manifeste cependant dans le déluge de boue, morceaux de bois, pierres, verre et poteries cassées qui, à quatre reprises en 1968, doublèrent leurs torts d'un affront aux habitants de Piñar del Rio, à Cuba (Revue *Beyond*, octobre 1969). Parallèlement, de grandes quantités de clous furent précipitées du ciel nocturne sur la femme du gardien du phare de Point Isabel, au Texas, le 12 octobre 1888. Le *St Louis Globe-Democrat*, rendant compte de l'événement, précise que la chute de clous se répéta la nuit suivante, accompagnée cette fois de mottes de terre et de coquilles d'huîtres. L'article attira sur les lieux des foules de curieux et de nombreux témoins affirmèrent avoir vu des clous voletant autour du phare.

Nous possédons des documents à propos d'événements ressemblant à des pluies, même si personne n'a jamais rien vu tomber. D'après le *St Louis Post-Dispatch*, du 10 novembre 1965, un homme de Louisville, Kentucky, entendit une explosion toute proche et se précipita dans sa cour pour la trouver jonchée de sachets de petits gâteaux. Curieusement, le toit de son garage en était également couvert, incitant les voisins à imaginer une provenance spatiale – peut-être un avion avait-il déversé sa cargaison. Cependant, il fut impossible d'identifier le fabricant ou l'éventuel avion; et personne ne déclara une perte de fret.

Il n'y avait aucun doute, par contre, dans l'esprit d'une femme conduisant sa voiture sur une route de Palm Springs, en Californie : une roue était tombée du ciel, causant de sérieux dommages au toit de son automobile. Le *New York Times* du 17 avril 1969 déclara les autorités incapables de dénicher le moindre rapport d'un pilote signalant une avarie de train d'atterrissage.

Ces chutes sont assez inexplicables, mais lorsqu'elles se répètent avec les mêmes objets au même endroit, le problème se complique sérieusement. D'après le *Philosophical Magazine*, 4-8-463, des morceaux de fer rouillé tombèrent sur Orenbourg, en Russie, le 25 janvier 1824, et le phénomène se produisit à nouveau quatre

1. Mythes et légendes de Chine.

mois plus tard, comme l'indiqua le *Journal of the Royal Institute*, en 1828. Nous passons de fragments métalliques tombant en plein air à une pluie de chevrotine envahissant par intermittence un bureau de Newton, dans le New Jersey. Le *San Francisco Chronicle* du 3 mars 1929 en parla comme du plus grand mystère dans l'histoire de la ville; et on ne releva aucune trace de la manière dont les projectiles avaient pu s'introduire dans la pièce. A la suite de la relation d'un cas semblable paru dans le *Religio-Philosophical Journal*, le numéro de ce journal daté du 24 avril 1880 imprimait la description de balles tombées en 1867, de temps à autre et en plein jour, dans toutes les pièces de la maison du correspondant. Ces chutes de « gros plombs » se multiplièrent et se prolongèrent durant parfois une heure ou plus. Cependant, chaque fois qu'il allait les ramasser, il n'en trouvait jamais plus d'une demi-douzaine – le reste avait disparu comme par enchantement.

Les récits de pluies de morceaux de briques valent largement ceux de chutes de plomb et de balles. Le *Bulletin of the Sri Aurobindo International Centre of Education* de février 1974 publie le compte rendu détaillé, fait par un témoin, de pluies de morceaux de briques à l'intérieur de diverses pièces de l'Ashram Sri Aurobindo, à Pondichéry, en décembre 1921. Les enquêtes ne révélèrent ni coupable ni cause, mais les briques continuèrent de pleuvoir dans la cour, la cuisine et la cage d'escalier. Les hôtes se rendirent rapidement compte que les briques ne devenaient visibles qu'à la hauteur du toit, comme si elles ne prenaient leur existence qu'à ce niveau, tombant immédiatement après avoir pris corps. Certains habitants remarquèrent que le phénomène paraissait associé à un jeune homme, l'assistant du cuisinier. Ils l'enfermèrent dans une pièce sans aucune ouverture et des briques tombèrent autour de lui, le blessant. Quarante et un ans plus tôt, dans une salle de classe près de la maison du gouvernement à Madras, des briques étaient également tombées, phénomène qui s'était poursuivi pendant cinq jours en présence de trente enquêteurs. Le *Madras Mail* du 5 mars 1888 relate que le clergé suggéra de placer une brique marquée d'une croix blanche au centre de la pièce. A la grande stupeur des assistants,« une brique de taille correspondante, mais marquée d'une croix *noire*, tomba du ciel et se posa sur la première » avec une telle précision qu'elle tenait dessus en équilibre.

Nous devons mentionner une autre mystification participant de cet étrange répertoire. A une époque reculée, nous dit-on, un peuple ancien implora le ciel de lui envoyer de la « manne » et fut exaucé (voir « Chutes d'animaux et de matières organiques ») et, pour démontrer la continuité du phénomène, nous proposons un équivalent moderne : des pluies de monnaie dans le désert bétonné. Certains des cas cités se produisirent au cours de visites de « poltergeists » : par exemple, des pennies tombèrent accompagnés de morceaux de soude et de charbon au cours de la célèbre turbulence de 1927-1928, dans le quartier londonien de Battersea. Harry Price en évoque le souvenir dans son *Esprits frappeurs sur l'Angleterre* (1945). Un de ces esprits frappeurs – le plus dévastateur de tous les temps – semble avoir causé la destruction complète d'une maison près de la Sorbonne, au cours d'un bombardement continu de matériaux de construction. L'agitation se répéta chaque nuit pendant trois semaines. On en trouve un compte rendu dans le journal de la police française, la *Gazette des tribunaux,* du 2 février 1849, comportant une référence non datée à une agitation causée par un phénomène du même genre : une « pluie de petite monnaie attira les badauds de Paris, chaque soir, dans la rue de Montesquieu ». Notons que le phénomène se répéta à plusieurs occasions.

Fort mentionne une pluie de pièces à Trafalgar Square, à Londres, mais n'en donne aucun détail; cependant, nous sommes en mesure de révéler que des pennies et des half-pennies tombèrent autour d'enfants rentrant de l'école à Hanham, Bristol, d'après le *People* de Londres, du 30 septembre 1956. A Meshehera, en Russie, des pièces d'argent tombèrent en pluie « dans toute la contrée » au cours d'une tempête – *Daily Express,* Londres, 5 août 1940. Le *People* relatait, le 17 février 1957, qu'à Gateshead, dans le comté de Durham, une femme se tenait dans son jardin lorsque « deux objets passèrent en sifflant près de ses oreilles » : c'étaient deux half-pennies; et environ quarante ou cinquante pennies se précipitèrent par petites chutes, pendant une quinzaine de minutes, à Ramsgate, dans le Kent. D'après le *Daily Mirror,* du 10 décembre 1968, « on ne les voyait pas tomber, on les entendait seulement rebondir et tinter sur la chaussée ». Singulièrement, les pièces étaient toutes pliées – souvenir d'Uri Geller. La *Bath Chronicle* du 6 janvier 1976 signale que deux clergymen de Limburg, en Allemagne de l'Ouest, ramassèrent 2 000 marks en billets de banque qu'ils prétendirent avoir vus tomber comme feuilles mortes d'un ciel sans nuages. Mais cet événement n'atteint pas le caractère grandiose d'une pluie, sur Bourges, de « milliers » de billets de 1 000 francs. Malgré l'enquête, relate le *Sunday Express* du 15 avril 1957, personne n'en déclara ni n'en revendiqua la perte.

LES IMAGES EN PLEURS ET EN SANG

L'histoire ancienne abonde de références à des idoles et à des images qui pleurent, transpirent et saignent, événements tous considérés autrefois comme autant de puissants présages. On raconte, par exemple, qu'à la veille du départ en campagne d'Alexandre le Grand, une statue en cyprès d'Orphée à Libethra transpira abondamment pendant plusieurs jours. L'événement ne déconcerta pas le devin Aristandre dont l'interprétation favorable expliquait le prodige comme l'annonce du labeur que représenterait pour les futurs historiens et poètes la célébration des exploits du monarque. De même, à la veille du sac de Rome en 1527, une statue du Christ est réputée avoir pleuré si copieusement que les pères du monastère où elle était conservée durent passer leur temps à lui essuyer le visage. On attribuait la même tendance au larmoiement à une statue en marbre de sainte Lucie qui se répandit en pleurs pendant le siège de Syracuse, en Sicile, en 1719. Tite-Live évoque une statue d'Apollon qui répandit des larmes pendant trois jours et trois nuits, et Ovide cite le chêne des Dryades à Eresicthon d'où jaillit un liquide cramoisi ressemblant à du sang, lors de son abattage sacrilège.

Toutes ces histoires anciennes de divers objets sacrés saignant et versant des larmes peuvent paraître trop extraordinaires pour être prises au sérieux, et pourtant le même phénomène se perpétue dans la presse, de nos jours. Au moment même d'écrire ce chapitre, nous avons reçu un rapport à propos de la statue du Christ d'Eddystone, en Pennsylvanie, d'où suintait du sang; quelques semaines auparavant, le *Sunday People* de Londres, daté du 11 janvier 1976, imprimait un article concernant une représentation en bois du Christ, âgée de 300 ans, dans le village brésilien de Porto das Caixas : l'article relatait les guérisons miraculeuses attribuées au sang coulant régulièrement des plaies peintes. Des examens faisant autorité avaient prouvé que le sang était réel tout en le déclarant d'une nature indéterminée. Cependant, plus significatif encore, malgré des observations et des examens minutieux depuis la première apparition du sang en 1968, la source du saignement demeure à ce jour introuvable. En 1972, un crucifix en calcaire d'où s'écoulait du sang attira un si grand nombre de pèlerins que l'Église se trouva dans l'obligation de prévenir le public qu'il ne s'agissait pas – encore – d'un miracle reconnu ! Le petit crucifix appartenait à la famille Pizzi de Syracuse, en Sicile, et les gouttes de sang se formaient sur la poitrine de la statuette, à l'emplacement traditionnel où la lance transperça le flanc du Christ. D'après le Dr S. Rodante, président de l'Association des médecins catholiques de l'île, cité dans *Fate* en décembre 1972, le sang coagulait instantanément, alors que celui des échantillons prélevés sur les divers membres de la famille Pizzi (probablement dans le but de démasquer une éventuelle mystification) réagissait tout à fait normalement.

Les saignements et les larmes n'apparaissent pas toujours seuls; ils se produisent également en association avec d'autres événements étranges. Par exemple, le 21 août 1920, toutes les statues et images pieuses appartenant à James Walsh, jeune dévot de seize ans, se mirent à saigner. Le jeune homme habitait la maison de Thomas Dwan, à Templemore, dans le comté de Tipperary en Irlande, et après qu'il eut rendu visite à la sœur de Dwan, Mme Maher, sur les statues se trouvant dans la maison de cette dernière du sang se mit également à suinter. Au moment des saignements, le mobilier et les différents objets chez Dwan changeaient spontanément de place, dans la meilleure tradition des esprits frappeurs. Au cours des mois suivants, plusieurs milliers de personnes purent observer ces prodiges. Au début, Dwan et Maher laissèrent entrer de petits groupes de gens chez eux, mais devant l'afflux des pèlerins, ils furent contraints de placer les statues devant les fenêtres de manière à ce qu'elles puissent être vues de ceux qui défilaient nuit et jour. C'était une scène étrange au milieu des troubles violents qui agitaient l'Irlande à l'époque. On enregistra de nombreuses dépositions témoignant du miracle; et le *Tipperary Star* paraissait rarement sans un nouveau compte rendu du prodige de Templemore. De plus, il se produisait une autre manifestation intéressante : dans le sol de terre battue de la chambre du jeune homme, un creux en forme de tasse se remplissait constamment d'eau. Des milliers de pèlerins en prélevaient, mais quelle que fût la quantité d'eau retirée, le trou ne désemplissait pas. Aucun indice ne signalait une source cachée (l'eau ne débordait jamais) mais il apparaissait juste assez d'eau pour maintenir le trou continuellement rempli, avec autant de mystère que l'écoulement de sang sur les statues. Ceci nous mène au problème des « puits sacrés » et des bénitiers vénérés, dont les récipients se remplissaient toujours d'eau fraîche réputée posséder des propriétés médicinales.

Parfois, ces apparitions mystérieuses de liquides prennent une forme bizarre. Le *Worcester Telegram* d'Illinois du 10 mai 1970 racontait qu'un « sang aqueux » suintait du cou, des mains et des pieds du corps de sainte Maximine, dans l'église de Saint-Adrien à Chicago. Les ossements de sainte Maximine, vieux de 17 siècles, sont enchâssés dans une statue de cire représentant une très belle femme, mais les os des mains et des pieds sont visibles – et l'ensemble est dans un cercueil de verre. Ceci n'est pas sans rappeler les prétendus « miracles du sang » associés à de nombreux saints dont on découvrit, longtemps après leur mort, le sang frais et encore fluide, et le corps intact. Le père Herbert Thurston consacre plusieurs chapitres à ces aspects de l'hagiographie dans son *Physical Phenomena of Mysticism*[1], dont un exemple typique est le prodige hématique associé à saint Nicolas de Tolentino. En 1345, quarante ans après la mort du saint, un frère convers coupa les mains de sa dépouille encore intacte, avec l'intention de les emporter en Allemagne. Comme pour l'abattage du chêne d'Ovide, un torrent de sang trahit cet acte sacrilège. On enchâssa les bras dans des reliquaires pour les exposer à Tolentino dans divers sanctuaires; chaque fois qu'un désastre menace, le sang se remet à couler. Thurston manifestait quelques réticences quant au récit du sectionnement des bras, mais il ajoutait : « Il ne peut subsister aucun doute : de chacun des deux bras, un curieux écoulement d'un fluide rouge, appelé "sang", se produisit de temps à autre au cours des XVIe et XVIIe siècles. En 1699, cet écoulement paraît s'être prolongé presque sans répit pendant quatre mois. » Le pape Benoît XIV, critique acerbe et autorité en matière de miracles, accepta l'authenticité de celui-ci.

En revanche, l'Église, de longue date, réprouve la façon dont la ville de Naples a transformé le miracle de la liquéfaction du sang de saint Janvier en talisman populaire. Chaque année, au cours de cérémonies religieuses, célébrées le premier samedi de mai et le 19 septembre, on attend que des parcelles de sang séché du saint, conservées dans des fioles dans la basilique Sainte-Claire, se liquéfient et bouillonnent. Si le miracle ne se produit pas, les Napolitains, fatalistes, s'attendent à une calamité. En 1976, les deux tremblements de terre les plus meurtriers advinrent à quelques jours de la fête de saint Janvier. Le premier, en mai, le

1. Phénomènes physiques du mysticisme.

sixième jour après la date à laquelle le miracle aurait dû avoir lieu; l'autre, en septembre, dans la semaine précédant une liquéfaction réussie. Ce qui nous donne le choix ! La première liquéfaction enregistrée remonte à 1329 et, depuis, nombreuses ont été les tentatives d'explication du phénomène. Dans *Natural Magic*[1], sir David Brewster spécule sur les composants susceptibles de fondre à basse température, amenant ainsi le « sang » à mousser sous l'effet de la chaleur dégagée par la main tenant la fiole. D'autres enquêteurs ont déclaré le phénomène authentique.

La plupart des défenseurs et des critiques de miracles ont tendance à discuter isolément d'événements spécifiques. Au contraire, Fort et Thurston ont suggéré qu'on ne pourrait résoudre l'énigme qu'en la replaçant dans le contexte général d'événements répétés et apparentés. Bien évidemment, Fort faisait allusion au téléportement de liquides, et nous pourrions étendre cette notion jusqu'à englober les « taches de sang » perpétuellement humides qui apparaissent dans les maisons « hantées » (voir « Écoulements et suintements mystérieux »).

Une autre manifestation concerne la statue ou l'image en pleurs. Un exemple récent est celui d'une Madone en plâtre appartenant à Mme Theresa Taylor de Walker, à Newcastle-upon-Tyne. D'après les journaux contemporains, Mme Taylor priait au pied de la Madone, le 10 octobre 1955, lorsqu'elle vit l'œil gauche de celle-ci s'ouvrir et une goutte de liquide s'y former . Plus tard, les voisins auraient vu la statue ruisseler de larmes. Le plus récent cas anglais de nos archives concerne un crucifix de 40 centimètres de haut appartenant à Alfred Bolton, de Walthamstow à Londres, que l'on vit verser des larmes à trente reprises au moins, en mai et juillet 1966. Un expert légiste, cité par *News of the World* le 24 juillet 1966, s'avouait totalement confondu à la suite d'un examen approfondi de la statuette.

En mars 1960, Mme Pagora Catsounis priait devant une image de la Vierge dans sa maison d'Island Park, à New York. Elle aussi crut voir les yeux de Marie s'ouvrir et des larmes se former. Il en fut de même pour son mari qui appela le prêtre de l'église grecque orthodoxe de Saint-Paul à Hempstead. En arrivant, l'ecclésiastique put constater lui-même les larmes se formant sous le verre et coulant jusqu'en bas du cadre, *où elles disparaissaient*. En racontant cette histoire dans *Grit* du 26 juillet 1970, l'auteur évoque encore

1. Magie naturelle.

d'autres cas d'images en pleurs. En 1953, plusieurs icônes de la Madone versèrent des larmes de sang en Italie : à Syracuse, l'écoulement dura huit jours et à Mezzolombardo, le sang était apparu dans un journal, sur une photographie d'une image populaire.

ÉCOULEMENTS ET SUINTEMENTS MYSTÉRIEUX

Examinons, à présent, quelques symptômes d'une mystérieuse force distributive concernant les liquides – des liquides qui surgissent de « nulle part » et suintent ou coulent d'objets ou tombent d'entre ciel et terre. Nous remarquons des pluies étranges et des répétitions localisées, comme la série remarquable de Genève. Les *Comptes Rendus* 5-549, relatent que de grosses gouttes d'eau *chaude*, bien distinctes, tombèrent sur Genève d'un ciel limpide à 9 heures du matin, le 9 août 1837. Ceci se reproduisit le 31 mai de l'année suivante *(Almanach des Faits*, 1839-262), le 11 mai 1842 à 10 heures du matin (*Comptes rendus,* 15-290), et à nouveau plus tard dans la même journée. Au cours d'une série de tremblements de terre à Inverness, en juin 1817, il plut de l'eau *chaude*,le dernier jour du mois *(Report of the British Association*, 1854-112).

Les météorologues appellent ce phénomène de pluie intense et localisée « pluie ponctuelle ». Pour prendre un exemple, le *Symon's Meteorological Magazine*, 47-140, fait état d'une « cascade » d'eau et de grêle tombée sur une surface de Londres de tout juste 200 arpents, le 9 juin 1809. Le *Toronto Globe* du 3 juin 1889 relate comment les habitants de Coburg,dans l'Ontario, avaient vu un énorme paquet d'eau, ressemblant à un sac, passer au-dessus de la ville et aller s'écraser 3 kilomètres plus loin. On l'expliqua commodément comme étant une « trombe ». Le téléportement d'importants volumes d'eau exerçait une grande fascination sur Fort qui a réuni un grand nombre d'histoires sur ce sujet dans le chapitre 3 de *Lo* !

En alternance, avec la rafale de pluie surviennent les pluies continues. A en croire les *Comptes rendus* 14-664, un flot se déversa d'un point fixe dans le ciel, au-dessus de Noirefontaine, en France, pendant au moins deux jours en avril 1842. Le *New York Sun* du 24 octobre 1886 relatait que de l'eau se déversait constamment d'un ciel sans nuages depuis quatorze jours sur le même terrain dans le comté de Chesterfield, en Caroline du Sud. Et à peu près simultanément, d'autres journaux signalaient également des pluies à Cheraw et à Aitken, où la chute se limitait à une surface de 3 mètres carrés. Le même mois se produisit une chute à Dawson, en Géorgie, concentrée sur un espace large de seulement 7 mètres. On aurait dit que des robinets invisibles et immobiles étaient restés ouverts dans le ciel.

Les arbres assoiffés implorent le ciel de les abreuver et la réponse, si c'en est une, est souvent désordonnée ou se prolonge par oubli. Le 21 octobre 1886, la *Charlotte Chronicle* de la Caroline du Nord publiait le reportage suivant : « Les citoyens de la partie sud-est de la ville ont observé pendant trois semaines ou plus un phénomène très étrange. Chaque jour, à 3 heures de l'après-midi, se produit pendant une demi-heure une chute de pluie à un endroit particulier. Entre deux arbres, à l'heure dite, il tombe une pluie douce alors que le soleil brille, et ceci tous les jours, devant témoins, depuis trois semaines. » Un observateur du service de signalisation adressa plus tard un rapport à ce propos à la *Monthly Weather Review*, en octobre 1887, précisant qu'il avait lui-même observé le phénomène pendant plusieurs jours. Il s'agissait de chênes rouges, et « parfois l'averse couvre une surface d'un demi-arpent, mais elle paraît toujours centrée sur ces deux arbres, et, lorsqu'elle est très légère, tombe seulement sur eux. » A Brownsville, en Pennsylvanie, un pêcher devint le point de mire de cette manne aqueuse. D'après le *St-Louis Globe Democrat* du 19 novembre 1892, les témoins virent couler l'eau d'un point un peu au-dessus de l'arbre et couvrir une surface l'entourant d'environ 5 mètres carrés. En juillet 1966, un acacia dans un jardin de La Feria, au Texas, était devenu, non pas l'objet d'une chute d'eau, mais sa source. Le propriétaire, Sam Morse, remarqua le ruissellement s'écoulant d'un nœud dans le bois à 7 mètres au-dessus du sol et recueillit 40 gallons d'eau en 12 heures. D'autres témoignages relatent qu'à une époque l'acacia produisit 40 gallons au cours d'une période de 47 jours. *Fate*, en février 1967, persiflait en déclarant que l'arbre s'était rapidement transformé en but de pèlerinage et que l'on attribuait des guérisons miraculeuses à ses ténébreux écoulements. Les prétentions à des vertus curatives de sudations, larmes mystérieuses et autres flux provenant de sources improbables, en particulier les arbres et les images, remontent à la plus haute antiquité. Nous étudions le sujet plus avant dans le chapitre « Les images en pleurs et en sang ».

On est convenu d'appeler les autres manifestations de liquides totalement mystérieuses des « écoulements d'esprits frappeurs ». Au début du mois de février 1873, la Bank House d'Eccleston, dans le Lancashire, fut le théâtre d'une série d'événements extraordinaires. Des torrents d'eau se mirent à pleuvoir dans les pièces, trempant les occupants âgés et endommageant leur mobilier. Tous ceux qui enquêtèrent furent frappés par l'authentique misère qu'engendrait le phénomène; il ne pouvait être question de supercherie. Le reportage paru dans le *Chorlez Standard* du 15 février indiquait que « l'élément le plus singulier de cette affaire était l'état de parfaite sécheresse des plafonds ». Le 9 septembre 1880, un journaliste du *Toronto Globe* décrivit ses enquêtes sur des événements improbables dans une ferme de Wellesley, dans l'Ontario, où des projectiles introuvables cassaient les carreaux et où le mobilier se déplaçait tout seul. Plus tard, il relata que de tels volumes d'eau se déversaient dans la maison – choisissant le moment où les pièces étaient remplies de curieux – que les affaires des propriétaires étaient très endommagées. Et pourtant, ni murs ni plafonds ne portaient de traces du passage de l'eau. Dans *Strange World*[1] de 1964, Frank Edwards décrit les catastrophes liquides de la famille Waterman (portant un nom prédestiné) qui n'apparurent que neuf après qu'ils se furent installés dans leur maison près de Windsor, dans le Vermont. Un matin de septembre 1955, ils découvrirent des gouttes d'humidité sur le mobilier, comme si un épais brouillard s'y était déposé. D'après Edwards, ils épongèrent cette étrange rosée mais celle-ci réapparaissait parfois abondamment. Des techniciens des divers services vérifièrent tous les tuyaux, qui étaient jointifs et secs et, malgré tout, l'eau se déposait heure après heure. Un jour, raconte Edwards, le Dr Waterman « portait un plat de raisins à peine creux, d'une pièce à l'autre et celui-ci se remplit d'eau en cours de route ».

Un article à propos d'écoulements mystérieux de toutes espèces, dans les colonnes de *Grit* (États-Unis) du 26 juillet 1970, mentionnait la persécution liquide qui obligea la famille Martin à fuir sa maison de Methuen, dans le Massachusetts, en 1963, et reprit ses tracasseries dans sa nouvelle maison dans une autre ville. On décrivait l'eau « jaillissant » de divers endroits, partout dans la maison, ou suintant des murs et du plafond. Nous savons, d'après de nombreuses études de cas d'« esprits frappeurs » que les agissements peuvent poursuivre leur victime dans leur nouvelle demeure, mais nous connaissons également des cas où les perturbations sont demeurées dans la maison pour tourmenter la famille suivante. Le cas évoqué ci-dessous rappelle d'autres exemples de « persécutions » où des personnes deviennent la cible du feu (« Le feu persécuteur »), de pierres (« Des projectiles tombés du ciel ») et d'autres hasards sinistres (« Assaillants invisibles » et « Les stig-

1. Monde étrange.

mates »). Eugenio, neuf ans, était hospitalisé à Nuoro, en Sardaigne, pour soigner son foie, lorsque, d'après le *Sun* du 30 novembre 1972, de grosses quantités d'eau se mirent à s'infiltrer à travers le plancher autour de son lit. On le déplaça cinq fois, toujours pour le même motif : l'eau filtrait à travers le plancher, autour de son lit, ou apparaissait dessous. A nouveau, en dépit d'une enquête approfondie, il est question de fonctionnaires déconcertés et d'ingénieurs techniciens échouant dans leur recherche d'une cause acceptable.

Un cas classique d'« esprit frappeur liquide » se produisit au presbytère de Swanton Novers, dans le Norfolk, et fit l'objet de nombreux reportages dans la plupart des principaux journaux anglais de l'époque. Le 30 août 1919, on remarqua de l'huile minérale filtrant au travers des plafonds de certaines pièces ou, plutôt, se rassemblant en taches sur les plafonds. Les jours suivants, ces suintements devinrent des écoulements permanents et même, comme en témoignèrent certains, des jaillissements provenant des murs. On suggéra que peut-être la maison était construite sur un puits de pétrole; cependant, ce n'était pas du mazout qui tombait, mais de la paraffine (kérosène) et de l'essence. Cela coulait au rythme d'un litre toutes les dix minutes et un compte rendu daté du 2 septembre signalait que l'on avait recueilli environ 50 gallons dans divers récipients. Sur les treize écoulements du 1er septembre, deux produisirent de l'eau, d'autres étaient constitués d'alcool et d'huile de santal. Non seulement tout le contenu de la maison fut perdu, mais les vapeurs devinrent tellement dangereuses qu'il fallut l'évacuer. On éventra les murs et on dénuda et perça les plafonds, mais aucun indice ne se révéla jamais. Le curé, le révérend Hugh Guy, employait une jeune femme de chambre que l'on tenta de mettre en cause.

Le *Times* du 9 septembre déclarait qu'Oswald Williams, un « illusionniste », était allé sur place pour enquêter et qu'il avait résolu l'énigme : il avait vu la jeune fille jeter de l'eau sur le plafond. Le 12 septembre, les colonnes du *Times* publiaient une interview de la demoiselle. Elle était entrée dans la maison avec Williams et, lorsque l'eau était apparue au plafond, celui-ci l'avait accusée. Il lui avait donné une minute pour avouer en la menaçant de la faire emprisonner si elle refusait. Plus tard, elle porta plainte contre Williams et sa femme pour coups et blessures. Le juge rendit une ordonnance de non-lieu. On n'expliqua jamais comment une jeune fille aurait pu transporter 50 gallons d'huile et d'essence sur un plafond, au milieu d'enquêteurs, sans être vue, ni où et comment elle aurait pu se les procurer.

VERS LUISANTS HUMAINS

Dans ce chapitre, nous traiterons de la lumière qui émane d'endroits inattendus – de corps humains, par exemple. A l'instar d'un grand nombre de nos phénomènes, des incidents se sont produits depuis l'Antiquité jusqu'à nos jours, pour lesquels nous disposons de trois sources de renseignements : la médecine, la religion,et la tradition populaire. Mais le fait est toujours le même : les gens s'illuminent.

En mai 1934, la « femme illuminée de Pirano » obtint un succès sensationnel lorsque les journaux du monde entier divulguèrent les querelles de la presse médicale italienne. Mme Anna Monaro souffrait d'asthme et, pendant des semaines, une lueur bleue émana de sa poitrine pendant son sommeil. De nombreux médecins vinrent constater le phénomène, visible durant plusieurs secondes parfois. Selon un psychiatre, il provenait du fait que « des organismes électriques et magnétiques dans le corps de cette femme s'étaient développés à un point extrême »; autrement dit, il n'en connaissait pas la cause. Un autre médecin hasarda « une irradiation électromagnétique de certains composants de sa peau ». Il se référait ainsi à des théories en cours à l'époque sur la bioluminescence (voir, par exemple, *The Nature of Animal Light*[1], E.N. Harvey, 1920). Le Dr Protti fit une longue déclaration à propos de ses observations sur la dame Monaro, postulant que sa condition de grande faiblesse physique, alliée à son jeûne et à son zèle religieux, avait augmenté la quantité d'acide sulfhydrique présent dans son sang, et, puisque le pouvoir irradiant normal du sang humain se situe dans la gamme des ultraviolets et que la radiation ultraviolette peut stimuler les sulphides à la luminescence, on tenait là une explication raisonnable (voir le *Times* du 5 mai 1934).

Bien évidemment, ceci n'apportait aucun éclaircissement à l'étrange périodicité ou à la localisation des éclairs bleus, et les enquêteurs, gênés, retombèrent dans le silence. Harvey parle de bactéries luminescentes qui se nourrissent d'éléments contenus dans la sueur; pourtant, d'après le témoignage de Protti lui-même,

1. La nature de la lumière animale.

Anna Monaro transpirait abondamment, mais seulement *après* les émissions lumineuses pendant lesquelles sa tension doublait. De nombreux manuels de toxicologie étudient les « plaies lumineuses », certains en termes de bactéries et d'autres en termes modernes d'après lesquels les sécrétions contiennent les éléments biochimiques luciférine et luciférase, et une substance appelée ATP (adénosine triphosphate), normalement séparées, mais qui, réunies, développent une faible luminescence. Le même processus allume le ver luisant et la luciole. Cependant, si cette théorie avait été applicable, tout le corps de Mme Monaro aurait été illuminé.

Dans *Death : its Causes and Phenomena*[1], Hereward Carrington évoque un enfant mort d'une indigestion aiguë. Les voisins, préparant le linceul, remarquèrent une lueur bleue et une chaleur irradiante entourant la dépouille. Le corps paraissait en feu; tous les efforts faits pour éteindre la luminescence échouèrent, mais, peu à peu, elle disparut. En déplaçant la dépouille, on découvrit que le drap sur lequel elle avait reposé était brûlé. Si nous ne citions pas d'innombrables cas dans le chapitre « Combustion humaine spontanée », le lecteur pourrait peut-être trouver ceci invraisemblable, et même parmi ces reportages, pareil embrasement d'une dépouille mortelle se produisit rarement. Les rapports médicaux concernant l'effet du ver luisant humain se conjuguent presque toujours avec des cas pathologiques. Par exemple, Gould et Pyle, dans leur monumental *Anomalies and Curiosities of Medecine*[2] (1937), relatent le cas d'une femme souffrant d'un cancer du sein : la lumière jaillissant de sa plaie illuminait les aiguilles d'une montre éloignée de plusieurs mètres. Le seul cas d'émission de lumière de la part d'une personne considérée en bonne santé sous tous autres aspects, répertorié dans nos archives (à part le cas des saints), se présente sous forme d'une lettre à *English Mechanic* du 24 septembre 1869.

« Une Américaine, au moment de se coucher, découvrit de la lumière émanant de la partie supérieure du quatrième orteil de son pied droit. En le frottant, elle ne fit qu'augmenter la lueur phosphorescente qui s'étendit à tout le membre. Des exhalaisons se développèrent également, rendant l'air irrespirable; lumière et effluves continuèrent à émaner du pied, même plongé dans une bassine d'eau. Un lavage au savon ne parvint pas non plus à faire diminuer la luminosité. La scène dura trois quarts d'heure avant que ne disparaisse la lumière; le mari en témoigna. »

Parfois, le rayonnement humain semble lié à des phénomènes

1. La mort : ses causes et phénomènes.
2. Anomalies et curiosités de la médecine.

électromagnétiques inexplicables et dans « Piles humaines » nous donnons quelques exemples d'enfants lumineux. Mais, malgré le grand nombre de cas reposant sur un état pathologique, ceux-ci ne se comparent pas avec le spectacle de luminosité que nous offrent les mystiques. L'auréole ou le nimbe brillant est partout l'apanage de l'homme spirituel et nous porte à supposer que ce symbole universel émane du phénomène universel d'une expérience partagée. Les hommes saints rayonnent, parfois étincellent. Même dans le langage courant, nous parlons de visages « rayonnant » de bonheur. L'idée que ceci ne constitue pas simplement une figure de rhétorique est acceptée avec une grande prudence par l'Église. Le pape Benoît XIV écrivait : « Cela paraît être une réalité que les flammes naturelles entourent parfois ostensiblement le visage humain et qu'également, à l'occasion, du feu puisse rayonner naturellement d'une personne tout entière, non pas, toutefois, comme une flamme jaillissant vers le haut, mais plutôt sous forme d'étincelles bondissant tout autour. » *(De... beatificatione.)*

Parmi les nombreux exemples, nous pouvons citer la biographie de sainte Liduvige par Thomas à Kempis : « Et, même si elle demeurait toujours couchée dans le noir et si la lumière matérielle lui était intolérable, la lumière divine lui était très agréable, remplissant sa cellule la nuit de manière tellement merveilleuse que la pièce apparaissait aux témoins comme remplie de lampes ou de feux matériels. Et il n'est pas surprenant qu'une brillance divine ait envahi son corps tout entier. » *(Sainte Liduvige de Schiedam, vierge,* 1912.)

Le père Herbert Thurston concédait : « On raconte tellement d'histoires de saints prêtres qui éclairaient une cellule sombre ou une chapelle tout entière par la lumière ruisselant sur eux ou émanant de leur personne que j'incline fortement à adhérer à l'interprétation la plus littérale... Incontestablement, il existe des centaines d'exemples de ce type dans nos hagiographies et si un grand nombre d'entre eux reposent sur des témoignages insuffisants, il en est d'autres que l'on ne peut écarter inconsidérément... Par conséquent il ne peut y avoir aucune raison valable de refuser de croire les comptes rendus de phénomènes similaires lorsqu'ils concernent ceux dont la sainteté éminente et les merveilleux dons de la grâce ont acquis une renommée universelle. » (*Phénomènes physiques du mysticisme*, 1952.)

L'élément le plus intéressant de la déclaration du père Thurston est peut-être la référence à une lumière « ruisselant sur eux ou émanant de leur personne ». Dans le passage traitant de sainte

Liduvige, il fait clairement allusion aux deux types de lumière. Thurston poursuit son exposé en relatant l'intéressante histoire qui suit, à propos du père François Suarez, théologien espagnol du collège de jésuites de Coïmbra, au Portugal. Jérôme da Silva, frère convers âgé, se présenta dans les appartements du père, pour lui annoncer l'arrivée d'un visiteur distingué. L'entrée était plongée dans la pénombre, les volets fermés pour la protéger de la chaleur de l'après-midi. Le biographe de Suarez, le père R. Scorraille (1911), nous livre le compte rendu de da Silva, à propos de l'incident :

« J'appelai le père, mais il ne répondit pas. Comme le rideau fermant son bureau était tiré, je vis, entre le chambranle et la draperie, une clarté intense. J'écartai la portière et entrai dans l'appartement intérieur. Puis je remarquai que la lumière aveuglante provenait du crucifix et brillait d'une telle intensité qu'elle ressemblait au reflet du soleil sur les vitres et il me sembla que je ne pourrais continuer à la fixer sans être complètement ébloui. Cette lumière ruisselait du crucifix sur le visage et la poitrine du père Suarez et, dans son éclat, je le vis à genou, face au crucifix, la tête découverte, les mains jointes et son corps élevé dans l'air à cinq paumes (environ un mètre) au-dessus du sol, au même niveau que la table sur laquelle reposait le crucifix. A la vue de ce spectacle, je me retirai... comme hors de moi... mes cheveux hérissés, tels les poils d'une brosse, et j'attendis, sachant à peine ce que je faisais. »

Environ un quart d'heure plus tard, le père sortit, étonné de voir le frère qui l'attendait : « Lorsque le père sut que j'étais entré dans l'appartement intérieur, il me prit par le bras... puis, les mains jointes et les yeux pleins de larmes, il m'implora de ne rien divulguer de ce que j'avais vu, du moins, tant qu'il serait en vie. »

Ils avaient le même confesseur et, sur ses conseils, da Silva consigna son récit par écrit et le cacheta avec une mention spéciale demandant qu'il demeure ainsi jusqu'à la mort du père Suarez. Les trois hommes étaient réputés pour leur sainteté – ils n'avaient rien à gagner d'une supercherie – et le récit résonne des accents de la sincérité.

De la même manière, saint François d'Assise fut soulevé de terre et illuminé, et la splendeur des saints Philippe de Néri, Catherine de Ricci, François de Paule, Alphonse de Liguori, et bien d'autres, saints mais jamais béatifiés, rayonne de leurs biographies. Certaines légendes, par conséquent, pourraient ne pas être aussi mythiques qu'on le suppose confortablement. Il est écrit que lorsque Moïse redescendit du Sinaï (Exode XXXIV, 29 à 35), « la peau de son visage rayonnait » tellement que tous ceux qui le contemplaient furent saisis de la crainte de l'approcher. Pendant quelque temps, par la suite, il fut obligé de porter un voile en présence des autres.

MYSTÉRIEUSES LUEURS

Des lumières dans le ciel, sous la mer et dans des grottes enfouies profondément sous la terre. Lueurs mystérieuses voletant dans des marécages, errant au-dessus des tombeaux ou hantant les allées des cimetières. Des clartés qui pénètrent dans les maisons par les cheminées, des lumières brillantes qui foncent ou errent, lumières menaçantes ou inoffensives, gazeuses ou animées, décontractées ou volontaires.

Le phénomène possède une quantité de noms : OVNI, boules de feu, esprits des morts, feux follets, serpents lumineux – mais nous en soupçonnons la plupart de tenter d'expliquer l'inexplicable. On peut se réfugier confortablement derrière la dénomination de boules de feu pour désigner des boules de lumière flottantes, mais personne n'est d'accord sur la nature du phénomène qu'elle doit en principe expliquer ni sur les caractéristiques que l'on est en droit d'en attendre. Très récemment, en 1943, W.J. Humphries, dans *Ways of the Weather*[1], soutenait encore l'idée traditionnelle que les boules de lumière ne sont que balivernes ou illusions d'optique. Voici les opinions de deux autres autorités :

« Les boules de feu volantes ne menacent pas les humains, même lorsqu'elles apparaissent au milieu d'un groupe de personnes; elles semblent les éviter, comme elles évitent les bons conducteurs. » (Pr B. Goodlet, *Journal of Electrical Engineers*, juillet 1937.)

« Il est extrêmement dangereux de toucher une boule de feu. Un enfant curieux donna un jour un coup de pied dans l'une d'elles, causant ainsi une explosion qui tua cinq vaches et jeta l'enfant et un camarade à terre. » (Frank Lane, *The Elements Rage*[2], 1945.) L'auteur illustre le phénomène de la « boule d'éclair » en relatant l'incident suivant :

« Une jeune fille était assise à une table lorsqu'elle vit une grosse boule de feu se déplacer lentement vers elle sur le plancher de sa chambre. En s'approchant, la boule de feu s'éleva et

1. Habitudes du temps.
2. Les éléments se déchaînent.

se mit à décrire une spirale autour d'elle. Puis, elle s'engouffra par un trou dans la cheminée et y grimpa. Au moment où elle parvint à l'air libre, elle explosa au-dessus du toit, dans un vacarme qui fit trembler la maison tout entière. »

La tradition associe à la mort l'apparition de lumières flottantes, et de nombreux cas viennent appuyer cette croyance. L'ancien consul des États-Unis au pays de Galles, M. Wirt Sikes, auteur de *British Goblins*[1], réunit un certain nombre de témoignages à ce propos. Un jour, tous les passagers de l'autobus se rendant de Llandilo à Carmarthen virent, au moment où ils passaient sur le pont qui enjambe la rivière près de Golden Grove, trois de ces lueurs pâles appelées par les Gallois feux follets. Quelques jours plus tard, trois hommes se noyèrent à cet endroit précis, lorsque leur embarcation chavira. On dit que le nombre de lueurs prédit le nombre de décès auxquels il faut s'attendre. On relève dans *Miscellanies*[2] de John Aubrey, l'histoire d'une femme qui aperçut cinq lueurs dans une chambre qu'occupaient cinq servantes dans la maison où elle travaillait. On venait de plâtrer les murs de la pièce et, pour faire sécher le plâtre, on avait allumé un feu dont la fumée asphyxia les cinq jeunes filles dans leurs lits. Par ailleurs, l'apparition de feux follets sur le chemin menant à un cimetière signifie, si l'on en croit les nombreuses anecdotes, qu'un cortège funèbre passera bientôt par là.

Le baron von Reichenbach, réputé pour ses enquêtes rigoureuses dans le domaine de la nature de la lumière « magnétique », considérée par certains comme des auras ou champs d'énergie, s'intéressa aux lueurs, apparitions, spectres ou autres manifestations se produisant fréquemment dans les cimetières. Léopoldina Reichel, une de ses collègues, avait le don de voir de tels phénomènes. Ils lui apparaissaient sous la forme de lumières dansantes, parfois de la taille d'un homme, parfois petits « comme des nains ». Elle était capable de marcher parmi elles et de les balayer avec sa jupe. Reichenbach, qui se croyait le découvreur d'une essence qu'il appelait l'énergie « odique », appliqua sa théorie à ses observations et produisit une explication retentissante de la luminescence des cimetières : « Un carbonate d'ammoniaque, de l'hydrogène phosphoré et d'autres produits de la putréfaction, connus et inconnus, dégagent une lumière odique au cours de l'évaporation. Une fois la putréfaction terminée, les feux s'éteignent — les morts ont expié. » *(Letters on Od and Magnetism*[3], 1926.)

1. Lutins britanniques.
2. Mélanges.
3. Lettres sur l'odisme et le magnétisme.

Baring-Gould, dans *A Book of Folkore*[1], invoquait aussi « l'hydrogène phosphoré » pour expliquer les lueurs des cimetières. Une fois, elles en imprégnèrent le manteau de son frère, posé sur un tombeau, et lui causèrent un évanouissement. Baring-Gould cite un certain nombre d'exemples de lumières qui auraient annoncé un décès en parcourant l'éventuel itinéraire du cercueil ou en entrant dans la maison de la personne désignée par la mort; mais, s'il est d'accord pour accepter la réalité de lumières immobiles au-dessus des tombeaux, il rejette le type de lueurs mouvantes : « L'idée que ces flammes circulent le long des routes et recherchent les demeures des mourants est, bien entendu, une exagération indéfendable. »

Les lueurs mouvantes appelées « boules de foudre », lorsqu'elles se produisent à l'intérieur, deviennent feux grégeois ou feux follets à l'air libre. Pour les expliquer, on évoque diverses causes telles que le méthane en combustion (gaz de marécage), les fées ou les esprits, mais aucune théorie n'a encore été prouvée ou infirmée et, d'après l'*Encyclopaedia Britannica* de 1970, « aucune explication satisfaisante du phénomène n'a encore été donnée ». Un fait peut avoir une signification : à l'instar des fées qui disparurent de leurs anciens repaires, les feux follets se sont également évanouis. En 1855, un correspondant de *Notes and Queries* s'enquit de savoir si, en fait, ces choses existaient dans la réalité en dehors de la tradition poétique, et un certain nombre de personnes lui répondirent, citant leur propre expérience et donnant des descriptions précises. Dermot MacManus, dans *The Middle Kingdom*[2], fait état de ses rencontres personnelles avec des « lumières de fées », qu'il dit se distinguer des feux follets par le grand nombre de leurs couleurs et le fait qu'elles sont « aussi brillantes et stables que des lampes électriques ». On a vu un jour ces lumières voler en formation depuis leur repaire habituel – un « fort de fées » appelé Crillaun, près de Castlebar, dans l'ouest de l'Irlande – jusqu'à une autre construction en terre du même genre, de l'autre côté d'un lac. Quant à la nature du feu follet, MacManus ne se prononce pas. Il semble parfois inanimé et on peut le pousser du pied ou le chasser comme les Kobolds de von Reichenbach; et pourtant, il a connu une jeune fille « très intelligente et très équilibrée » qui avait été suivie par une lueur mouvante, venant vers

1. Un recueil de folklore.
2. Le royaume du milieu.

elle à la vitesse d'un homme au trot et changeant de direction pour la poursuivre jusque chez elle. « Elle n'a jamais cessé de croire que cet objet obéissait à une véritable intelligence. »

Une lumière mobile terrifiante poursuivit et rattrapa Terry Pell, de Spalding, dans le Lincolnshire, qui, au volant de son camion de légumes se dirigeait vers Warminster dans le Wiltshire, à l'aube du 10 août 1965. C'était l'époque où Warminster souffrait d'une de ses habituelles épidémies de visites aériennes bizarres, consignées avec force détails et précisions par un journaliste et auteur local, Arthur Shuttlewood, dans son ouvrage *The Warminster Mystery*[1]. Quarante-cinq minutes avant l'aventure de M. Pell, à 3 h 45 du matin, Mme Rachel Atwill, parmi beaucoup d'autres de la contrée, avait vu, à quelques kilomètres de là, une lumière fixe et brillante au milieu du ciel. Elle avait été réveillée par un retentissant vrombissement, avait regardé par la fenêtre de son bungalow et vu la lumière, surmontée d'un dôme, voletant au-dessus de la chaîne de collines se profilant à l'horizon. Pendant vingt-cinq minutes, elle demeura voletant et clignotant, puis elle disparut. Mme Atwill en contracta une migraine et dut boire un verre de cognac. Dix-neuf jours après, elle reconnut la forme de l'objet sur une photographie prise par Gordon Faulkner, de Warminster, et publiée dans le *Warminster Journal* et le *Daily Mirror* de Londres. Lorsque M. Pell vit la lueur, elle flottait à 50 mètres devant son camion, après être brusquement apparue du côté des collines à sa gauche. Elle était rouge et ressemblait à un énorme phare d'auto ou à un œil humain. Elle s'avança vers le camion et se fixa sur la bâche, en vibrant. Le camion s'immobilisa. Ses passagers, Mme Pell et sa fille Wendy, s'éveillèrent à temps pour voir la boule de lumière s'élever et disparaître. Elles avaient eu plus de peur que de mal.

Cet incident est loin d'être unique; car la littérature d'OVNI foisonne d'événements contemporains du même genre qui, lorsqu'ils se sont produits dans le passé, figurent dans les recueils de contes de fées et de contes populaires. Voici un compte rendu tiré de l'ouvrage de Brad Steiger, *Flying Saucers are Hostile*[2] (1967), qui le cite comme on le voit habituellement dans les livres de contes populaires, sans aucune référence à sa source originelle. Un soir d'été, en 1965, M. William Howell rentrait chez lui, dans le Texas, un peu avant minuit. Tout comme M. Pell, il transportait

1. Le mystère de Warminster.
2. Les soucoupes volantes sont hostiles.

deux passagers endormis, les enfants de son frère, et il se trouvait, lui aussi, à proximité d'un point de repère saillant dans la région, Foggy Hill. Une lueur apparut au-dessus :

« Semblant se diriger directement sur la voiture, elle diffusait une lumière bleutée qui s'intensifia tellement que ma voiture entière paraissait plongée dans une brume bleue. S'il s'était agi d'un météore, il se serait écrasé au sol dans un grand vacarme. Mais ce ne fut pas le cas; la chose tourna brusquement vers le sud-ouest et bondit vers l'espace, dans une formidable accélération. »

HOMMES D'AMIANTE ET GÉNIES DU FEU

La revue *Time* du 7 avril 1947 publiait ce court récit : « Un dimanche à Woodstock, dans le Vermont, le feu prit dans la cave de la maison des Walker, puis la cage d'escalier s'enflamma le lundi; le mardi, ce fut au tour d'une cloison à l'étage; les Walker, inquiets, déménagèrent le mercredi; et la maison fut réduite en cendres le jeudi. » Nous connaissons des histoires encore plus courtes. Vingt-huit foyers d'origine inconnue, se déclarant le même jour, obligèrent la famille Hackler à fuir sa ferme à Odon, dans l'Indiana (*Collier's*, 19 avril 1941); et environ une quarantaine de feux, s'allumant *en quelques heures,* chassèrent les Hoyt de leur maison de Woodstock dans le Nouveau-Brunswick (voir « Le feu persécuteur ».) Surprenante, cette étrange disposition de certaines personnes au feu ou, d'une manière ou d'une autre, cette propension à constituer des catalyseurs pour un processus se manifestant sous forme de foyers d'incendies dans leurs parages. Charles Fort appelait ce genre de personnes des génies du feu : « Par génie, j'entends celui qui ne peut s'empêcher de connaître le feu, car il ne peut faire autrement que de mettre le feu. » Ces génies, pensait-il, devaient être très précieux à l'époque où les hommes ne savaient pas encore allumer le feu artificiellement. Dans ce chapitre, nous traiterons des manifestations de la faculté qu'ont les humains de produire et de projeter une chaleur embrasée, et également, d'un phénomène appelé (par manque d'un terme plus approprié) immunité au feu, dont nous illustrerons un des aspects avec la marche sur le feu.

A titre d'exemple de l'immunité contre le feu, le cas de Nathan Coker, forgeron d'Easton, dans le Maryland, présente un intérêt tout particulier car, à l'encontre de certains autres célèbres manipulateurs de feu, il n'avait besoin d'aucune transe ni mise en condition pour manifester ses pouvoirs. Trois autorités, Gaddis, Fodor et le père Thurston, acceptèrent la justesse du compte rendu de l'examen que firent subir à Coker de nombreuses personnalités officielles de la ville (*New York Herald*, 7 septembre 1871). On chauffa à blanc une pelle en fer puis Coker « se déchaussa et plaça la pelle contre la plante de ses pieds, la gardant ainsi jusqu'à ce qu'elle redevienne noire ». Coker se rinça également la bouche avec du plomb fondu, le retenant pendant qu'il se solidifiait; il tint des charbons ardents dans ses mains et retira du feu, à main nue, un tison rouge. Il dit : « Cela ne me brûle pas. Depuis ma tendre enfance, je n'ai jamais eu peur de manier le feu. » Ce talent est peut-être plus répandu qu'il n'apparaît. Dans *Mysterious Fires and Lights*[1] en 1967, Gaddis fait état du rapport d'un médecin new-yorkais, K.R. Wissen; au cours d'une chasse, dans les montagnes du Tennessee, en 1927, il avait rencontré un garçon timide, coureur des bois, et découvert que celui-ci pouvait ramasser et tenir des braises dans la main sans se brûler. Le jeune homme prétendit avoir découvert cette capacité par hasard, en ramassant un fer à cheval chauffé à blanc dans la forge de son oncle. Ceci nous rappelle une histoire mentionnée dans *The Physical Phenomena of Mysticism* du père Thurston; il s'agissait d'un chanoine chargé d'enquêter sur l'immunité contre le feu de saint François de Paule, mort en 1507. Le chanoine assista à l'exploit de saint François, mais le prit à la légère, affirmant qu'il lui était facile de supporter la chaleur du fait de l'absence de « sang noble » dans ses veines et de sa condition de paysan, « habitué aux épreuves ». Saint François parut acquiescer. « Il se baissa vers le feu, un grand feu ronflant. Prenant dans les mains des braises et des charbons ardents, il les tint ainsi et se tourna vers le chanoine en répondant : "Vous voyez, je ne pourrais pas le faire si je n'étais un paysan." »

Quelle qu'en soit l'explication, l'immunité au feu est un phénomène ancien et universel. Dans *Le Chamanisme et les Techniques archaïques de l'extase* (1972), Mircea Eliade décrit comme une pratique courante celle des forgerons dogons maniant le métal rouge à mains nues « pour faire revivre les pratiques des premiers forgerons ». Et nous ne doutons nullement que se produisent des exploits authentiques parmi les amuseurs professionnels, comme l'atteste le récit consigné par Max Freedom Long dans *The Secret Science Behind Miracles*[2] (1948). Long avait été tellement stupéfait en assistant aux conjurations enflammées d'un magicien qu'il avait obtenu de celui-ci une séance privée; il amena avec lui un dentiste afin d'examiner la bouche du prestidigitateur, car un des éléments de son répertoire d'avaleur de feu consistait à faire passer la flamme d'une torche à acétylène à l'intérieur de sa bouche, en tenant sa mâchoire grande ouverte pour permettre à un observateur

1. Lueurs et foyers mystérieux.
2. La science secrète cachée derrière les miracles.

de tout voir. Il fit aussi chauffer une barre de fer jusqu'à l'incandescence et, s'agrippant de ses mains et de ses dents à la partie rouge de la barre, la plia vers le haut, puis vers le bas. Long et son expert partirent convaincus de l'authenticité de l'exploit.

Il nous paraît nécessaire de reconsidérer certains témoignages historiques, non seulement les nombreux récits des prouesses enflammées de saints hommes, mais aussi, par exemple, le genre d'incident consigné par John Evelyn dans son *Journal*, à la date du 8 octobre 1672. Evelyn, savant passionné par les phénomènes curieux, avait été invité à dîner chez Lady Sutherland qui convia, en fin de soirée, l'amuseur Richardson dont la réputation atteignait les confins de l'Europe.

« Sous nos yeux, il dévora du soufre sur des charbons ardents, en les mâchant et les avalant; il fit fondre un verre de bière et le mangea tout entier; puis, posant un charbon ardent sur sa langue, il mit dessus une huître crue : on souffla sur le charbon avec un soufflet et il flamba et étincela dans sa bouche, demeurant ainsi jusqu'à ce que l'huître s'ouvre et soit tout à fait bouillie; puis il mélangea de la poix et de la cire à du soufre et but la mixture qui flambait; je l'ai vue enflammée dans sa bouche, pendant un long moment; il prit aussi un gros morceau de fer, semblable aux ustensiles des repasseuses, et le prit, chauffé au rouge, entre ses dents, puis le posa sur sa main... et d'autres prouesses et prodiges encore. »

Olivier Leroy dans *Les Hommes salamandres* (1931) cite une confirmation des capacités de Richardson, tirée du *Journal des savants* de 1677 : au cours d'une enquête « il tint un fer chauffé au rouge dans ses mains, sans qu'il y subsiste la moindre marque par la suite ».

Daniel Dunglas Home exécutait des exploits similaires à la demande et en plein jour, se soumettant à des examens scientifiques. (Voir sa biographie par Jean Burton, *Heyday of a Wizard*[1], 1948.) Sir William Crookes, dans le *Quarterly Journal of Science* du 1er juillet 1871, racontait avoir vu environ treize types différents de phénomènes, y compris d'étonnantes manifestations de manipulation du feu, ce qui lui prouva l'existence d'une « force psychique » inconnue. Lorsque l'édition complète de ses « Notes à propos des séances avec D.D. Home » parut finalement dans les *Délibérations* de la Société pour la recherche physique, en 1889, il déclara n'avoir « rien à retirer ou modifier » en dépit de dix-huit années de dérision sans merci de la part de ses collègues.

1. Apogée d'un magicien.

Lord Adair, dans ses *Experiences with D.D. Home*[1] (1924), témoigne d'un grand nombre de ces événements et raconte que Home permettait à des tiers de tenir des charbons ardents sans dommages, après avoir fait des « passes » au-dessus de leurs mains.

A l'opposé des gens doués d'immunité contre le feu se trouvent ceux qui, volontairement ou non, l'attirent ou le projettent. Si nous passons en revue un certain nombre de ces cas, il nous revient à l'esprit la vieille croyance que la combustion est fondée sur la présence de « graines de feu » latentes et qu'il existe un pouvoir magique capable de les faire germer. Nous citons le cas célèbre de A.W. Underwood à Paw Paw, dans le Michigan, à propos de qui le Dr L.C. Woodman écrivit dans le *New York Sun* du 1er décembre 1882 : « Il peut prendre le mouchoir de n'importe qui, le mettre dans sa bouche, le frotter vigoureusement, tout en soufflant dessus et, immédiatement, le mouchoir s'embrase et se consume totalement. » Underwood se déshabillait, se rinçait la bouche et allumait n'importe quel tissu ou papier par son seul souffle. Cela lui était très utile, disait-il, lorsqu'il partait à la chasse; son feu de camp n'était pas long à allumer.

Si cela vous paraît tiré par les cheveux, réfléchissez au sort de la jeune Noire Lily White, de Liberta, aux Antilles, dont les vêtements soudain s'enflammaient. Le feu l'attaquait non seulement chez elle, mais aussi dans la rue, la laissant nue comme un ver. *Le New York Times* du 25 août 1929 évoquait la manière dont elle dépendait de ses voisins pour lui prêter de quoi s'habiller; même quand elle dormait, ses draps brûlaient complètement; cependant, elle n'était jamais touchée par les foyers consumant tout autour d'elle. Considérez également l'histoire étrange, parue dans le *Daily Mail* du 13 décembre 1921, d'un jeune garçon que des voisins « alarmés » avaient chassé avec sa mère de sa maison à Budapest : les voisins prétendaient avoir vu des flammes vaciller au-dessus de lui pendant son sommeil, brûlant son oreiller. On raconte qu'à partir de son treizième anniversaire, le mobilier s'était déplacé et que des feux s'étaient spontanément allumés de nombreuses fois en sa présence. (Voir « Le feu persécuteur » pour d'autres cas d'esprits incendiaires.)

Le parapsychologue soviétique Genady Sergeyev, donnant une interview au *Sunday People* le 14 mars 1976, faisait référence au puissant médium télékinésique, Nina Kulagina : « Elle est capable de puiser de l'énergie à n'importe quelle source — les instruments

1. Expériences avec D.D. Home.

électriques le prouvent. A plusieurs reprises, la force se précipitant dans son corps laissa des traces de brûlures de 10 centimètres de long sur ses bras et ses mains... J'étais avec elle, un jour, lorsque ce flot d'énergie embrasa ses vêtements – de véritables flammes se produisirent. J'aidai à éteindre l'incendie et conservai quelques-uns des habits brûlés, comme preuve. » Le lecteur trouvera des détails à propos de Mme Kulagina et d'autres personnes capables de manifester d'étranges pouvoirs paraélectriques dans « Piles humaines ».

Certains témoignages suggèrent que l'attirance ou l'immunité au feu peuvent être contrôlées par les humains. Le magicien exotique de Max Freedom Long disait qu'orphelin de parents blancs, en Inde, il avait été adopté par des fakirs du feu qui lui avaient appris leur art dès sa tendre enfance.

On lui avait enseigné à méditer devant une lampe allumée, à « sentir le Dieu derrière la flamme » et, ainsi, se confier à sa protection. On attribue à de nombreuses divinités le pouvoir de conférer l'immunité contre le feu. L'Hindou invoque la protection d'Agni, le Kahuna invoque Pele et les villageois grecs dansent sur le feu en étreignant des icônes de saint Constantin et de sainte Hélène. Toutes leurs diverses invocations se sont montrées efficaces, mais celles de Home et de Richardson l'étaient également et ils n'appelaient aucun dieu à leur secours.

IMMUNITÉ ET MARCHE A TRAVERS LE FEU

Aucun être normal ne se risquerait à marcher pieds nus sur un parterre de charbons ardents ou de pierres brûlantes, et, par conséquent, nous devons supposer que ceux qui pratiquent de tels exercices ont perdu la raison ou se trouvent dans un état paranormal. Il nous est impossible d'imaginer comment des gens peuvent être induits en erreur quant à la nature de la réalité physique au point d'entreprendre volontairement cet exploit impossible; pourtant, ils le pratiquent vraiment dans la réalité, de manière universelle et en toute impunité. Marcher dans le feu est un des derniers vestiges de la domination de la nature attribuée aux magiciens antiques; et les chamans modernes y attachent de l'importance, précisément pour cette raison.

Dans *The Miracle Hunters*[1] (1959), George Sandwith donne plusieurs récits détaillés de marches sur le feu par des Hindous, dont il avait été le témoin lorsqu'il était inspecteur gouvernemental de l'île de Suva, aux Fiji. A la suite d'une cérémonie dramatique, il rentrait à son hôtel avec un autre spectateur, un banquier, profondément perturbé par l'expérience. « De très mauvaise grâce, celui-ci admit l'authenticité de la marche sur le feu – il avait jeté dans le brasier un objet qui avait immédiatement flambé –, mais il soutenait violemment que le gouvernement devrait interdire ces manifestations ! Lorsque je lui demandai pourquoi, il répondit, très agacé, que ce phénomène n'était pas conforme aux découvertes scientifiques modernes. Ma suggestion que les fakirs pourraient peut-être nous apprendre quelque chose de valable le plongea dans une telle fureur qu'il tourna les talons et me quitta. »

Cette réaction consistant à nier et à fuir le problème se rencontre fréquemment chez les gens confrontés aux types de phénomènes recueillis dans cet ouvrage.

Une des premières « marches sur le feu » contrôlée scientifiquement eut lieu à Carshalton, dans le Surrey, en septembre 1935, sous l'égide de l'université de Londres (voir *Fifty Years of Psychical Research*[2], 1939, de Harry Price, qui résout le problème en le

1. Les chasseurs de miracles.
2. Cinquante ans de recherche psychique.

rationalisant; le secret, dit-il, réside dans la brièveté du contact et le faible niveau de conductivité du bois du brasier). L'exécutant était un jeune musulman indien, Kuda Bux, qui arpenta quatre fois les 7 mètres de la tranchée sans manifester de signes de brûlures. Nous avons eu récemment l'occasion d'étudier les notes contemporaines et demeurées inédites d'Harold S.W. Chibbett, traitant de l'incident et rapportant un grand nombre des raisonnements qui fusèrent ce jour-là. Un médecin déclara bruyamment que n'importe qui pourrait en faire autant puisque, malgré les apparences, la température ne dépassait pas celle d'une tasse de thé (elle dépassait en fait 800° Fahrenheit). On lui proposa de tenter l'expérience pour démontrer sa théorie, mais il refusa, prétendant ne pas être correctement vêtu pour la circonstance.

Andrew Lang, le grand folkloriste, fut le premier à démontrer la qualité universelle de cette marche rituelle sur le feu. Il réunit de nombreux exemples modernes du phénomène, se produisant dans des pays très divers, mais la pratique était déjà ancienne quand Platon, Virgile et Strabon la décrivirent. Eliade la fait remonter jusqu'aux origines premières du chamanisme et, dans *Forgerons et Alchimistes,* il s'étend sur le sujet des rituels d'immunité au feu.

Pratiqués sous des formes diverses par de nombreux peuples, des Indiens navajos, danseurs de feu, aux Hindous, ils se produisent même en Europe, dans le contexte d'une tradition dite chrétienne. A ce jour, lors des fêtes de saint Constantin et de sainte Hélène, les villageois de Langadhas en Grèce dansent sur des charbons ardents, étreignant des icônes de ces saints.

De nombreux exemples antérieurs d'immunité au feu parmi de pieux chrétiens sont répertoriés dans l'ouvrage de Thurston, *The Physical Phenomena of Mysticism* (1952); l'œuvre clé d'Olivier Leroy sur cette question, *Les Hommes salamandres* (1931), cite un nombre de cas plus grand encore; par exemple, on considère comme fiable le témoignage du martyre de saint Polycarpe : lorsqu'il fut conduit au bûcher, vers l'année 155, les flammes formèrent une voûte autour de lui et il demeura indemne jusqu'au moment où un soldat le transperça d'une épée. Les protestants, eux aussi, comptent leurs héros dans ce domaine. Dans *Mysterious Fires and Lights,* Gaddis raconte qu'au cours des révoltes des huguenots, au XVIIe siècle, Claris, meneur camisard condamné à être brûlé vif, continua à parler au milieu des flammes sans qu'elles le touchent. Une fois le feu éteint, « non seulement il était indemne, mais ses vêtements ne portaient même pas de trace de brûlure ». Plus tard, le chef camisard Jean Cavalier et d'autres témoins exilés en Angleterre confirmèrent le récit.

Au-delà des manifestations universelles de l'immunité au feu se déploie l'étonnante variété de méthodes par lesquelles on y parvient. Les transes et l'extase religieuse paraissent constituer un préalable fondamental dans les rituels hindous (que ce soit en Inde, à Ceylan ou aux Fijis), et pourtant Kuda Bux et bien d'autres ont réussi l'exploit sans transe préparatoire. L'exécution de cette prouesse nécessite parfois des préliminaires complexes : chants, danses et chasteté; cependant, nombreux sont les cas où le marcheur a réalisé son exploit sans préparation ou à la suite d'un rituel superficiel. E.G. Stephenson, professeur de littérature anglaise, assistant à une cérémonie shinto, ressentit une impulsion le poussant à traverser lui-même la tranchée de 30 mètres pleine de charbons ardents. Un officiant insista pour le préparer et l'accompagna jusqu'au temple voisin où le prêtre versa du sel sur sa tête. Le Pr Stephenson décrivit par la suite la manière dont il avait marché sur le feu, tout à fait détendu, ne ressentant qu'un fourmillement sous les pieds (*Journal of Borderland Research* 2-8 et 5-4). Il signale un détail intéressant : pendant son trajet, il ressentit subitement une vive douleur sous un pied et plus tard constata une légère coupure causée, évidemment, par l'arête vive d'une pierre. Le Dr Harry B. Wright publia dans *True* de mars 1950 son compte rendu personnel d'une marche sur le feu à Viti Levu, aux Fiji, sur une tranchée de 7 mètres de large, remplie de pierres chauffées. Il supposait que les marcheurs devaient être dans un état d'extase supprimant la douleur, mais ayant examiné leurs pieds avant leur prouesse et tout de suite après, il les trouva normalement sensibles à la piqûre d'une épingle ou la brûlure d'une cigarette.

Le plus grand nombre de marches sur le feu se fait sur des lits de braises – même si l'aventure du Dr Brigham à Hawaï l'entraîna à marcher sur de la lave; et Mircea Eliade se réfère aux chamans lolos de la Chine, dont la spécialité était de marcher sur des socs de charrues incandescents, rappelant ainsi la tradition médiévale de l'ordalie. Le Dr B. Granville Corney, médecin-chef des îles Fiji, écrivait dans *Notes and Queries*, le 21 février 1914, qu'il avait assisté à cinq marches collectives sur des pierres chauffées au rouge et n'avait constaté aucune brûlure sur les pieds des sujets.

Ceci nous amène à deux des mystères fondamentaux en matière d'immunité au feu; la sélectivité apparente de cet élément, concernant ce qu'il brûle ou ne brûle pas; et le pouvoir que possèdent certaines personnes de dominer cette sélectivité.

« La salamandre humaine », d'après Leroy, était le sobriquet de Marie Sonet, une des convulsionnaires de Saint-Médard à Paris aux environs de 1750 (dont le Dr E.J. Dingwall donne un bon compte rendu dans *Some Human Oddities*[1] (1947). Enveloppée dans un drap, la tête et les pieds soutenus par des tabourets, elle pouvait rester étendue et raide au-dessus d'un feu ronflant pendant de longs moments. Elle enfonçait ses pieds chaussés dans un brasier et ne les retirait qu'une fois ses bas totalement brûlés. Pourquoi ses chaussures et ses bas brûlaient-ils, alors que le drap demeurait intact ? Voilà qui demeure mystérieux. Mais, nous savons qu'un phénomène similaire se produisit à l'occasion d'une marche sur le feu : Max Freedom Long, dans *The Secret Science Behind Miracles*[2], cite le rapport du Dr John G. Hill à propos d'une marche sur des pierres portées au rouge, à laquelle un homme blanc avait pris part dans une île tahitienne. La fosse dégageait une telle chaleur que sa peau avait pelé, mais les rocs incandescents n'avaient laissé aucune trace sur ses bottes de cuir.

Les Hommes salamandres de Leroy constituent également une source d'où l'on a tiré ce qui est probablement un classique de la marche sur le feu; l'événement se produisit près de Madras, en 1921, en présence du maharajah et de l'évêque catholique de Mysore (qui envoya le compte rendu à Leroy). Les faits et gestes étaient dirigés par un musulman qui n'entra jamais lui-même dans le feu mais conférait l'immunité à ceux qui y allaient. De nombreux individus participaient de leur propre gré; d'autres y étaient littéralement contraints par le musulman, et l'évêque décrit la manière dont leur expression de terreur faisait place à des sourires étonnés tandis qu'ils terminaient le parcours. On incita les membres de la fanfare du maharajah (tous des chrétiens) à défiler à travers les flammes, et leur réussite leur causa une telle émotion qu'ils y repassèrent une seconde fois, soufflant dans les trompettes, faisant résonner les cymbales, etc. – spectacle justifiant le déplacement. D'après l'évêque, les flammes dansaient, léchant leurs instruments et leurs visages, et pourtant leurs bottes, leurs uniformes et même leurs partitions ne souffraient aucun dommage.

Max Freedom Long relate en détail comment son mentor, le Dr W.T. Brigham, du British Museum, avait été emmené sur une nappe de lave en fusion, près d'un volcan de l'île de Kona, par trois Kahunas, les magiciens locaux. Ils lui ordonnèrent d'enlever ses bottes car, sans cela, la protection Kahuna ne jouerait pas sur lui, mais il refusa. Il regardait un des trois hommes entamer calmement son parcours sur la lave, lorsque soudain les deux

1. Quelques bizarreries humaines.
2. La science secrète cachée derrière les miracles.

autres le poussèrent; une fois sur la lave en ébullition, il ne put que continuer sa course vers l'autre côté. Au cours de son trajet de 50 m, ses bottes et ses chaussettes avaient été complètement brûlées. Les trois Kahunas, se promenant toujours sur la lave, riaient aux éclats en désignant du doigt la traînée de bouts de cuir enflammés.

Que se passe-t-il quand on marche sur le feu ? Le Dr White exprime une opinion très répandue; les marcheurs seraient dans un état d'exaltation équivalent à celui obtenu par l'hypnose et supprimant la douleur. Cependant, il existe des cas de marches sur le feu sans adjonction de transe ou d'extase. On n'a aucun témoignage non plus suggérant que les tissus endommagés pourraient guérir assez rapidement pour ne pas être remarqués (processus parfois observé chez les derviches, les Hindous, Balinais et autres adeptes du transpercement). L'indice le plus hardi que nous ayons trouvé à ce propos se présente dans *The Crack in The Cosmic Egg*[1], de J. Pearce, à propos de la perception des divers ordres de la « réalité ». Pearce avance la théorie que la marche sur le feu serait une illustration classique de la création d'une nouvelle réalité (fût-elle temporaire et locale) où le feu ne brûlerait pas de la manière habituelle. Tant que cette réalité se maintient, tout est pour le mieux, mais l'histoire de la marche sur le feu comporte de nombreux récits d'affreux sinistres et de graves préjudices portés à ceux dont la foi a flanché, les replongeant dans le monde où le feu consume. La situation magique dans laquelle la chair et parfois d'autres matières sont immunisées contre le feu provient apparemment du pouvoir de la personne officiant aux cérémonies rituelles de marches. Le musulman de Leroy se mit à agoniser au sol dès que le maharajah eut annoncé la fin de la cérémonie. Il avait, expliqua-t-on à l'évêque, pris sur lui la brûlure générale. Dans *Women Called Wild*[2], Mme Rosita Forbes décrit une danse rituelle du feu se déroulant au Surinam parmi les descendants d'esclaves africains métissés d'Indiens locaux, et présidée par une prêtresse vierge. Celle-ci demeura en transe pendant toute la durée de la danse, et, si elle en était sortie inopinément, les danseurs auraient perdu leur immunité au feu. Force nous est d'admettre, avec le Dr Corney, que les théories psychiques et psychologiques à elles seules ne suffisent pas à justifier ces événements, mais qu'il existe un phénomène physique, à ce jour incompris et inexplicable.

1. La fêlure dans l'œuf cosmique.
2. Femmes appelées sauvages.

La théorie de Pearce, qui considère l'immunité au feu comme le résultat d'un état de réalité temporaire, suscitée par un magicien, explique pourquoi la marche sur le feu a tellement choqué et dérangé ceux qui ont besoin d'utiliser la réalité à laquelle ils se sont habitués comme un rempart contre l'apparition de ce que Freud appelait « la marée noire de la boue occulte ».

LE FEU PERSÉCUTEUR

Les incendies spontanés constituent un aspect familier des perturbations dues aux esprits frappeurs. Dans le cas dramatique de la maison Dagg, en 1889 (voir « Assaillants invisibles » et « Matérialisation et envol d'objets »), l'enquêteur Woodcock fit une déclaration publique citant dix-sept attestations, toutes semblables. « Ces incendies ont éclaté partout dans la propriété – jusqu'à huit par jour dont six dans la maison et deux à l'extérieur; les rideaux se sont enflammés sur place, ceci en plein jour, en présence de la famille et des voisins. » La déclaration est citée tout entière dans *Esprits frappeurs et revenants*, de Thurston (1955).

Le *New York World* du 8 août 1887 imprimait que près de quarante incendies s'étaient déclarés en deux heures dans la maison Hoyt à Woodstock, dans le Nouveau-Brunswick, et qu'ils s'étaient éteints tout seuls ou s'étaient inexplicablement limités à de très petites surfaces. Ils étaient apparus pour la première fois le 6 août et personne n'avait pu déceler leur origine : « Ici, un rideau, très haut placé et difficile à atteindre, s'embrasait soudain, puis un couvre-lit dans une autre pièce; un panier de linge sur un appentis ou une robe d'enfant sur un cintre. » Fort fait état d'un cas où des incendies éclataient en présence d'une jeune fille adoptée par la famille MacDonald, à Antigonish, en Nouvelle-Ecosse, à tel point qu'en mars 1922 la maison fut complètement détruite par le feu.

Ceci nous amène à un aspect significatif de nombreux cas « d'esprits frappeurs » et de l'apparition de nombreux incendies inexplicables.

Ils semblent généralement impliquer l'entremise de jeunes filles, souvent, comme Fort l'observa, des filles adoptées par les familles frappées, ou travaillant comme servantes dans la maison. Ces agents du feu malgré eux « confessent » souvent leur responsabilité dans des incendies mystérieux sous la menace des autorités que cela arrange. En avril 1908, Margaret Dewar, institutrice retraitée à Whitley, dans le Northumberland, fut contrainte, à la suite de procédés d'intimidation de la part de la police et du coroner associés aux commérages des voisins, de modifier son témoignage à propos de la mort de sa sœur, brûlée vive dans un lit par ailleurs intact. On dit d'abord que sa terreur l'avait intoxiquée, la rendant incohérente; puis, lorsqu'elle répéta l'histoire sous serment à l'audience, on suggéra à nouveau qu'elle était en état d'ébriété. Elle persista dans sa déposition et le coroner ajourna l'enquête pour lui permettre de retrouver ses esprits (Voir *Blyth News and Wansbeck Telegraph* des 23 et 24 mars et du 3 avril 1909.) Le *New York Herald* du 6 janvier 1895 rend compte d'une vingtaine d'incendies s'étant déclarés la veille dans la maison d'Adam Colwell à Brooklyn. La police ouvrit une enquête et assista à l'embrasement des meubles; un agent déclara même avoir vu le papier peint prendre subitement feu, près de Willy, le fils de Colwell. On voulut rendre Rhoda, la fille adoptive de la famille, responsable des événements, mais il lui aurait été impossible d'allumer autant de foyers sous le nez des pompiers. Un homme se présenta le lendemain, déclarant qu'à l'époque où Rhoda était employée de maison dans sa demeure de Flushing, à New York, il s'était produit des incendies qui avaient cessé après qu'il l'eut renvoyée. Le même journal décrivit le lendemain la manière dont la jeune fille avait « établi sa confession en sanglotant », lorsqu'elle avait été confrontée aux « faits » au cours d'un long interrogatoire. On peut se demander à combien d'autres enfants confondus les autorités ont pu soutirer de telles confessions, cherchant une solution claire à un mystère qui ne l'était pas.

Que l'intermédiaire paraisse parfois aussi évident – même si ce n'est pas sous une forme confortable à considérer – complique sérieusement le problème. Jennie Bramwell, quatorze ans, était une jeune Anglaise adoptée par Robert Dawson à Thorah au Canada. D'après le *St Louis Globe-Democrat* du 19 décembre 1891, la jeune fille entra en transe après une maladie. « Regardez cela », s'exclamait-elle, et le plafond se mettait à flamber à l'endroit désigné par son doigt. Elle était assise avec Mme Dawson face à un mur, et le papier le recouvrant se mettait à brûler. La semaine suivante apparurent de nombreux incendies dans l'entourage de la jeune fille : sa robe, le mobilier et même, une fois, les poils d'un chat. En 1932, un grand nombre de foyers d'origine inconnue s'allumèrent dans la maison de C.H. Williamson, à Blandenboro, en Caroline du Nord. Sa fille semblait constituer le noyau de ces perturbations et, un jour où elle se tenait au milieu d'une pièce, loin de tout foyer, sa robe flamba spontanément (*New York Sun* du 2 février 1932). Le *San Francisco Bulletin* d'octobre 1886 déclara que Willie Brough, douze ans, déclenchait le feu « par son regard ». Ses parents, persuadés qu'il était possédé du démon, le jetèrent à la rue. Un fermier du voisinage le prit chez lui et l'envoya à l'école : « Dès le premier jour, cinq incendies se déclenchèrent; un au centre du plafond, un dans le bureau de la maîtresse, un dans son vestiaire et deux sur le mur. Le garçon les découvrit tous et hurla de terreur. Le conseil d'administration se réunit le soir même et le renvoya de l'école. » Nous possédons d'autres dossiers corroborant celui-ci, à propos de personnes provoquant le feu. Par exemple, le cas de Barbara Booley, impliquée dans sept incendies différents en quatre ans, dans le Devon, le Gloucestershire et le Somerset (*News of the World*, 19 octobre 1975).

Tournons-nous maintenant vers quelques cas de nature plus sinistre, où les incendies semblent réellement dirigés contre un malheureux individu. Dans *Poltergeist over England*[1], Harry Price raconte un événement survenu près de chez lui. Au cours de la nuit du 18 novembre 1943, les hurlements de Mme Madge Knight réveillèrent tous les autres occupants de sa maison. On la trouva dans son lit, nue mais recouverte des draps; la peau de son dos avait pelé, mais à part ce détail, on ne pouvait ni voir ni sentir aucune trace de feu. Un médecin parla de brûlures au troisième degré et administra de la morphine à la blessée. D'après le *West Sussex Gazette* du 23 décembre 1943, Mme Knight était morte, le 2 décembre, de toxémie. A l'enquête, le médecin légiste déclara que, malgré un examen approfondi, on n'avait trouvé aucun indice de feu ou d'éléments corrosifs dans ses vêtements ou sa literie. Le jury se prononça pour un non-lieu.

Ceci rappelle un incident plus horrible, advenu à Marylebone, Londres, 123 ans auparavant. Le 5 janvier 1820 et les jours suivants, des incendies s'étaient déclarés dans la maison des Wright où une enfant de dix ans, Elizabeth Barnes, était employée comme domestique. A deux reprises, Mme Wright avait vu ses vêtements prendre feu, alors qu'elle était assise avec la petite dans la cuisine. Une fois, M. Wright, attiré par les cris de sa femme, l'avait trouvée embrasée, en l'absence de la jeune domestique. La fille des Wright s'installa chez ses parents pour servir de « garde » à sa mère qui continuait à prendre feu « de manière inconnue » et « fut tellement brûlée qu'elle dut s'aliter ». Wright accusait l'enfant d'être la cause des incendies, mais sa femme l'avait toujours défendue. Mme Wright s'alita, mais son mari et sa fille avaient à peine quitté la chambre qu'ils furent immédiatement rappelés par des cris; le lit était entouré de flammes. Les Wright firent arrêter Elizabeth. L'*Annual Register*, 1830-13, termine son compte rendu de ce cas

1. Esprits frappeurs sur l'Angleterre.

exceptionnel par la déclaration du magistrat; sans doute l'ingrate devait-elle, d'une manière ou d'une autre, porter la responsabilité des événements, mais on renverrait l'affaire à une date ultérieure pour permettre à Mme Wright, qui avait toujours défendu l'innocence de la petite fille, de se remettre et de retrouver ses moyens pour témoigner en sa faveur.

Pendant près de deux mois, à la ferme Binbrook, près de Market Rasen dans le Lincolnshire, des objets avaient volé dans les pièces ou s'étaient déplacés de leur propre chef; des incendies s'étaient allumés à des endroits inattendus et, cette fois-ci, la jeune fille « arrachée à l'hospice » par le fermier pour en faire une domestique n'était plus en état de se laisser emmener de gré ou de force au commissariat de police. Le fermier lui-même raconta au *Louth and North Lines News* (28 janvier 1905) qu'il avait vu la fille balayant la cuisine à l'opposé de l'endroit où se trouvait un petit feu, protégé par un paravent. « J'entrai soudain dans la cuisine et la trouvai balayant tranquillement tandis que le dos de sa robe était en flammes. A mes cris, elle se retourna et, voyant les flammes, elle s'élança vers la porte. Elle trébucha et j'étouffai le feu avec des toiles mouillées. Mais elle fut terriblement brûlée et se trouve actuellement à l'hôpital de Louth, souffrant horriblement. » On pensa que le feu avait dû brûler assez longtemps pour lui causer d'aussi graves blessures; et la jeune fille resta persuadée qu'elle était loin de l'âtre au moment où elle avait pris feu. Simultanément, une force inconnue avait tué les poulets du fermier d'une manière particulièrement affreuse (voir « Eventreurs de bétail, balafreurs de moutons et mutilateurs mystérieux »). Que la jeune fille était inconsciente du feu fait penser à un état de transe, étonnamment proche de l'étrange bercement qui accompagne les cas fatals de combustion humaine spontanée. Curieusement, peu de temps auparavant, ce même mois, une femme, Elizabeth Clark, avait brûlé vive à l'hospice de la Trinité à Hull, non loin de Market Rasen. Le *Hull Daily Mail* du 6 janvier 1905 relatait qu'attirées par des gémissements de l'autre côté de la cloison du dortoir, à six heures du matin, des pensionnaires l'avaient trouvée couverte de brûlures : « Il ne restait pas un lambeau de sa chemise de nuit. » Le lit était intact et elle n'avait émis aucun son tant que le feu avait duré. Elizabeth Clark ne put donner « aucune explication cohérente » de ce qui s'était produit et mourut peu de temps après.

COMBUSTION HUMAINE SPONTANÉE

Le phénomène que constitue l'embrasement subit d'un corps humain vivant se réduisant rapidement en cendres possède une longue histoire; et, pourtant, personne n'a encore découvert pourquoi et comment il survient, ni comment il désigne ses victimes. Qu'un corps s'enflamme ainsi, sans aucune cause extérieure apparente, est tout aussi miraculeux que le phénomène contraire évoqué dans le chapitre « Immunité et marche à travers le feu. » Une théorie populaire du XIXe siècle soutenait que les gens atteints par la combustion spontanée étaient des ivrognes dont le corps, d'une manière ou d'une autre, était saturé d'alcool inflammable. La croyance ancienne désignait les victimes du feu et de l'éclair comme des pécheurs recevant une punition méritée, et les Chinois et autres traditionalistes maintiennent encore cette opinion. Il y eut, malgré tout, une voix contestatrice dans l'Antiquité, celle de Lucrèce. « Pourquoi », demandait-il, si les dieux sont responsables du phénomène, « ne s'assurent-ils pas de frapper de leurs foudres les auteurs d'un crime abominable en faisant exhaler les flammes de leur poitrine transpercée, en avertissement sinistre à l'humanité ? Pourquoi, au lieu de cela, un homme dont la conscience est libre de tout péché se voit-il, sans l'avoir mérité, enveloppé d'un suaire de feu, pris et emballé sans préavis dans une flamme céleste ? »

Dans le cas de personnes frappées par la foudre, la décomposition rapide du cadavre constitue un aspect étrange. Lors d'une combustion spontanée, le processus est encore plus immédiat.

Curieux feu que celui consumant uniquement la chair vivante – matériau habituellement le plus incombustible – ne touchant ni les vêtements de la victime, ni les objets l'environnant. Depuis l'étude de Davy et Lavoisier sur la théorie de la combustion, la science considère comme aberrante la notion d'un tel embrasement. Cependant, défiant les opinions scientifiques, il advient encore que des gens soient subitement attaqués par un feu surgi de « nulle part ».

Le cas le mieux documenté est celui de Mme Mary Reeser, habitant Saint-Petersburg en Floride, qui quitta cette terre sur un pilier de feu au cours de la nuit du 1er juillet 1951. Le lendemain matin, sa concierge, lui apportant un télégramme, trouva le bouton de porte de son appartement brûlant et appela du secours. Deux peintres travaillant dans les parages réussirent à ouvrir la porte et furent accueillis par un souffle d'air chaud. Ils ne trouvèrent aucune trace de la petite dame rondouillette de soixante-sept ans. Son lit était vide et, si la chambre portait des traces d'un incendie, on ne voyait qu'une légère fumée et une petite flamme sur la poutre séparant le studio de la kitchenette. Les pompiers éteignirent sans difficulté cette flamme vacillante et démolirent la cloison brûlée. Derrière, au lieu de Mme Reeser et de son fauteuil, ils découvrirent au sol un cercle noirci, quelques ressorts, un foie calciné, un élément de colonne vertébrale, et, tout à fait à la limite du cercle, la parcelle roussie d'une pantoufle de satin noir, habillant un pied gauche détaché à la cheville.

Les pompiers, les experts en pyromanie, les médecins légistes et les assureurs étudièrent le cas dans ses moindres détails. On vérifia les appareils et le circuit électriques, mais on ne trouva aucune cause d'incendie. Fait étrange, il n'y avait aucun signe de feu sauf dans le voisinage du fauteuil, mais, à cet endroit, le brasier avait été d'une intensité exceptionnelle. Un miroir accroché au mur s'était craquelé sous l'effet de la chaleur, des interrupteurs électriques en plastique avaient fondu, et, dans la salle de bains, d'autres éléments en plastique avaient été abîmés. A l'enquête, on apprit que dans les fours crématoires, il fallait atteindre 2 500 °F et maintenir cette température pendant quatre heures pour incinérer un corps humain, et que, même dans ce cas, il fallait avoir recours à des broyeurs pour amener les restes à l'état dans lequel se trouvait le corps de Mme Reeser. En admettant qu'une chaleur d'une telle intensité ait pu se produire, pourquoi, demanda-t-on, le mur derrière le fauteuil n'avait-il pas été roussi et pourquoi une pile de journaux, à 30 centimètres du sinistre, était-elle restée intacte ? Le F.B.I. fit une déclaration, le 8 août, proposant l'hypothèse selon laquelle Mme Reeser se serait endormie en fumant dans le fauteuil, après avoir pris ses somnifères habituels (ce rapport apparaît in extenso dans *Mysterious Fires and Lights*, 1967, de Vincent Gaddis), mais les experts affirmèrent que même si ses vêtements s'étaient enflammés, ils n'auraient pu la brûler que superficiellement, et que ni ceux-ci ni le rembourrage du fauteuil se consumant lentement n'auraient produit ou maintenu un degré de chaleur suffisamment élevé pour enflammer un corps humain.

Le hasard voulut qu'un des plus éminents médecins légistes d'Amérique, spécialisé dans les décès par le feu, le Dr Wilton

Krogman, passât ses vacances à proximité et prît part à l'enquête. L'événement le déconcerta complètement. Il n'avait jamais rien connu d'aussi extraordinaire, car il n'avait jamais vu, au cours de sa longue expérience, un crâne humain rétréci sous l'effet de la chaleur intense qui, habituellement, entraîne le résultat inverse.

La littérature des XVIIIe et XIXe siècles, y compris les ouvrages d'auteurs comme De Quincey, Dickens, Marryat, Melville et Zola, comporte de nombreuses références à la combustion spontanée. Celles-ci puisaient souvent à la source de cas célèbres, comme celui de la comtesse Bandi de Casena dont on ne retrouva que la tête, trois doigts et les jambes dans un tas de cendres, à un mètre de son lit, un peu avant le mois de juin 1731 (le premier compte rendu paraissant dans le *Gentleman's Magazine* de cette date). On trouve de nombreux rapports du même genre dans les premiers manuels de jurisprudence médicale, car de tels incendies ont souvent paru criminels. Par exemple, *Enzyklopädisches Wörterbuch* (Berlin, 1843) fait mention de la réduction à un petit tas de cendres de la femme d'un certain Millet à Reims, en 1725. Millet avait une très jolie servante et fut donc accusé d'avoir tué sa femme et utilisé le feu pour masquer son crime. A l'enquête, cependant, on reconnut le cas comme un exemple authentique de combustion spontanée et Millet fut relaxé.

Quelle espèce de feu peut bien consumer un corps de manière anormale et, cependant, laisser les vêtements et les objets avoisinants anormalement intacts ? Cade et Davis, dans *Taming of the Thunderbolts*[1] s'interrogent sur la possibilité d'un feu *atomique*, semblable à ceux de la physique des plasmas, mais on ne connaît aucune explication de l'étrange sélection observée dans la plupart des cas. Par exemple, le *Madras Mail* publia le 13 mai 1907 l'histoire de deux agents de police qui apportèrent au commissariat de quartier, près de Dinapore, en Inde, le corps encore fumant d'une femme qui venait de brûler vive. Le feu avait laissé sa chambre intacte et les vêtements que portait encore son corps calciné n'étaient même pas roussis. On retrouve ce détail étonnant à maintes reprises. Le *New York Sun* du 24 janvier 1930 rendait compte d'une enquête concernant Mme Stanley Lake, à Kingston, New York, au cours de laquelle le coroner dit : « Si son corps a été gravement brûlé, ses vêtements ne sont pas même roussis. » Dans nos autres chapitres, à propos de feux étranges, nous avons constaté cette même sélectivité.

La sorte de transe dans laquelle semble se trouver la victime

1. Apprivoiser l'éclair.

constitue une autre constante de ce phénomène. Dans *Cosmos*, 3-6-242, paraît le rapport d'un Dr Bertholle, de la Société médico-chirurgicale, donnant le résultat de son enquête sur le cas d'une femme découverte brûlée vive dans une pièce presque intacte, à Paris, le 1er août 1869. Il déclare que le corps semblait avoir été passé dans un four à très haute température et, cependant, le plancher avait été brûlé uniquement à l'emplacement du corps. Le Dr Bertholle ne comprenait pas pour quelle raison la femme n'avait poussé aucun cri qu'auraient entendu les autres habitants de la maison. Un autre cas nous vient à l'esprit : les corps calcinés de cinq hommes furent retrouvés dans des positions détendues, dans une automobile, sur une petite route près de Pikeville, dans le Kentucky. Le rapport dans le *Syracuse Herald-Journal* du 21 novembre 1960 ne décrit pas l'état de la voiture, mais cite les paroles du coroner s'étonnant de l'absence de tout indice d'une tentative de fuite.

Le cas le plus étrange de cette série nous vient de Fort qui le tient lui-même d'un journal anglais, la *Dartford Chronicle* du 7 avril 1919. A 2 h 30, ce matin-là, l'écrivain connu J. Temple Johnson fut découvert mort, brûlé de la taille aux pieds. Nulle trace de feu parmi ses vêtements ni dans sa chambre; mais, à l'extérieur de cette chambre, les pompiers découvrirent un foyer sans comprendre comment il avait pu être allumé, ni pourquoi il était circonscrit à cet endroit. Johnson était entièrement habillé et seul dans la maison. Ses poches contenaient encore de l'argent et rien ne laissait supposer qu'on avait utilisé l'incendie pour masquer un vol. L'enquête judiciaire conclut à un décès par arrêt du cœur, causé par l'inhalation de la fumée et, une fois encore, on fut surpris que Johnson n'ait pas fui ou appelé ses voisins au secours lorsqu'il avait découvert l'incendie.

Eric Frank Russel employa les termes « holocauste ultra-rapide » pour décrire le phénomène suivant pour lequel effectivement, une grande part des preuves indirectes indiquent une combustion rapide et intense. Le Dr B.H. Hartwell déclara à la Société médico-légale du Massachusetts qu'il traversait la ville d'Ayer, le 12 mai 1890, lorsqu'on l'arrêta en lui demandant d'aller dans un bois. Au milieu d'une clairière, il vit la forme recroquevillée d'une femme; des flammes jaillissaient de ses épaules, de son ventre et de ses jambes. Il n'y avait aucune preuve d'un suicide par le feu et ni Hartwell ni les autres témoins ne furent capables de dire autre chose que ceci : elle s'était tout simplement enflammée. Par la suite, *Science*, 10-100, publia un rapport sur ce cas.

Le Dr E.S. Reynolds, s'adressant en 1891 à la Société de pathologie de Manchester à propos de la combustion spontanée, recourut à la théorie habituelle selon laquelle la plupart des victimes étaient des ivrognes. De nos jours, on dit qu'elles se sont endormies en fumant, négligeant les cas de celles qui ne fumaient pas et ne buvaient aucun alcool. Reynolds mentionne le cas d'une femme dont les jambes furent carbonisées à *l'intérieur* de ses bas (voir *British Medical Journal* du 21 mars 1891, p. 645). Dans le *Daily News* de Londres du 17 décembre 1904 parut un article à propos de Mme Thomas Cochrane, de Rosehall Falkirk, qui brûla vive dans son fauteuil, entourée d'oreillers et de coussins intacts et sans pousser le moindre cri. Incontestablement, un mystère entoure de tels faits, allié à un soupçon d'occultisme, inhibant toute enquête sérieuse de la part des médecins et des savants.

PILES HUMAINES

Le cas d'Angélique Cottin de La Perrière est l'un des premiers qui aient été étudiés scientifiquement : l'état étrange de cette Française lui vint à l'âge de quatorze ans, le 15 janvier 1846, et se prolongea pendant dix semaines. Les objets dont elle s'approchait se retiraient. Le contact le plus léger d'une main ou de sa robe suffisait à envoyer à distance de gros meubles tournoyant ou sautillant; et si une personne essayait de tenir un objet en même temps qu'elle, il s'en arrachait aussitôt. L'Académie des sciences nomma une commission d'étude et le physicien François Arago publia un rapport dans le *Journal des débats,* en février 1846. Il nota que le pouvoir de la jeune fille ressemblait à de l'électromagnétisme (les compas s'affolaient en sa présence), paraissait se renforcer en fin de journée et semblait émaner de son côté gauche, en particulier le poignet et le coude. La pauvre Angélique était souvent prise de convulsions lorsque le phénomène se trouvait dans une phase active, son pouls s'emballant à 120 pulsations minute, et elle en était elle-même très effrayée.

Nous n'avons aucun moyen de savoir exactement combien parmi les cas d'esprits frappeurs étaient en réalité des exemples de syndrome de haut voltage. Dans son ouvrage en quatre volumes, *Abnormal Hypnotic Phenomena*[1] (1967), le Dr E.J. Dingwall réunit une collection de comptes rendus de déviations d'aiguilles de compas et de déplacements de mobilier, le premier cas rapporté datant de 1786.

Les journaux du XIXe siècle ont continué à faire état de cas semblables. Jennie Morgan, de Sedalia, dans le Missouri, qui avait moins de vingt ans dans les années 1890, se trouvait sous une forte tension; des étincelles se précipitaient de sa personne vers des objets avoisinants, les animaux l'évitaient et ceux qui avaient la malchance de lui serrer la main par mégarde se retrouvaient souvent sans connaissance. Caroline Clare, dix-sept ans, vivant à London dans l'Ontario, tomba malade en 1877. Elle maigrit jusqu'à ne peser que 45 kilos; elle subissait des crises, décrivant des lieux éloignés qu'elle n'avait jamais vus. Lorsqu'un an et demi

1. Phénomènes hypnotiques anormaux.

plus tard, elle retrouva la santé, sa vie, comme celle de Jennie, fut empoisonnée par de fortes décharges d'électricité. Les objets en contact avec elle étaient magnétisés (par exemple, ses baleines de corset). Les couteaux s'accrochaient à son corps et il fallait venir à son secours en les arrachant. Elle devint l'objet d'une enquête et d'un rapport établis par l'Association médicale de l'Ontario dans le courant de l'été 1879.

Pareillement, en 1889, Franck McKinstry à Joplin, dans le Missouri, devint le sujet d'une recherche. Lorsqu'il était sous tension il devait marcher constamment, sinon ses pieds restaient collés au sol, l'obligeant à demander aux passants de l'aider à les en détacher. De même, au Collège de pharmacie du Maryland, en 1890, on étudia le cas de Louis Hamburger, seize ans. C'était lui aussi un « aimant humain », possédant le pouvoir de suspendre à sa peau des objets métalliques. Du bout de trois doigts, il pouvait soulever un bocal rempli de 2,5 kilos de ferraille.

Ces cas, avec ceux de quelques autres piles humaines, se trouvent réunis dans les brèves chroniques de Frank Edwards, Vincent Gaddis et d'autres. Les Dr Gould et Pyle, dans leur ouvrage monumental, *Anomalies and Curiosities of Medecine* (1937), traitent également des humains électrisés. Par exemple, le Conseil universel pour la recherche psychique se réunit à New York pour offrir un prix de 10 000 dollars récompensant des manifestations de phénomènes psychiques non reproductibles par la supercherie. Une dame âgée, Mme Antoine Timmer, exhiba la manière dont les couteaux collaient à sa main comme si sa peau avait été aimantée; mais son cas fut écarté car le président de séance et illusionniste, Joseph Dunninger, se déclara capable d'en faire autant à l'aide d'un fil dissimulé. Ainsi, une nouvelle occasion fut à jamais perdue pour la science.

Le cas le plus célèbre de cette période extraordinaire de l'Amérique à la fin du XIXe siècle est peut-être celui de Lulu Hurst qui monta un numéro de music-hall entre 1883 et 1885, époque à laquelle elle était connue sous le nom de la « Merveille de Géorgie », avant d'abandonner les planches pour épouser son gérant. Le phénomène se manifesta d'abord comme un cas classique d'« esprit frappeur », peu après son quatorzième anniversaire. La porcelaine cassait en sa présence et, la nuit, on entendait des coups sourds et des chocs effrayants dans la chambre qu'elle partageait avec sa sœur cadette. On découvrit rapidement que des réponses aux questions posées dans la chambre prenaient la forme de coups secs pour dire « oui » et « non ». Les sœurs Fox avaient, ainsi, créé le spiritisme moderne, quarante années plus tôt. Le lendemain de l'apparition des premiers bruits, Lulu offrit une chaise à une parente. Tandis que la chaise se tordait dans la main de Lulu, quatre hommes tentèrent de la tenir, mais les forces étaient trop fortes et la chaise se cassa en morceaux, projetant les hommes violemment en arrière. Lulu, à l'instar d'Angélique, s'enfuit de la maison en criant. Deux semaines après, ses parents l'avaient persuadée de transformer son épreuve en spectacle. Elle monta un numéro sur le thème de la petite fille défiant les hommes adultes. Elle tenait le bout d'une queue de billard et deux hommes luttaient en vain pour contraindre l'autre bout à se plier vers le sol. Elle pouvait également soulever trois hommes assis les uns sur les autres sur une chaise, simplement en posant ses paumes sur le dos de celle-ci. Puis elle touchait légèrement la chaise pendant que cinq hommes essayaient sans succès de la faire bouger. Dans *Strange People*[1] (1961), Edwards cite de nombreux comptes rendus de l'époque. La jeune fille permettait aux enquêteurs de l'approcher autant qu'ils le souhaitaient, mais aucun d'eux ne réussit jamais à déceler la moindre preuve de tension ou de supercherie chez elle. Fort fait état de deux autres « inébranlables » de cette époque : Mme Annie Abbot, qui exhibait ses talents à Londres en novembre 1891, et Mme Mary Richardson, à Liverpool en septembre 1921. Holmes étudia les deux cas pour son ouvrage *Facts of Psychic Science*[2] et parvint à une conclusion : ce n'étaient pas les femmes qui résistaient à la pression mais, inexplicablement, la pression ne les atteignait ni ne les touchait. Des forces sans réaction semblent apparaître dans la plupart des cas d'esprits tapageurs (voir « Matérialisation et envol d'objets »). Cependant, nous conseillons vivement la prudence à ceux qui seraient éventuellement tentés de se complaire dans l'explication de ces effets comme étant les produits de champs bio-électriques inhabituels, car nous connaissons un très grand nombre d'exemples d'activités d'esprits frappeurs n'impliquant nullement un intermédiaire humain ou se produisant en l'absence de toute jeunesse pubère. En vérité, chaque tentative pour établir une constante dans le phénomène qui nous intéresse se heurte à un cas contraire, comme si ce phénomène prenait plaisir à nous dérouter. Nous sommes stupéfaits du peu de recherches entreprises, si même il en existe,

1. Les gens étranges.
2. Faits de la science psychique.

sur les causes pathologiques des effets para-électriques, indépendamment de leur parenté avec le phénomène des esprits frappeurs.

Les seules analogies avec l'apparition et la décharge de ces hauts voltages se rencontrent dans les processus bio-électriques existant chez certains animaux, tels que les anguilles. Chaque cellule de notre organisme est capable de produire une légère charge. Le Dr Mayne R. Coe (*Fate*, juillet 1959) croyait que 2,5 centimètres cubes de cellule musculaire humaine pouvaient (théoriquement) produire 400 000 volts à très bas ampérage; toutefois, il aurait fallu un ampérage plus élevé pour produire les effets mentionnés ci-dessus, et ceux-ci demeurent toujours inexpliqués. La théorie de la puberté est malmenée si nous nous souvenons que Gould et Pyle mentionnent un Zoulou de six ans, exhibé à Edimbourg en 1882, qui donnait de violentes décharges; et Fodor dans son *Encyclopaedia of Psychic Sciences*[1] fait état d'un bébé né en 1869, à Saint-Urbain, en France, qui donnait de violentes décharges à tous ceux qui le touchaient. Des raies lumineuses jaillissaient de ses doigts et, à sa mort – il n'avait que neuf mois – une lumière rayonna de son corps pendant plusieurs minutes. Douglas Hunt, écrivant dans *Prédiction*, en janvier 1953, cite deux autres cas d'enfants à haut voltage : l'un d'eux était capable de recharger un « pot de Leyde »; l'autre causait des « vibrations » dans les objets maintenus à sa portée et on le vit également, à plusieurs reprises, entouré d'une douce lumière blanche et rayonnante.

Un curieux élément du problème parut dans *Electrical Experimenter*, en juin 1920, lorsque le Dr J.B. Ransom, médecin-chef de la maison d'arrêt de Clinton, New York, y publia un rapport sur trente-quatre détenus souffrant de botulisme. L'un d'eux avait voulu jeter un morceau de papier qui était resté collé à ses doigts; rapidement, tous les prisonniers touchés par la maladie se trouvèrent dans le même état de haute tension, dont l'intensité variait suivant le degré d'empoisonnement. Les compas s'affolaient dans leur entourage et les objets métalliques s'éloignaient d'eux; cependant, tous ces symptômes disparurent avec leur guérison.

L'histoire de l'esprit tapageur comporte de nombreuses interférences électro-magnétiques, allant des lumières qui baissent aux gadgets qui fonctionnent sans courant, comme on le vit dans le célèbre cas de Rosenheim, en Bavière, en novembre 1967. *The Journal of Paraphysics*, volumes 3 et 4, comporte les traductions d'enquêtes menées par le Pr Bender, le Dr Andreas Resch et

1. Encyclopédie de sciences psychiques.

d'autres encore. Les parasites téléphoniques, la force électrique et les lumières étaient dirigés sur une jeune fille, Anne-Marie Schneider, et les phénomènes que stimulait sa présence comportaient un grand nombre de trucs mécaniques « normaux », comme les ampoules se dévissant, les tiroirs s'ouvrant, les tableaux tournant sur les murs, etc. A en juger d'après ce seul cas, avec sa masse de documentation allant jusqu'aux attestations filmées, le phénomène des « piles humaines » existe indubitablement, quelle qu'en soit l'explication.

ÉLONGATION CORPORELLE

On reconnaît avoir vu des corps s'allonger ou changer de forme à l'occasion de certaines circonstances, habituellement l'extase. Par exemple, le *Summarium* de la Congrégation des rites pour la béatification de sœur Véronique Laparelli (morte en 1620) contient des dépositions recueillies de témoins contemporains. L'une d'elles relate que, alors que sœur Véronique récitait son office, apparemment « en présence d'un être invisible, on la vit s'étirer peu à peu, sa gorge prenant progressivement des proportions inhabituelles tout son corps s'allongeant. Ceci, nous l'avons vu de nos yeux, nous les religieuses qui étions dans la chapelle ». Les religieuses l'observèrent de près, pour voir si elle entrait en lévitation, mais ses pieds demeurèrent au sol. Pour être certaines du phénomène, elles prirent ses mensurations (l'événement se produisit à de nombreuses reprises, au cours d'extases pouvant durer jusqu'à trois jours pendant lesquels la lévitation apparaissait également) pour constater une élongation d'une vingtaine de centimètres. L'avocat du Diable, au cours de ce procès, nous met en garde contre la tentation de considérer ce cas puisque, au début, on avait parfois pris ses lévitations pour des élongations. Cependant, on peut noter l'observation, faite par plusieurs témoins, de l'extension du cou. Libre de toute nécessité de débattre pour ou contre une intervention divine, cherchons à comparer ce cas à plusieurs autres, dont certains en dehors de tout contexte religieux.

La *Vie* de mère Maria Constante Castreca, écrite par le chanoine Buti, cite les copieuses notes de son confesseur et relate qu'aux environs de 1700 elle priait devant une statue de l'Enfant Jésus lorsqu'on la vit grandir considérablement en tremblant de tout son corps. Borghigiani, biographe de la vénérable Domenica del Paradiso, avait souvent consigné le même phénomène, environ deux siècles plus tôt.

Parfois, cette élongation se manifeste dans les membres, phénomène que D.D. Home, d'après son « contrôle de l'esprit », devait exhiber au moins trente fois au cours de sa carrière et à maintes reprises devant des témoins de manière irréprochable. La *Vie* officielle de sainte Catherine de Gênes, morte en 1510, raconte que durant les tourments précédant sa mort, au cours desquels elle éprouva des sensations rappelant la brûlure d'un intense feu interne (voir « Hommes d'amiante et génies du feu »), elle souffrait d'une violente douleur dans un bras « et celui-ci s'allongea de plus de douze centimètres ». Cette attestation fut donnée sous serment, à l'instar de toutes les dépositions faites par les religieux de la Congrégation des rites, au cours du procès de canonisation. On surprit sa contemporaine, la bienheureuse Quinzani, revivant la Passion du Christ en 1497 et sa *Vie* (1784) contient les dépositions de vingt et un témoins distingués. Après avoir souffert la flagellation, elle se jeta au sol. « Le bras droit est étendu comme si on lui clouait la main de manière réelle et irrémédiable et soudain, on voit les muscles se tendre, les veines se gonfler et la main devenir noire comme si on la transperçait réellement d'un clou. Elle pousse un cri suivi d'un gémissement pitoyable. Puis, on étend son bras gauche... mais considérablement allongé, plus long que nature. » On nous dit que lorsque sa main droite fut « clouée », tout son corps sembla se contracter de ce côté et, lorsqu'on étira violemment son bras gauche, à l'opposé, « on vit clairement sa poitrine s'ouvrir ». Le père Thurston, dans son ouvrage *The Physical Phenomena of Mysticism*, déclare qu'il est impossible de déterminer sans appel si cette phrase veut dire que son vêtement fut tendu et déchiré ou « si l'auteur cherchait à suggérer qu'il s'était produit en quelque sorte une rupture physique dans le sternum et les tissus contigus ». Pour notre part, nous considérons la seconde hypothèse comme parfaitement plausible. Nous sommes à peine moins surpris par sœur Stefana qui apparemment revécut chaque vendredi la même épreuve, au cours de laquelle elle maigrissait considérablement, retrouvant ensuite son habituelle silhouette grassouillette. Les témoignages de certains chapitres de cet ouvrage paraissent suggérer que l'on pourrait dépasser ou même reconstituer les processus déterministes normaux de la réalité; et si cela était possible, ne pourrions-nous pas nous attendre à constater des ruptures grossières et fondamentales des processus métaboliques et psycho-physiques de l'organisme ?

De nombreux stigmatisés présentent un affaissement notable de l'épaule, comme s'ils portaient une très lourde croix. Dans le cas de Veronica Giuliani (morte en 1728), une autopsie révéla que son omoplate était extraordinairement infléchie et baissée, à tel point que les deux chirurgiens déclarèrent dans leur déposition officielle qu'ils avaient trouvé incompréhensible que, pendant la vie, elle ait eu l'usage total et naturel de ce bras, comme pouvait en témoigner au moins l'un d'entre eux, qui l'avait suivie de son vivant. Pendant sa dernière maladie, en 1510, sainte Catherine de Gênes fut atteinte de crises effrayantes au cours desquelles une hypersensibilité accompagnait des distorsions corporelles. Sa biographie décrit une de ses attaques : « Elle fut si violente que toute son ossature fut saisie de tremblements; son épaule droite, en particulier, paraissait comme séparée de son corps, et parallèlement, une côte fortement déplacée lui causait douleur, angoisse et déchirements de muscles et d'os au point que cela en rendait le spectacle affreux et il semblait impossible qu'un corps humain pût l'endurer. »

On a également noté des cas de déplacements de côtes chez saint Paul de la Croix (mort en 1775), Gemma Galgani (morte en 1903) et saint Philippe Néri (mort en 1595); le biographe de ce dernier raconte qu'il avait l'habitude de serrer ses amis contre sa poitrine dans un grand élan d'amour, leur faisant sentir ses puissantes palpitations. De nombreux témoins ont constaté à ces moments le renflement gros comme un poing, visible à gauche au niveau de sa poitrine, qui palpitait violemment; il était accompagné d'une telle sensation de chaleur que le saint s'évanouissait, ou dénudait sa poitrine en se baissant vers le sol pour tenter de se rafraîchir. Au cours de l'examen *post mortem*, les chirurgiens découvrirent à cet endroit deux côtes cassées et déplacées vers l'avant, lésion qui devait évidemment dater de quelque temps. Nous avons des exemples de gens blessés de façon mystérieuse; nous avons inclus les cas paraissant évoquer la Passion du Christ dans le chapitre traitant des « Stigmates », et ceux dépourvus de contexte religieux apparent, dans le chapitre traitant des « Assaillants invisibles ». Toutes ces manifestations ont, évidemment, une parenté entre elles.

Au cours de sa longue étude sur la stigmatisée Marie-Julie Jahenny, le Dr Imbert-Gourbeyre observa un événement troublant, le 27 septembre 1880. Dans son ouvrage, *La Stigmatisation* (1894), il écrit qu'avec cinq témoins il la vit entrer en transe. Sa tête semblait s'enfoncer dans le corps, en dessous du niveau des épaules placées maintenant à angle droit par rapport à la clavicule. Sa langue enflait dans des proportions incroyables, s'échappant de sa bouche. Toute son ossature se contracta à l'intérieur du thorax et elle semblait ne plus être qu'une boule de chair informe. Puis son côté droit, de l'aisselle à la hanche, se dilata énormément et, en même temps, son côté gauche semblait rétrécir jusqu'à être presque réduit à néant. Le Dr Imbert, professeur de pathologie, confirma son hypothèse par une auscultation, mais il fut profondément impressionné. Même en supposant que divers processus psychosomatiques et métaboliques aient pu se manifester sous une forme extrême, la série d'événements s'était enchaînée dans un laps de temps extrêmement réduit, rendant impossible la moindre explication dans les termes actuels de la science médicale.

Ceci peut paraître inhabituel, mais le cas n'est pas unique. L'exemple classique d'« esprit frappeur » survenu à Amherst, Nouvelle-Écosse, en août 1878 avait pour cible Elisabeth Cox, âgée de dix-neuf ans. Dans son rapport contemporain, *The Great Amherst Mystery*[1], Walter Hubbell raconte qu'une nuit, Esther qui dormait avec sa sœur se trouva projetée au centre de la chambre, entraînant toute la literie avec elle. « Que m'arrive-t-il ? gémit-elle. Mon Dieu ! Je vais mourir. » Ses cheveux se dressaient sur sa tête, son visage était écarlate et ses yeux protubérants. Les sœurs hurlèrent et d'autres gens arrivèrent à temps pour constater l'enflure. Horrifiés, ils voyaient les bras, les jambes, le tronc se gonfler sous leurs yeux. On entendit quatre grands bruits, comme des coups de tonnerre dans la chambre et Esther revint instantanément à un état normal, puis « s'assoupit en un repos paisible ». Ceci se répéta à d'autres occasions, comme tous les cas classiques d'autres types de phénomènes d'« esprits frappeurs ».

Jamblique, philosophe néo-platonicien du IVe siècle et auteur d'ouvrages sur les transes des mystiques, disait que l'on voyait également « le corps se soulever ou se gonfler, ou transporté en l'air. » (*De Mysteriis,* III-4-3). Si certains érudits interprètent le mot grec comme voulant dire simplement « d'apparence » distendue, nous sommes tentés de croire, à la lumière des phénomènes provenant d'autres sources, qu'il s'agit là d'une référence directe à ces stupéfiantes élongations et déformations. A l'époque actuelle, D.D. Home et la vénérée mystique Anandamayi Ma, de Dacca, nous ont fourni des exemples sérieux s'appuyant sur de solides témoignages. A propos d'Anandamayi Ma, connue également sous le nom de Mother, Kenneth Grant écrit dans sa note biographique incluse dans *Man, Myth and Magic*[2] : « Au cours des années antérieures, pendant la célébration du kirtan (chants et danses religieux), Mother entrait souvent dans un état de transe, durant lequel son corps subissait les contorsions les

1. Le grand mystère d'Amherst.
2. L'homme, le mythe et la magie.

plus étonnantes. Ses dévoués admirateurs déclaraient que son corps, roulant au sol, se mettait à s'étendre et grossir de manière exceptionnelle et puis soudain, se contractait et se réduisait à presque rien. A d'autres moments, son corps agissait comme dénué de toute ossature, rebondissant comme une balle de caoutchouc. »

La plupart des traités classiques de yoga citent ce pouvoir d'élongation à volonté parmi les « huit siddhis » (pouvoirs magiques acquis par le yoga), mais comme le fait remarquer Grant, Anandamayi Ma ne pratiquait pas le yoga. Nous avons rencontré cette énigme dans d'autres chapitres de cet ouvrage : on considère généralement les stigmates et les lévitations, ainsi que l'élongation, comme accompagnant les transes ou l'extase, mais une étude a démontré que, si la majorité des cas se produisent effectivement dans ces conditions, le phénomène ne dépend ni d'elles ni de l'état de sainteté. C'est la seule raison pour laquelle l'Église refuse de béatifier d'après le témoignage des seuls miracles.

Nous ne doutons nullement que les cas spontanés d'élongation ou de distorsion corporelle aient, dans le contexte de diverses mythologies, coïncidé avec ou donné naissance à de sincères croyances en la métamorphose et le déplacement de formes. Par ailleurs, peut-être est-il justifié de reconnaître dans les altérations occasionnelles de la voix, du visage et de la posture chez les médiums au cours de séances de spiritisme et chez les prêtres pendant les cérémonies d'exorcisme une forme plus atténuée de ce phénomène.

ASSAILLANTS INVISIBLES

En mai 1876, la panique se répandit dans les rues de Nankin en Chine. Des démons invisibles paraissaient déchaînés, coupant les nattes des gens. Les habitants furent contraints de tenir leurs cheveux bien serrés dans leurs mains en marchant dans les rues. La terreur gagna Shanghai, puis quelques villes encore, et une autre panique se développa, « la phobie de l'écrasement » ou la terreur d'être écrasé en dormant. Cette folie particulière de la « fée au coup de ciseau » dura près de trois ans. D'autres sont survenues depuis et le phénomène a connu une longue histoire. D'après l'ouvrage de De Groot, *Religious Systems of China*[1] (1892), les premiers cas enregistrés d'une terreur des ciseaux se produisirent sous la dynastie des Wei, entre 477 et 517.

Les journaux chinois relatant ces paniques suscitèrent en Angleterre de nombreux sourires, mais ceux-ci s'évanouirent lorsque, en décembre 1922, une panique équivalente éclata à Londres. Les jeunes femmes se sentaient saisies par un homme qui coupait leur chevelure et puis disparaissait « comme par enchantement », évitant les galants en puissance prêts à voler à leur secours. On a donné à ce phénomène des explications d'ordre psychologique et nous les respectons pour ce qu'elles valent, mais elles sont incapables de justifier la réalité matérielle qui privait les gens de leurs cheveux, subitement et mystérieusement, en plein jour et sur la voie publique. Le vol de cheveux semble constituer un signe distinctif des attaques psychiques de toutes sortes, des esprits frappeurs jusqu'aux OVNI. Carlos Diaz (voir « Etranges disparitions ») vit une partie de ses cheveux arrachés au cours de son expérience avec les OVNI, heureusement sans dégâts pour leurs racines : et lorsque la famille Dagg fut hantée (voir « Matérialisation et envol d'objets »), le *Brockville Daily Times* d'Ontario, le 13 novembre 1899, relata qu'une des petites filles « avait senti qu'on tirait sa longue natte. Elle cria et les membres de sa famille trouvèrent la natte presque coupée, ne tenant plus que par quelques cheveux. Le même jour, le petit garçon se plaignit que quelque chose lui avait tiré les

1. Systèmes religieux de la Chine.

cheveux sur toute la tête. Immédiatement, sa maman constata la disparition de quelques touffes chevelues ».

Dans *The Other Side*[1] (1969), l'évêque anglican James Pike signale des perturbations étranges ayant suivi le suicide de son fils. Une fois, une assistante se réveilla le matin pour découvrir qu'une partie de ses cheveux étaient brûlés, en ligne droite. Cela se répéta le lendemain matin, et trois semaines plus tard, une des boucles coupée par le feu apparut mystérieusement sur une table de nuit. On publia un cas encore plus curieux dans le *Religio-Philosophical Journal* du 4 octobre 1873. Cela se passait au milieu d'une série d'événements du type esprit frappeur, à Menomonie dans le Wisconsin; une jeune fille se tenait debout près de sa mère, loin de toute autre personne et ses cheveux furent subitement coupés par touffes, près du crâne, disparaissant au fur et à mesure qu'on les coupait.

Considérons maintenant un type plus choquant de violation, dont les symptômes comportent l'apparition de blessures, comme si on avait poignardé les victimes ou tiré sur elles avec des armes invisibles. Le *New York Times* du 8 décembre 1931, imprima le récit du capitaine du paquebot allemand *Brechsee*, qui avait relâché la veille à Horsens, dans le Jutland. Un homme avait été inexplicablement blessé pendant une tempête. Sous les yeux du capitaine, une entaille de 10 centimètres était apparue sur la tête de l'homme et il s'était évanoui sur le pont. Le 16 avril 1922, on amena à l'hôpital de Charing Cross, à Londres, un homme poignardé dans le cou. Tout ce qu'il voulait (ou pouvait) dire était qu'il se trouvait dans un tournant, près de Coventry Street, avait été blessé et était tombé à terre. Quelques heures plus tard on amena un autre homme à l'hôpital : même blessure, même histoire; et ce jour-là encore, un troisième homme fut blessé de manière identique, au même endroit. Ces faits étaient relatés dans *The People*, le 23 avril 1922.

Charles Mackay, dans *Extraordinary Popular Delusions and the Madness of Crowds*[2], raconte en détail le grand affolement qui s'empara des Parisiens en mars 1623, lorsque circulèrent des rumeurs sur les pouvoirs et les bizarreries des rosicruciens récemment installés. Le quartier du Marais acquit rapidement une mauvaise réputation car « aucun homme ne pensait ses biens en sécurité, aucune jeune fille sa virginité, ou épouse sa chasteté...

1. L'autre côté.
2. Extraordinaires hallucinations populaires et folie collective.

et les gens craignaient de s'y installer de peur d'en être expulsés par les six Invisibles de la Rose-Croix ». Dans le même genre, le *Daily Mail* racontait, sur le mode de la plaisanterie le 26 septembre 1923, que les coolies indiens de Lahore croyaient la région hantée par un *mumiai*, chose invisible qui attrapait les gens en plein jour. En 1890, le *Religio-Philosophical Journal* publiait le récit d'une psychose au Japon, où l'on accusait un « invisible » d'être l'auteur de balafres d'environ 3 centimètres apparaissant sur le cou des gens.

Frank Edwards, dans son *Strangest of All* (1962), donne des précisions sur le cas de Jimmy de Bruin, vingt-trois ans, ouvrier à la ferme Datoen en Afrique du Sud et apparemment devenu la cible de perturbations d'esprits frappeurs en août 1960. Au cours d'une enquête, le commissaire de police, John Wessels, et trois agents entendirent Jimmy hurler de douleur. Il portait un short et les agents virent subitement des estafilades apparaître sur ses jambes. Le même jour, en présence de deux officiers de police, une profonde entaille apparut sur sa poitrine, alors que rien n'avait traversé sa chemise. Ces blessures continuèrent à se produire pendant plusieurs jours. Elles étaient nettes, comme produites par un rasoir ou un scalpel – et tous ceux qui les avaient vues s'accordèrent sur le fait que le jeune homme n'avait pas pu se les infliger tout seul. Fort émit l'idée que si des choses pouvaient être téléportées, peut-être des plaies étaient-elles susceptibles d'être projetées et d'apparaître sur des personnes. Les blessures infligées dans la chair, sous des vêtements ne présentant eux-mêmes aucun signe de pénétration, constituent un élément classique des cas d'assaillants invisibles. Ce phénomène semble compléter notre chapitre sur les « Stigmates ».

Le rapport avec les esprits frappeurs s'établit plus clairement dans le célèbre cas Phelps survenu à Stratford, dans le Connecticut, en 1850. Les perturbations avaient élu comme cible Harry, le fils du Dr Phelps, âgé de douze ans. Dans *Spectres et esprits frappeurs*, certains événements, rapportés par le père Thurston, se présentaient comme des attaques contre le garçon : on lui lançait des pierres et une force violente le soulevait de terre pour lui cogner la tête contre le plafond; il fut jeté une fois dans une citerne; sous les yeux des visiteurs ahuris, il fut soulevé et suspendu aux branches d'un arbre, tandis que ses vêtements étaient méthodiquement déchiquetés par une force invisible. Dans une brochure publiée en 1800 par un certain Durbin, *A Narrative of some Extraordinary Things that Happened to Mr. Richard*

Giles's Children[1], on trouve des précisions sur les attaques d'invisibles contre les enfants – mais ceux-là laissaient des marques de dents dans la jeune chair, à l'instar d'Eleonore Zugun. Les témoins décrivirent l'horrible scène de la petite fille qu'une main invisible étranglait; ils voyaient les deux côtés de sa gorge écrasés, mais sans aucune contraction apparente des muscles de son cou. Plus tard, on vit les enfants se faire pousser, tirer, gifler et même cracher dessus. Une fois, cinq témoins constatèrent que « leurs bras avaient été mordus environ vingt fois pendant la soirée... ils ne pouvaient s'infliger eux-même les morsures puisque nous les observions constamment. Nous examinâmes les meurtrissures et y trouvâmes la marque de dix-huit ou vingt dents couverte de salive ou de bave, en forme de mâchoire... très mouillée et gluante comme de la bave, et cela sentait le rance ». Les attaques des esprits frappeurs ou autres, quels qu'ils soient, se manifestent plus souvent qu'on ne pourrait le croire.

Nous possédons de nombreux rapports sur des « tireurs fantômes » dont les balles, comme les dents fantômes, ne laissent pas d'autres traces qu'une blessure. Dans le chapitre 12 de *Wild Talents*[2], Fort mentionne trois assassinats à propos desquels la police fut contrainte de soupçonner les assassins d'avoir changé les vêtements des victimes, car ils présentaient des blessures par balles, sans pénétration des habits. Le compte rendu le plus ancien que nous ayons trouvé concerne un homme poussant une charrette près de Berigen, en Allemagne, le 2 octobre 1875. D'après *Popular Science*, 15-566, il entendit un sifflement, inaudible à ses deux compagnons, et découvrit que son bras venait d'être transpercé comme d'une balle de mousquet.

Et voici le récit le plus macabre que nous connaissions d'attaques par des « invisibles ». En 1761, cinq femmes rentraient avec leur fardeau de fagots, près de Vintimille, en Italie. Soudain, l'une d'elles poussa un cri et tomba raide morte. Ses compagnes furent horrifiées par le spectacle. Ses souliers et ses vêtements avaient été déchirés en fins lambeaux et éparpillés sur 2 mètres à la ronde. Sa tête présentait des blessures dénudant le crâne; les muscles de son côté droit avaient éclaté, exposant ses intestins; son sacrum était rompu et la plupart des organes internes étaient crevés ou livides; sa région abdominale portait de nombreuses incisions profondes et parallèles et la chair d'une de ses hanches

1. Narration de quelques-unes des choses extraordinaires qui advinrent aux enfants de M. Richard Giles.
2. Talents sauvages.

et de la cuisse avait été presque entièrement arrachée, exposant le pubis et le haut du fémur, cassé et arraché de son logement. M. Morand fit un rapport sur cet événement atroce à l'Académie des sciences en France et le *Registre annuel* de cette année-là cite son observation : ces graves blessures s'étaient produites sans le moindre signe de pénétration des vêtements de la femme; on n'avait trouvé sur les lieux ni sang ni aucun fragment de chair. On aurait dit que la femme avait servi de point de mire à une explosion instantanée, silencieuse et fatale.

LES STIGMATES

En 1837, les *Annali Universali di Medicina*, volume 84, de Milan publiaient une étude faite par le Dr Dei Cloche à propos d'une jeune fille qu'il avait examinée trois ans plus tôt et qui avait développé un degré étonnant d'hyperesthésie à la suite d'un choc traumatique. Tous ses sens étaient sur-développés, l'entraînant dans un état de souffrance constant, éblouie par la lumière et assourdie par le bruit. A partir de ce moment, elle ne prit aucune nourriture et demeura alitée jusqu'à sa mort, en 1848. L'année même de la parution de son étude, Dei Cloche fut rappelé à Capriana, dans les Alpes italiennes, pour voir la fille en question, Domenica Lazzari. Les stigmates étaient apparus sur son corps.

Elle présentait des plaies aux mains, aux pieds et sur le côté, et une rangée de perforations sur son front. Sur le dos de ses mains constamment serrées, il vit, entre le majeur et l'auriculaire, une bosse noire, parfaitement ronde, et ressemblant à un clou, d'environ 2 à 3 centimètres de diamètre. Les paumes étaient profondément incisées à l'endroit correspondant et saignaient abondamment. En 1842, dans ses *Lettres,* Lord Shrewsbury se déclara persuadé que les plaies devaient traverser les mains. Passant outre la répugnance de Domenica à révéler les sources de ses constantes souffrances, il « vit distinctement les plaies, le sang et le sérum, frais et coulant sur le poignet ». Portant ses regards sur les pieds, il remarqua qu'« au lieu de suivre un cours normal, le sang coulait vers le haut, par-dessus les doigts de pied, comme si elle avait été suspendue à une croix ». De nombreux témoins corroborèrent cet effet curieux d'anti-pesanteur. *Journey into France and Italy*[1], de T.W. Allies (1849), relate la visite de l'auteur accompagné de deux amis chez Domenica. L'un deux, J.H. Wynne, écrivit : « Le docteur a vu ses pieds une centaine de fois, marqués comme les mains, et cependant le sang remonte vers les doigts de pieds, à l'instar de la manière dont il remonte vers le nez; nous l'avons vu ! »

Comme de nombreux autres stigmatisés, Domenica saignait

1. Voyage en France et en Italie.

tous les vendredis et pendant les onze ans où elle subit ses stigmates douloureux, il n'a jamais pu être question de supercherie. Au contraire, tous ceux qui lui rendaient visite ressentaient une impression de très grande souffrance. Son hypersensibilité se maintenait et Lord Shrewsbury la vit une fois, le visage couvert de sang, s'écoulant des écorchures de son front, comme d'une invisible couronne d'épines. Il écrivait qu'elle ne lavait jamais son visage, ne pouvant supporter la sensation d'être mouillée ou essuyée, et que le sang semblait disparaître de lui-même.

Le rapport écrit le plus ancien que l'on ait sur un stigmatisé concerne saint François d'Assise qui reçut ses empreintes en 1224, deux ans avant sa mort. Elles sont décrites dans le *Tractatus de miraculis* (attribué à Thomas de Celano et écrit au plus tard quatre ans après la mort de saint François) comme semblables à des clous noirs saillant considérablement, comme si un véritable clou transperçait le membre, sa pointe et sa tête débordant de chaque côté. Celano déclare qu'ils demeurèrent longtemps après la mort du saint et il donne une description étrange des pèlerins défilant devant son corps rayonnant et encore souple, voyant « non pas les empreintes des clous, mais les clous eux-mêmes, formés de sa chair et conservant la noirceur du fer... merveilleusement façonnés par la puissance de Dieu. Vraiment implantés dans la chair même, de telle manière que si on les poussait d'un côté ou de l'autre ils sortaient immédiatement de l'autre côté, comme s'ils n'étaient qu'un seul tendon ». La *Legenda Minor* de saint Bonaventure (avant 1274) donne davantage de détails au sujet des pointes, les donnant pour rivées et dépassant tellement que l'on pouvait à peine placer la plante des pieds sur le sol. Si nous ne connaissions pas également les formes noires ressemblant à des clous que présentait Domenica Lazzari, même si ceux-ci ne débordaient pas autant, nous serions enclins à douter des informations de saint Bonaventure. De même, un témoin pour la béatification de Giovanna Bonomi (morte en 1670) décrivait la manière dont « la chair de ses mains se soulevait comme la tête d'un clou ».

Bien que ne faisant pas partie de la catégorie habituelle des stigmates, le phénomène du « témoignage divin du mariage mystique » doit comporter les mêmes processus psychogénétiques. L'effet produit dans ce cas est celui d'une alliance autour de l'annulaire, se manifestant de manières diverses : sous forme d'une ligne rouge vif, d'un épais bourrelet de peau ou d'une dépression entourant le doigt.

Si les discussions concernant les stigmates sont innombrables et complexes, il est impossible de nier le phénomène. Dans *Man, Myth and Magic*, A.R.G. Owen suppose qu'il a dû se produire au moins trois cents cas. Le père Herbert Thurston, autorité la plus compétente en la matière, propose un chiffre encore plus élevé, car de nombreux stigmatisés authentiques et dévots les dissimulent peut-être ou demandent dans leurs prières la grâce de supporter les douleurs, sans laisser voir aucune des plaies susceptibles d'exciter la curiosité. Il choisit environ cinquante cas comme étant suffisamment documentés et les présente dans *The Physical Phenomena of Mysticism*. Le père Thurston, plus que tout autre, nous a supplié d'utiliser le terme d'« hystérie » avec prudence dans le contexte des stigmates. Il est regrettable que le mot ait de nombreuses significations fallacieuses, y compris des transports violents, extrêmes et incontrôlés. Au sens clinique, les désordres hystériques ne se limitent pas aux névrosés reconnus, aux déséquilibrés, faibles d'esprit ou menteurs pathologiques. Les relations de nombreux stigmatisés célèbres corroborent l'opinion de D.H. Rawcliffe (*Psychology of the Occult*[1], 1952) suivant laquelle les seuls véritables stigmates sont ce qu'il appelle des « hallucinations topoalgiques » (i.e. douleur localisée sans blessure apparente) et que tout le reste n'est qu'un mélange d'imposture, de jobardise et d'illusion ou « mutilation intentionnelle de soi-même au cours de crises hystérico-épileptiques, suivies d'amnésie ». Les irréprochables comptes rendus des souffrances de sainte Thérèse d'Avila, Padre Pio et d'autres stigmatisés n'ayant présenté aucun symptôme évident d'hystérie démontrent clairement que des prétendues névroses à suggestion n'ont rien d'incompatible avec des vies d'une profonde sainteté. De plus, le père Thurston a démontré qu'à l'instar de Domenica et de Palma Matarelli (1825-1888) les stigmates ne sont pas toujours le résultat d'une extrême dévotion ou de macabres réflexions sur les souffrances du Christ.

Une à une, les théories connues expliquant la stigmatisation s'écroulent lorsqu'elles sont confrontées à la grande variété des cas. Évidemment, il semblerait que des processus psychogènes soient en cause et ceci a conduit à faire de nombreuses tentatives expérimentales pour reproduire les stigmates par l'hypnose. En 1933, le Dr Alfred Lechler publia *Das Rätsel von Konnersreuth* dans lequel il tenait de donner une explication des stig-

1. Psychologie de l'occultisme.

mates de Theresa Neumann en se référant à ses expériences sur une jeune fille autrichienne. Le Dr Lechler provoqua chez elle par la suggestion, au cours d'hypnose, tous les stigmates classiques y compris l'hématidrose, les larmes de sang, la « couronne d'épines » et l'inflammation d'une épaule causée par le port d'une croix imaginaire. Mais, en dépit de ce résultat et de nombreuses expériences de moindre intensité dramatique, les stigmates provoqués ne peuvent se comparer en intensité, en continuité et dans les détails aux cas authentiques et spontanés.

La stigmatisation semble comporter un degré de sélectivité dans son imagerie qui suggère une implication subjective dans le processus. Les plaies, elles-mêmes, vont de petites surfaces de peau rougie ne saignant jamais à des trous profonds et parfois transperçant entièrement le membre, comme dans le cas de Domenica ou sainte Marie-Françoise des Cinq Plaies (1715-1791) à propos de qui son confesseur écrivait : « Imitant l'apôtre saint Thomas, j'(ai) mis mon doigt dans les plaies de ses mains et j'ai constaté que le trou la transperçait, car j'y enfonçai mon doigt... et il rejoignit mon pouce... par-dessous » (cité par Thurston). Les plaies se présentent parfois sous forme de trous et parfois de coupures droites et on a également connu des cas de plaies carrées, ovales et oblongues. Dans certains cas, les « têtes de clous » se trouvent dans les paumes; dans d'autres, elles apparaissent sur le dos de la main ou sur un pied. On a enregistré des blessures de lances sur le flanc droit ou gauche et celles-ci prennent également des formes variables, allant de trous ou balafres à la cicatrice en forme de croix dont les bords saignaient au flanc gauche chez le Padre Pio. Catherine Emmerich (1744-1824) présentait une seule croix en Y sur la poitrine, rappelant la croix tout aussi inhabituelle de l'église de Coesfeld où elle avait médité, enfant. Gemma Galgani (1878-1903) manifestait des marques sanglantes de flagellation, identiques à celles représentées sur le grand crucifix devant lequel elle priait souvent.

Nous voudrions suggérer que ce processus mystérieux s'apparente peut-être à d'autres phénomènes décrits dans cet ouvrage, qui pourraient tout simplement constituer des aspects différents d'une même force. Par exemple, nous relatons l'apparition spontanée d'images sur des corps dans « Images mystérieuses » et de blessures non moins mystérieuses apparaissant sur des humains et des animaux dans « Éventreurs de bétail, balafreurs de moutons et mutilateurs mystérieux ». Fort remarque une autre corrélation entre les récits de liquides tombant ou suintant de sources invisibles. Il suggère que des plaies peuvent être téléportées à la fois sur des corps et des statues (voir « Écoulement et suintements mystérieux »).

Que ces théories soient acceptables ou non, les résultats supposent quelque processus analogue au téléportement de Fort. Les stigmates de Gemma commençaient par des marques rouges. Une fissure s'ouvrait lentement, visible sous la peau, jusqu'au moment où celle-ci se déchirait, révélant la cavité remplie de sang à la fois figé et fluide. Ceci se produisait tous les vendredis et la plaie était guérie le dimanche. Le *Religio-Philosophical Journal* du 17 mai 1890 racontait une psychose au Japon, au cours de laquelle des balafres de 3 centimètres apparaissaient au cou des gens en plein jour. Les plaies à l'intérieur de l'organisme constituent une autre variante de l'effet de stigmates; le cœur de sainte Thérèse, conservé comme relique à Alba de Tormes, porte une large fissure horizontale, conforme à la vision qui lui était apparue, au cours de laquelle elle avait été transpercée par une « épée de feu ». Nous pourrions évidemment l'écarter, sans autre forme de procès, si nous ne connaissions le cas de Caterina Savelli, stigmatisée pendant la communion, en 1659, par cinq rayons qui jaillirent de l'hostie. Après sa mort, en 1691, deux chirurgiens réalisèrent une autopsie en présence de nombreux membres du clergé, et découvrirent une plaie profonde et « ancienne » sur son cœur. Pareillement, on découvrit, lors de l'examen *post mortem* ordonné par le pape, que le cœur du bienheureux Charles de Sezze, mort en 1671, était transpercé par une plaie portant le fac-similé d'un crucifix à sa surface et qu'un clou de 10 à 12 centimètres de long y était enfoui. Cette information provient de la *Stigmatisation* d'Imbert-Gourbeyre (1894), citant des déclarations écrites sous serment et signées par des médecins et chirurgiens en cause.

ÉVENTREURS DE BÉTAIL, BALAFREURS DE MOUTONS ET MUTILATEURS MYSTÉRIEUX

En 1973, d'étranges rumeurs entraînant la panique déferlèrent sur le Middle West américain. Des voleurs de bétail utilisaient des hélicoptères non immatriculés, d'un type cargo, pour repérer les troupeaux de bétail éventuellement vulnérables et envoyaient des informations par radio à des équipes dissimulées au sol. Des centaines de comptes rendus déclaraient que l'on avait repéré ces engins rôdant au-dessus des troupeaux et s'élevant au-dessus des pâturages. On avertit les fermiers de rentrer le bétail la nuit et certains d'entre eux se mirent même à tirer au petit bonheur sur tout ce qui survolait leurs terrains.

On entendit ces récits de voleurs fantômes jusqu'en 1974, date à laquelle ils furent submergés sous le flot d'événements encore plus sensationnels – des OVNI atterrissaient et mutilaient le bétail. Un des premiers comptes rendus parut dans le *Miami Herald* de Floride, le 16 octobre 1973. La police de Dayton, dans l'Ohio, avait reçu environ quatre-vingts signalements d'OVNI étincelants dans la région; l'un d'eux provenait d'une femme qui prétendait « hystériquement » avoir vu un OVNI atterrir et tuer deux vaches. En 1974, les rapports concernant des lueurs étranges et des hélicoptères non identifiés s'étaient inextricablement confondus avec le nombre toujours croissant de récits à propos de bétail mutilé dans plusieurs États du centre : Dakota du Nord, Minnesota, Mississippi, Pennsylvanie, Iowa, Missouri, Arkansas, Illinois et Nebraska.

Un grand nombre de ces cas sont développés en détail dans *Info Journal*, 14, et par Ed. Saunders dans la revue *Oui* d'août 1976. L'élément le plus frappant de cette épidémie résidait dans la nature des mutilations. On avait tranché les oreilles, les yeux, les lèvres, les mamelles et les queues, et parfois, on avait extirpé des organes internes, suivant une volonté particulière, voire même un rituel. On retrouva certaines carcasses entièrement vidées de leur sang. Une fois, on découvrit les intestins d'une vache qui avaient été retirés par un trou dans le flanc de l'animal et rangés bien proprement en pile près de sa tête (rappelant un geste similaire de Jack l'Eventreur). L'absence de toute empreinte de pas ou de trace de sang constituait un aspect sinistre de ces mutilations, venant appuyer les thèses des théoriciens d'OVNI. De toute évidence, des gangs de bouchers ou de chirurgiens fous et aéroportés sévissaient dans la région ; de nombreuses personnes étaient persuadées qu'une fraternité occulte et très organisée en était responsable. La presse s'en donna à cœur joie, se délectant de descriptions macabres et entretenant la paranoïa, parlant à mots couverts de sacrifices humains secrets. Plusieurs enquêteurs déclarèrent être menacés par des « satanistes ».

Tom Davies, écrivant dans le *Minneapolis Tribune* du 20 avril 1975, tenta d'anéantir les thèses occultistes et ovnistes. Quatre cents cas environ, prétendait-il, s'expliquaient par une combinaison curieuse de maladie du sang (justifiant l'absence totale de sang dans la plupart des cas), alliée à la présence de prédateurs, visant naturellement la chair fraîche. Mais les documents protestent. De nombreuses autorités ont confirmé la précision chirurgicale de ces mutilations. On n'explique toujours pas les saignées, et il en est de même pour l'absence de traces ou d'empreintes de pas aux alentours des carcasses, souvent découvertes sur un terrain enneigé ou boueux. De plus, les autorités sont incapables d'expliquer pourquoi, si la maladie était un facteur déterminant, elle n'était pas plus répandue et, de toute évidence, l'hypothèse de pillards ne justifie pas tous les détails bizarres cités ci-dessus.

Il existe si peu de sources historiques pour ce genre de choses que nous n'avons pas à nous excuser de renvoyer les lecteurs aux chapitres 13 et 14 de *Lo* ! de Charles Fort. L'hiver 1904-1905 avait fasciné Fort – époque qui avait vu, sur fond de fantômes et d'esprits tapageurs, de déchaînement d'un renouveau religieux au pays de Galles et de fourmillement de lueurs aériennes et de vaisseaux spatiaux étranges, déferler, vague après vague, des attaques contre les animaux. A Hexham, dans le Northumberland, quelque chose tuait des moutons presque tous les soirs et, parfois, de *chaque côté* de la rivière Tyne, la même nuit. Cet hiver-là, il y eut encore des massacres à Gravesend, dans le Kent, et Badminton dans le Gloucestershire, entraînant de « terribles pertes pour les pauvres gens ». Mais on n'avait encore rien vu.

En mai 1910, quelque chose se mit à tuer six ou sept moutons par nuit, les mordant au cou, suçant leur sang, mais laissant leurs corps intacts. En 1874, on avait trouvé des moutons tués suivant le mode vampirique aux environs de Cavan, en Irlande ; on en dénombrait jusqu'à trente par nuit, « dont la gorge avait été tranchée, le sang sucé, mais on n'avait rien mangé de leur chair ». On avait accusé les loups (le dernier avait été tué en Irlande en 1712) et, enfin, tué un chien. Cette fois-ci, les meurtres se poursuivirent dans la même région. Quelque chose tua plus de soixante moutons en deux nuits en 1906, à Guildford et Windsor, dans la contrée du « Puma du Surrey ». A Llanelly, en 1919, un être mystérieux pénétra dans les clapiers et rompit le dos des lapins. En 1925, un animal étrange « de taille énorme » éventra des moutons, semant la terreur dans la région d'Edale, Derbyshire, et créant une psychose de loup-garou. A ce jour, il se produit des cas semblables.

La trace d'un lien entre les OVNI et les animaux volés ou mutilés se retrouve dans le récit auquel faisait allusion l'archevêque Agobard, au IXe siècle, de pillards venus de la terre de Magonie (voir « Vaisseaux fantômes »). D'autres cas contemporains sont signalés dans le chapitre 13 de *Strange Creatures from Space and Time*[1] de John Keel (1970). Les héros et les dieux de nombreuses cultures ne répugnaient pas, par ailleurs, à visiter cette terre pour s'adonner à un peu de pillage et de voies de faits – tout comme les fées.

Parfois, certains détails de ces mutilations (par exemple, le fait de rompre le dos, siphonner le sang, enlever certains organes spécifiques) ne sont pas sans rappeler certaines particularités des sacrifices chamans ou mithraïques; mais, suivant le modèle classique des paradoxes OVNI, le sujet est désespérément insaisissable. Dans leur *Devil Worship in Britain*[2] (1964), Peter Haining et A. V. Sellwood admettent avoir échoué à mener bien loin leur enquête à propos d'un tas de six têtes de vaches et de chevaux découvertes dans un bois près de Lutton, dans le Bedfordshire. On en avait extirpé les yeux, les mâchoires avaient été ouvertes de force et deux des os arrachés. Tout près, on voyait deux cercles d'herbe piétinée autour d'un arbre noueux. On ne réussit à trouver aucune autre empreinte, pas de sang et aucun indice des cadavres.

Les têtes pesaient si lourd qu'il avait fallu deux hommes pour les porter le long du sentier de 3 kilomètres menant à l'endroit où on les avait trouvées, incitant la police à soupçonner une conspiration. Aucun fermier à des kilomètres alentour n'admit avoir perdu quelque animal et le cas demeure inexpliqué. Les ronds d'herbe piétinée rappellent des parcelles similaires découvertes sur les sites de nombreuses mutilations du Middle West et également les marquages au sol que l'on associe aux OVNI. D'après le *Sunday Mirror*, du 9 novembre 1975, on retrouva un mouton noir, à Bray, dans le Berkshire, dont la peau et la chair avaient

1. Etres étranges venus de l'espace et du temps.
2. Culte du Diable en Grande-Bretagne.

été enlevées du cou jusqu'aux pattes, suggérant un talent d'écorcheur. Ce cas semble être la réplique de celui de Snippy. (On avait vu deux autres mutilations à Bray, au cours des précédentes semaines.) Les hélicoptères fantômes constituent également des éléments familiers du répertoire OVNI (voir *The News*, 3 et 7, pour des notes sur les visions canadiennes et britanniques) ; et, en effet, leur *modus operandi* au moyen de manœuvres nocturnes aidées de puissants projecteurs rappelle les grands affolements collectifs du XIXe siècle à propos des vaisseaux spatiaux (voir « Vaisseaux fantômes »).

D'autres cas rattachent les mutilations animales à un autre de nos chapitres, « Le grand monstre américain », et ses anthropoïdes puants et mystérieux. Dans *The Unidentified*[1] (1975), Jérôme Clark rend compte de son investigation sur une série de meurtres bizarres d'animaux autour de Rochdale, dans l'Indiana, au cours desquels environ cinquante personnes déclarèrent avoir vu dans la région une « chose ressemblant à un gorille ». Le 22 août 1972, deux membres de la famille Burdine rentrèrent à la ferme pour découvrir environ soixante poulets éventrés, mais non mangés. A la suite d'une première rencontre avec la « chose », ils la revirent à nouveau, éclairée par les phares de leur voiture, encadrée dans la porte du poulailler. Ils tirèrent sur elle, au moment où elle s'éloignait lourdement. Dans le poulailler, 170 des 200 poulets avaient été « éventrés et vidés de leur sang ».

Et maintenant, comme si nous voulions confondre la théorie du lien OVNI, nous apportons la corrélation la plus étrange de toutes, Fort pressentait ce qu'il appelait une « criminologie occulte » : toutes ces attaques sur des animaux devaient faire partie d'un phénomène mystérieux, comportant des « attaques, dont certaines taquines, d'autres généralement mortelles, et certaines encore du type de Jack l'Eventreur, sur des êtres humains ». Peut-être, à l'instar de toutes les grandes fictions, le terrifiant et destructeur « monstre de l'Id » du film *la Planète interdite* est-il l'expression d'un fait occulte. Dans notre chapitre « Assaillants invisibles », nous passons en revue certains cas de blessures survenant mystérieusement à des organismes humains. Fodor, faisant écho à Fort, suggéra que les passions enfantines, la colère, la haine, la jalousie et la frustration, pouvaient s'« extérioriser » et être projetées sur des objets ou des personnes de l'entourage, entraînant les persécutions des poltergeist qui cassent, brûlent

1. Les non-identifiés.

et abîment. Dans « Le feu persécuteur », par exemple, nous relatons l'histoire d'une fille qui, balayant la cuisine de Binbrook Farm, fut gravement brûlée dans le dos, sans avoir aucune conscience du feu qui la consumait. Dans son rapport sur l'événement, le *Louth and North Lines News* du 28 janvier 1905 mentionnait au passage la tuerie bizarre de 225 poulets de la ferme. En dépit d'une constante surveillance du poulailler, « chaque fois qu'on procédait à une inspection, on trouvait quatre ou cinq volailles mortes ». Elles étaient toujours dans le même état : « La peau autour du cou, de la tête à la poitrine, avait été arrachée, et la trachée-artère arrachée et sectionnée. »

PESTES FOLLES ET PANIQUES DE FOULES

En 1906, les membres de plusieurs familles new-yorkaises furent atteints de typhoïde. On découvrit qu'une jeune fille, Mary, cuisinière de son état, avait travaillé dans toutes les maisons en question; et les autorités l'accusèrent d'être porteuse de germes, tout en étant elle-même immunisée. Ils la gardèrent sous les verrous pendant trois ans puis la relâchèrent, la déclarant libre de toute contamination; on lui interdit cependant tout travail entraînant la manipulation d'aliments et elle fut soumise à des vérifications régulières. Elle prit la fuite. Environ cinq ans plus tard, vingt-cinq cas de typhoïde se déclarèrent dans une maternité de la ville de New York. Dès que les autorités eurent découvert que « Mary typhoïde » travaillait dans les cuisines, elles surent à quoi s'en tenir. La conclusion, dirent-elles, était évidente et elles l'arrêtèrent à nouveau. Moins évidente cependant est la réponse à la question : si elle n'était pas porteuse de microbes, pourquoi s'était-elle réinfectée, en admettant qu'elle ait pu l'être auparavant ? Pourquoi, par ailleurs, aucun cas ne pouvait-il lui être imputé au cours des cinq ans où elle s'était cachée sous des pseudonymes pour obtenir du travail dans des cuisines, et également avant 1906 ? Une fille peut-elle spontanément attirer ou développer des microbes ? Si oui, peut-être saurait-on expliquer d'autres infections mystérieuses.

Nous pensons que ce phénomène d'épidémies mystérieuses de certaines maladies se recoupe avec quelques-uns des chapitres précédents. Dans « Les stigmates » et « Assaillants invisibles », nous faisons état de cas où des agents non physiques ont infligé sur les organismes de certaines personnes des marques et des blessures, produisant des effets « médicalement impossibles ». Si les blessures peuvent être téléportées, pourquoi pas les microbes ? Nous soupçonnons « Mary typhoïde » d'avoir été une de ces malheureuses qui deviennent, d'une manière incompréhensible, la cible d'événements inexplicables : incendies, accidents, attaques de la foudre, bombardement de pierres, etc. Nous pouvons paraître, avec cette idée, abandonner le Rasoir d'Occam – la règle selon laquelle l'explication la plus simple devrait toujours être préférée – au profit d'un chaos effréné; mais la simplicité est relative et on la juge souvent à la lumière d'informations partielles et incomplètes. Toute explication paraît simple et évidente à qui est conditionné pour y croire.

La théorie des microbes qui condamna « Mary typhoïde » aurait dû tuer John Peck : les tentatives de son gendre le Dr Arthus Waite, entraînèrent la théorie médicale jusqu'au bord de la farce. A New York, en 1916, Waite « nourrit » le vieil homme de diphtérie; puis il lui administra des vaporisations nasales « améliorées » de tuberculose. Peck étant toujours debout, Waite l'affaiblit avec du calomel et l'attaqua à la typhoïde, puis à l'influenza. De guerre lasse, il l'empoisonna à l'arsenic. Nous ne pouvons que spéculer sur les réflexions de Waite, expert en bactériologie, à propos de la théorie des microbes. Il eut tout son temps pour réfléchir en prison. Mais le poison lui-même n'est pas invariablement efficace. Peck mourut, mais Raspoutine continua à vivre après avoir mangé un nombre suffisant de galettes empoisonnées pour tuer un régiment entier; pour l'achever, il fallut tirer sur lui à deux reprises, le battre avec une barre de fer et le pousser dans un trou pratiqué à la surface d'une rivière gelée. En définitive, il mourut noyé. Récemment, une femme passa un week-end entier à essayer d'empoisonner son mari. D'après le *Daily Mail* de Londres, du 4 octobre 1975, Mme Kathleen Kendall pila tout le contenu d'une boîte de tranquillisants qu'elle mélangea ensuite à une bouteille de Baccardi, fit dissoudre une boîte complète de somnifères dans une théière, mélangea des sachets de mort-aux-rats dans son porridge et de désherbant dans ses galettes. Elle lui administra un Baccardi et un Coca auxquels elle avait ajouté cinquante aspirines. Étonné de ses constants évanouissements, l'homme se rendit à l'hôpital pour un examen. Ceux-ci confirmèrent qu'il avait digéré la plus grande partie de ce que sa femme lui avait fait avaler.

Si certains ne meurent pas quand ils le devraient, d'autres sont morts sans aucune raison apparente. Marjory Quick, la fille de l'évêque de Sheffield, but ce qu'elle prit pour une paraffine médicinale, vomit et mourut instantanément. Le rapport du *Daily Express* du 3 octobre 1911 déclare que l'on ne put retrouver aucune trace de paraffine dans sa tasse, sa gorge ou sa bouche. Il paraissait « évident » aux autorités qu'elle souffrait d'un état suicidaire, comme si cette phrase avait un sens. Un rapport de presse de l'A.P., paru dans la plupart des journaux américains le 18 janvier 1968, racontait que la femme du sergent Robert Rush le réveilla à six heures du matin, poussa un cri et mourut immédiatement. L'enquête révéla que sa sœur avait expiré d'une manière aussi mystérieuse cinq ans auparavant. Cette dernière venait de sortir d'une piscine, lorsqu'elle regarda autour d'elle, affolée, avec une expression d'horreur, cria et tomba raide morte. Les autopsies réalisées sur les deux sœurs ne révélèrent pas les causes de leur décès. Pour une collection d'autres histoires modernes de doubles et triples décès subits, lisez *The News*, 5. De certains de ces récits émane une ambiance étrange, que les experts « rationnels » cherchent au maximum à éviter. Lorsque Mme Penelope Gallereault s'installa dans un appartement à Oakley Court, Bray, Berkshire, en 1972, des amis l'avertirent que l'endroit était « hanté » – en effet, on y avait tourné plusieurs films d'horreur. En l'espace de trois ans, son chat fut tué d'une manière bizarre, un voisin fut trouvé mort (le fait ayant échappé à l'attention générale pendant plusieurs jours), un de ses fils se noya dans son bain et un autre dans la Tamise (qui traverse la propriété) à l'endroit où un homme était décédé peu de temps avant. La police avoua ne pas être satisfaite des résultats de l'enquête et on fit de fréquentes allégations à des cérémonies de sorcellerie dans le voisinage. Le 30 septembre 1973, au moment où le *News of the World* de Londres qui publiait le récit de ce cas était sous presse, un homme tomba dans la Tamise et se noya au même emplacement que les précédents.

Lorsque le Dr G. H. Bigelow, commissaire de la santé de l'État du Massachusetts, prit la parole après un dîner à l'École de médecine de Harvard, trente étudiants et médecins tombèrent malades. On conclut d'abord à une intoxication alimentaire, mais sans localiser la moindre cause. Les experts diagnostiquèrent une paratyphoïde, et voilà qu'une vingtaine encore furent atteints. Si les circonstances étaient curieuses, personne ne fut capable de découvrir la moindre preuve de contagion. Nous trouvons relativement divertissant que le sujet du discours du Dr Bigelow ait été l'« intoxication alimentaire », fait qu'avait également relevé le *New York Herald Tribune* du 30 janvier 1932. Nous connaissons de nombreux cas similaires : quinze jeunes filles d'une école de Bournemouth, dans le Hampshire, attrapent une fièvre (*Daily Express*, 3 octobre 1973); cent cinquante enfants s'écroulent au carnaval de Hazelrigg, dans le Northumberland (*Daily Mirror*, 10 juillet 1972); vingt invités à un mariage sont pris de vomissements au Drake's Drum de Kingstanding dans le Devon, site d'un incident semblable l'année précédente (*Birmingham Evening Mail*, 18 juillet 1972); des nageurs de Rickmansworth, dans le Hertfordshire, se couvrent d'éruptions douloureuses (*Daily Mirror*, 10 juillet 1970); tous phénomènes attribués à des microbes ou agents chimiques introuvables.

Parfois, des gens se sont écroulés, souffrant d'exhalaisons bizarres. La revue *Human Behaviour* de janvier 1975 avoue que des « comptes rendus de victimes gazées par des vapeurs impossibles à déceler ponctuent régulièrement les annales de la psychologie » ; elle donne des précisions à propos d'un cas survenu en mars 1972 : trente-neuf femmes dans un centre de traitement d'informations dans le Kansas furent prises de vertiges, d'évanouissements et de vomissements. Les analyses de l'air, du sang et de leurs urines ne permirent pas de détecter la moindre trace du « gaz » qu'elles rendaient responsable de leurs bouffées de chaleur, picotements des yeux et vertiges. Le lendemain, elles recommencèrent à tomber comme des mouches. Le troisième jour, la direction, conseillée par des psychologues, déclara avoir découvert la cause ; il s'agissait tout simplement d'une « inversion atmosphérique ». Le subterfuge marcha et les perturbations cessèrent. A moins qu'elles n'aient cessé en dépit de la ruse car, d'après nos annales, ce genre de crises est sujet à répétition, mais dure rarement plus de quelques jours. Les psychologues en conclurent que ces cas étaient « des exemples d'hystérie collective – une sorte de contagion psychique ». Voir dans *The News*, 8, une collection de récit d'odeurs fantômes, touchant de grands nombres de personnes ayant succombé à des nausées dans des ateliers, cinémas et maisons privées.

Peut-être y a-t-il un fond de vérité dans la notion de « contagion psychique », non pas à la manière dont ces psychologues spécieux l'utilisaient, mais appliquée, par exemple, à un équivalent humain de la grande panique des moutons du 3 novembre 1888, près de Reading, dans le Berkshire. D'après les comptes rendus des journaux suivant de près l'événement, on découvrit dans une contrée de 40 kilomètres sur 12 des milliers de moutons éparpillés et haletant de terreur. Rappelez-vous juin 1899 en Amérique et la grande chasse au « microbe du baiser » qui amena des milliers de gens à demander aux médecins de soigner leurs lèvres gonflées et criblées de toutes petites perforations. Ecrivant dans *Popular Science Monthly*, au moment où l'affolement battait son plein, le Dr L. O. Howard nota que le pays ne comptait que six espèces d'insectes capables de causer de telles piqûres et, puisque celles-ci ne pouvaient être l'œuvre d'aucune, il considéra toute l'affaire comme une « panique irrationnelle », analogue à l'hystérie qui déferle de temps en temps sur l'Europe méditerranéenne, à propos de piqûres imaginaires de tarentules.

Le phénomène de panique est évidemment bien connu depuis de nombreux siècles ; nous renvoyons les lecteurs aux curieux rapports de nombreuses psychoses du même genre dans l'ouvrage de Charles Mackay, *Extraordinary Popular Delusions and the Madness of Crowds* (1852). Par exemple, il décrit avec force détails l'étendue incroyable des psychoses du poison qui se sont développées en Italie et en France au cours des XVIe et XVIIe siècles; à ces époques, les gens se croyaient victimes d'un poison incolore, inodore et sans saveur, appelé *aqua tofana*, et on ne réussit à apaiser les esprits qu'après une campagne vigoureuse d'exécution d'empoisonneurs, coupables ou innocents.

Il est extrêmement décevant que l'on se soit livré à si peu de recherches sur les « hystéries collectives » depuis la suggestion de Fort, en 1932, « d'étudier les paniques dans le but de démontrer qu'elles ne sont pas uniquement constituées d'hystérie et de psychologie de masse, mais que, dans certains cas, peut-être la frayeur est-elle justifiée ».

VISIONS COLLECTIVES

Les gens ont des visions. Ce fait constitue un aspect répétitif de l'expérience humaine et l'un de ceux sur lesquels le rationalisme a eu peu d'impact. En fait, à en croire nos annales, les visions semblent se développer et, presque chaque semaine, nous apprenons que l'on a vu un nouvel animal fantôme, un objet volant non identifié (OVNI) ou la Sainte Vierge Marie. Toute une gamme d'explications s'offre à notre esprit, en allant de la psychologie et la pathologie jusqu'à l'occultisme. Notre propos est de traiter des visions constatées par plus d'une personne à la fois et nous nous contenterons de laisser les explications à d'autres.

E. Parrish, dans *Hallucinations and Illusions*[1] (1897), étudie un incident célèbre dont le point de départ se situe à la mort du cuisinier d'un navire. Plusieurs jours après le décès, tous ceux qui se trouvaient à bord virent et identifièrent nettement la forme du cuisinier marchant vers eux sur les eaux, de sa démarche boiteuse (il avait une jambe plus courte que l'autre). Quant la vision se fut rapprochée, elle se résorba soudain en un fragment d'épave flottante. Parrish propose l'explication suivante : pour commencer, une personne, songeant tristement à la mort de son ami, pensa voir le cuisinier et, en parlant à d'autres, réussit à implanter dans leur esprit la suggestion d'une vision. Ceci, dit-il, peut constituer la genèse de tous les fantômes. Nous maintenons nos doutes – les choses ne s'expliquent pas toujours aussi commodément.

L'abbé Caucanas et trente de ses fidèles de Castelnau-de-Guers partagèrent une vision, le jour de Pâques 1974, et la relatèrent à de nombreux journaux. L'abbé se relevait d'une génuflexion devant l'autel, lorsqu'il vit « le visage de Notre Seigneur » sur le linge blanc qui recouvre le ciboire, contenant le pain eucharistique. Il poussa un cri, les fidèles se précipitèrent vers lui pour lui venir en aide et virent, eux aussi, le visage. L'abbé déclara qu'il avait vu « l'œil droit fermé et le gauche ouvert. Le nez était enflé et meurtri, l'expression douloureuse ». D'autres virent des larmes couler et, certains, une couronne d'épines. Au bout d'un quart

1. Hallucinations et illusions.

d'heure, l'abbé souleva le linge pour continuer la célébration de la messe et l'image disparut.

Le Pr E. R. Jaensch (*Eidetic Imagery*[1], 1930) chercha à expliquer, pour s'en débarrasser par une note brève, des centaines de comptes rendus de gens témoignant de l'animation de statues et de tableaux. D'après lui, il s'agissait d'images persistantes, produites par l'œil et surimprimées par rapport à la vision normale, des images eidétiques. Au point où nous en sommes, nous sommes habitués aux explications qui ont elles-mêmes besoin d'être expliquées tout en n'expliquant rien du tout. Si nous jetons un œil panoramique sur les phénomènes étranges, nous pouvons attirer l'attention sur de nombreux récits de groupes de gens qui voient des objets, préalablement inanimés, bouger ou parler, verser des larmes ou saigner. La continuité de ces manifestations commande le respect. Nous leur attribuons leurs propres chapitres (« Les images en pleurs et en sang » et « Les images qui s'animent »).

Pour rendre compte des visions collectives survenant sans aucun élément apparent de suggestion, les écrivains modernes proposent une espèce d'échange télépathique. Déjà en 1854, Mme Crowe déclarait dans *The Night Side of Nature*[2] qu'un voyant peut entraîner les autres membres d'un groupe à participer à sa vision, en les touchant ou en les charmant d'une autre manière. Dans le chapitre « Immunité et marche à travers le feu », nous avons remarqué le rôle semblable du magicien officiant qui jette un sort et crée, pendant un temps délimité, un ordre différent de la réalité. John Godwin, dans *This Baffling World*[3], exprime sa conviction de la manière dont on peut le réussir sous forme d'illusion provoquée. Par ailleurs, dans *Beyond Telepathy*[4], (1962), Andrea Puharich décrit l'expérience de deux psychologues enquêtant sur le même phénomène et qui virent réaliser un numéro devant des centaines d'autres témoins. Dans sa forme complète, un jeune garçon grimpe à une corde ; il est suivi de près par le magicien armé d'un couteau et tous deux, arrivés en haut, semblent disparaître. On entend des cris suivis d'une pluie macabre de membres coupés. Le magicien redescend avec un couteau ensanglanté, met les parties du corps dans une boîte dont le garçon émerge peu après, indemne et souriant. Dans certains numéros, on assiste à une variante sous la forme d'un petit chien qui s'échappe, emportant un bras ou une jambe qu'il faut aller

1. L'image eidétique.
2. L'aspect nocturne de la nature.
3. Ce monde stupéfiant.
4. Au-delà de la télépathie.

rechercher. Les psychologues virent le magicien ramasser les morceaux du garçon dans un panier, remonter à la corde et redescendre avec le garçon entier.

Une fois leur film développé, ils virent à leur grand étonnement le fakir et le garçon se tenant, impassibles, près de la corde qui demeurait constamment roulée à terre. La séquence entière avait été imaginée et s'était déroulée en silence. Puharich conclut en disant que l'« hallucination prenant son origine dans l'esprit du fakir... était inspirée et déployée sur les quelques centaines de personnes présentes, par la télépathie ». En 1934, le numéro fut réalisé deux fois à Londres et, à la seconde représentation, les organisateurs dissimulèrent des caméras. Le film, une fois développé, montrait la corde au sol et le garçon se précipitant dans les buissons. Les témoins avaient observé le déroulement d'une scène imaginaire. Dans le *Ladies Home Journal*, en 1930, William Seabrook décrivait une variante du même événement, cette fois en Afrique équatoriale française.

« Deux enfants vivants se tenaient à côté de moi. Je les touchais avec les mains. Tout aussi près se trouvaient les deux hommes avec leurs épées... du fer, en trois dimensions, un métal froid et dur. Et voici ce que je *vis* de mes yeux, mais vous comprendrez pourquoi je répugne à en parler, et pourquoi je doute de ce que *voir* veut dire. Chaque homme, tenant son épée pointée vers le ciel de sa main gauche, lança un enfant très haut, en l'air, avec sa main droite, puis le rattrapa sur la pointe de son épée... Aucun sang ne coula... Alors, la foule cria, tombant à genoux. Beaucoup se voilèrent le visage avec leurs mains, d'autres tombèrent prostrés. Les jongleurs marchaient à travers la foule, chacun portant un enfant empalé sur son épée, puis disparurent dans l'enclos du sorcier. »

Un peu plus tard, Seabrook vit et toucha les enfants qui ne semblaient pas avoir souffert de leur épreuve. Rare est l'illusion capable de s'inscrire avec arrogance sur une foule mécréante.

Les exemples les mieux connus de visions de la Sainte Vierge Marie par des foules sont celles de Lourdes (1858) et de Fatima où, en 1917, deux petites filles eurent des visions d'une dame rayonnante et communièrent avec elle. Cette vision, parmi d'autres aspects dramatiques, telle la danse du soleil, se répandit finalement sur une foule de Portugais excités et entraîna également des prophéties profondément significatives. Un événement d'une amplitude aussi spectaculaire se produisit dans le petit village français de Pontmain, le soir du 17 janvier 1871. Deux jeunes frères prirent soudain conscience d'une ravissante dame qui les regardait en souriant dans le ciel à environ 8 mètres au-dessus d'une maison voisine. Ni leurs parents ni le voisin ne parvenaient à voir quoi que ce fût; mais à deux reprises, après leur travail et après le dîner, les garçons décrivirent la même vision dans le ciel, immobile durant une heure ou plus. Nous puisons, pour les détails, à la source de l'abbé Richard, *Ce qui arriva à Pontmain*, réédité en 1971. Après le dîner, leurs cris d'excitation attirèrent rapidement une foule de villageois, dont aucun ne voyait rien. Les garçons montrèrent un triangle équilatéral fait de trois étoiles brillantes, une au-dessus de la tête de la dame, les deux autres près de ses coudes. La foule les vit, mais rien d'autre – et, étrangement, l'on ne revit jamais ces étoiles. D'autres enfants arrivaient, et on leur demanda de décrire ce qu'ils voyaient, mais en les empêchant de se concerter avec les autres. Trois d'entre eux confirmèrent exactement la vision des premiers. Puis l'apparition se modifia progressivement et les enfants, maintenant séparés des adultes, indépendamment et simultanément criaient un joyeux commentaire. Une banderole blanche se déroulait aux pieds de la Dame et des lettres apparurent à la suite : *M-a-i-s*... On entonna des cantiques tandis que les enfants épelaient les lettres au fur et à mesure de leur apparition. La première phrase était : « Mais priez, mes enfants. Dieu exaucera bientôt vos prières. » Il y avait des fréquentes interruptions, les enfants s'exclamant sur la beauté de l'apparition. La seconde ligne commença avec : « *Mon fils se laisse*... » Une religieuse commenta : « Cela ne veut rien dire », exhortant les enfants à lire plus attentivement. « Ce devrait être *Mon fils se lasse*... » Plusieurs fois, les enfants épelèrent ce qu'ils voyaient sans faire d'erreur : « Non, ma sœur, il y a un I. » Puis la phrase se termina : « *Mon fils se laisse toucher.* » Enfin, une nuée blanche obscurcit la silhouette, remontant des pieds vers le haut et, doucement, l'ovale bleu et les étoiles disparurent. La scène complète avait duré de 17 h 30 à 20 h 45, par une soirée glaciale.

Certaines visions (voir « Armées spectrales et combats célestes ») sont porteuses de présages. La vision de Pontmain parut très exactement le soir où l'avance prussienne s'immobilisa à Laval, non loin de là, et l'armistice fut signé quelques jours plus tard. Des coïncidences semblables d'événements, d'expériences et de phénomènes anormaux ne se limitent pas aux seules prophéties, et les phénoménistes sont tentés d'y voir un témoignage de continuité universelle.

SCÈNES ÉTRANGES ET VILLAS FANTÔMES

On connaît de nombreux récits de gens qui ont temporairement visité un autre monde ou un autre état de réalité et sont revenus pour raconter leur aventure. Quelques exemples apparaissent dans nos chapitres « Téléportement » et « Enlevés et restitués ». Certains ont vu un autre monde descendre soudain sur eux, là où ils se trouvaient et, comme cela arriva à Emmanuel Swedenborg, marchant dans les rues de Stockholm, ils évoluèrent « dans une vision, voyant des bosquets, des rivières, des palais et des hommes ». Les récits des chapitres cités ci-dessus impliquent une rupture dans *l'espace*; ceux qui suivent semblent impliquer une rupture dans le *temps* également.

L'exemple le plus célèbre de « paysage fantôme » est l'aventure des demoiselles Moberly et Jourdain survenue à Versailles, le 10 août 1901, ces deux personnes visitaient les jardins du Petit Trianon à Versailles et, tout en déambulant, quel ne fut pas leur étonnement de croiser de nombreuses personnes habillées en costume de l'époque de Marie-Antoinette. Elles consignèrent leurs expériences dans un ouvrage, *An Adventure*[1], publié en 1911, qui devint l'objet d'une analyse fouillée dans le but de dater l'époque de leur « vision » (voir *The Trianon Adventure*[2], Ed. A. O. Gibbons, 1958). Le consensus général parmi les enquêteurs conclut à situer la visite des deux femmes entre 1770 et 1774. Un sentiment de tristesse et de solitude accompagnait leur voyage dans le passé et une des dames s'exprima ainsi : « Je fus envahie par l'impression de marcher en dormant; j'étais opprimée par une pesante sensation de rêve. » Elles étaient également vues par les gens qu'elles voyaient et, deux fois, elles demandèrent leur chemin pour aller au Petit Trianon et on le leur indiqua; mais autant que nous le sachions, il n'existe aucun récit du XVIIIe siècle selon lequel un membre de la cour aurait rencontré deux dames anglaises, habillées avec excentricité. Miss Moberly et Miss Jourdain avaient peut-être partagé par la télépathie la même vision.

1. Une aventure.
2. L'aventure du Trianon.

Nous trouvons un récit plus récent dans la collection d'expériences étranges de Kathleen Wiltshire (*Ghosts and Legends of the Wiltshire Countryside*, 1973[1]) recueillies auprès des instituts féminins de ce comté. Dans les années 1930, Mme Edna Hedges, alors jeune fille, était partie à bicyclette pour rendre visite à une amie; elle se trouvait dans Ermine Street, une ancienne « voie romaine », juste en dehors de Swindon. Un orage menaçait et, voyant sur une petite route de traverse une chaumière dont la cheminée laissait échapper de la fumée, elle décida d'aller y chercher refuge. Un vieil homme lui ouvrit la porte, grand et fort, la barbe grisonnante et portant un gilet vert; il lui proposa d'entrer. Elle décrivit les pièces sombres, au plafond bas, et le feu accueillant dans l'âtre, et se souvint qu'elle n'entendait pas le moindre bruit dans la chaumière malgré le déchaînement de la nature. Le vieil homme ne parla jamais, se contentant de rester debout et de sourire. Puis, « tout à coup », Mme Hedges était revenue sur la route, continuant son chemin. Elle n'avait pas le moindre souvenir d'avoir quitté la chaumière. Chez son amie, elle rencontra des gens venus en même temps qu'elle par la même route. Ils furent étonnés de la voir parfaitement sèche, malgré son trajet sous la pluie. Lorsqu'elle raconta son histoire bizarre, on affirma à Mme Hedges qu'aucune chaumière comme celle qu'elle décrivait n'existait dans la région, à part une ruine, inhabitée depuis au moins cinquante ans. Peu de temps après, Mme Hedges retourna sur les lieux, retraçant son périple, mais elle trouva une maison délabrée, un jardin d'abandon. Elle avoua ne pouvoir fournir aucune explication, mais insista pour affirmer l'authenticité de sa déclaration, selon laquelle les faits *s'étaient* produits réellement.

Dans *The News*, 7, Janet Bord fait référence à un certain nombre de visions d'une villa fantôme dans un bois près de Haytor, dans le Devon, consignées par Ruth Saint-Léger-Gordon dans *Witchcraft and Folklore of Dartmoor*, 1973[2].

« Une femme récemment installée dans la région marchait un soir sur un sentier (en bordure du bois) et se prit d'admiration pour une villa aperçue à travers les arbres. Lorsque, par la suite, elle en fit la remarque au propriétaire du bois, il en fut plutôt surpris car il n'y avait aucune villa à cet emplacement. Elle retourna pour vérifier, et ne vit rien. Peu de temps après, quelqu'un d'autre vit la villa; cette fois, c'était une personne qui

1. Fantômes et légendes champêtres du Wiltshire.
2. Sorcellerie et folklore du Dartmoor.

venait d'emménager dans un bungalow tout neuf de l'autre côté du bois. Elle ne savait rien d'une vision préalable. Plus tard, un géomètre-topographe visitant la région aperçut, d'un point de vue élevé, une villa qu'il n'avait encore jamais repérée. La cheminée fumait et du linge séchait sur une corde. Il descendit vers le terrain mais ne put trouver la moindre trace de la villa. Il interrogea une dame qui promenait son chien et elle lui avoua qu'elle aussi avait vu la villa et ne parvenait pas à la localiser. Ruth Saint-Léger-Gordon, en possession de tous les détails, affirma que dans chaque cas la même villa était vue au même endroit. Une enquête minutieuse sur les lieux ne permit pas de détecter d'anciennes fondations, et donc les témoins ne voyaient probablement pas le fantôme d'une ancienne villa. »

Nos histoires ici, cependant, ne veulent pas tant traiter d'abduction magique que de désorganisations spontanées du temps et de l'espace. Laura Jean Daniels raconta à la journaliste Joyce Hagelthorne (*Dearborn Press*, Michigan, 10 mai 1973) qu'après avoir travaillé tard, un soir, elle rentrait chez elle en empruntant des rues désertes et leva les yeux pour regarder la lune. Lorsqu'elle posa de nouveau le regard sur l'environnement urbain, celui-ci avait disparu. « Même le revêtement du trottoir s'était évanoui et je marchais sur un chemin de brique. Il n'y avait aucune maison de part et d'autre, mais à quelques centaines de mètres en avant je voyais un toit de chaume et une petite maison... l'air était chargé d'une lourde senteur de rose et de chèvrefeuille. Marchant le long de l'allée en brique, je me rapprochai de la maison. Je voyais deux personnes assises dans le jardin... un homme et une femme... habillés dans des tenues très démodées. Ils étaient, de toute évidence, amoureux... ils s'embrassaient... et je voyais l'expression du visage de la femme. »

Au moment où elle s'interrogeait sur la manière dont elle allait pouvoir signaler sa présence, un jeune chien courut vers elle, en aboyant. « Il tremblait de tout son corps. L'homme leva les yeux et cria au chien de se taire... Je pris conscience du fait qu'il ne pouvait me voir... et, pourtant, je sentais les fleurs et la densité de la grille sous ma main... Ne sachant plus très bien que faire, je me retournai sur le chemin parcouru jusque-là... et c'était ma rue ! Cependant, je sentais encore la grille... Je voulus jeter un dernier regard vers la maison... et elle avait disparu et je me trouvais debout, en plein milieu de mon quartier, à quelques mètres de chez moi. La petite maison, les amoureux et le chiot s'étaient évanouis. » (Voir Brad Steiger : *Mysteries of Time and Space*[1] 1974.)

Le grand biologiste, écrivain et enquêteur de mystères Ivan T. Sanderson déclara avoir été transporté, pendant quelques moments, dans une rue française du Moyen Age. Un soir, à Haïti, il rentrait avec sa femme et un assistant d'une visite à un lac éloigné, lorsque leur voiture fut prise dans une flaque boueuse. Ils se résignèrent à faire une longue route à pied. La nuit était chaude et après avoir marché pendant plusieurs heures sur la plaine sèche et élevée, ils étaient épuisés. Dans *More Things*[2] , 1969, Sanderson raconte : « Subitement, levant les yeux du sol poussiéreux, je perçus absolument sous le clair de lune devenu rayonnant et *jetant des ombres appropriées à leurs positions*, des maisons de trois étages de diverses formes et tailles, longeant les deux côtés de la route... (Elles) débordaient au-dessus de la route qui soudain apparaissait boueuse, avec des parcelles de gros pavés... pour une raison incompréhensible, je sus que j'étais à Paris ! C'était si intense, j'aurais pu le dessiner. » Sa femme s'était arrêtée et il la heurta. Elle haletait et il lui demanda ce qu'elle avait. « Elle prit finalement ma main, et, montrant du doigt, me décrivit *exactement ce que j'avais sous les yeux.* » Après s'être émerveillés de la scène pendant quelque temps, ils furent pris de vertiges : « Nous nous mîmes à vaciller et à nous sentir très faibles, et j'appelai Fred (l'assistant) dont la chemise blanche disparaissait au loin. » Ils le supplièrent de leur donner une cigarette. « Une fois la flamme de son briquet éloignée de mes yeux, il en fut fait du Paris du XVe siècle... Ma femme aussi "revint" après avoir regardé la flamme. Fred n'avait rien vu. »

Apparemment, Dartmoor est particulièrement féconde en récits de maison fantômes. Nous terminerons avec un dernier exemple situé dans cette région hantée, relaté dans *The River Dart*[3] (1951), par Ruth Manning Saunders. Trois filles et leur père étaient partis chasser sur la lande de Hayford, près de Buckfastleigh. Le pays leur était inconnu et les filles furent séparées de leur père; elles errèrent dans le noir et se perdirent complètement. Soudain, « à leur grande joie, elles virent une lueur devant elles, se hâtèrent dans sa direction et découvrirent une chaumière au bord de la route. La lumière du feu dansait joyeusement, leur parvenant à travers des vitres sans rideaux, réchauffant la nuit de

1. Mystères du temps et de l'espace.
2. Encore plus.
3. La rivière Dart.

son ardeur chaleureuse et amicale. Les trois filles regardèrent par la fenêtre et virent un vieil homme et sa femme accroupis près de l'âtre. "Nous ne bougeâmes pas de l'endroit où nous étions", déclarèrent les filles par la suite. Mais, subitement, voilà que le feu, les deux vieillards et la chaumière tout entière s'évanouirent ; la nuit, comme un voile noir, avait recouvert tout le paysage. »

LES IMAGES QUI S'ANIMENT

A Limpias, en Espagne, en 1919, des centaines de personnes, dont un grand nombre dotées « d'un bon niveau de culture scientifique », déclarèrent sous serment avoir vu « certaines images de saints réaliser des miracles, sortir de leurs cadres, faire des gestes, etc. » Le Pr E.R. Jaensch, donnant un bref compte rendu du cas dans son *Eidetic Imagery* en 1930, tente d'expliquer ceci et d'autres visions en termes d'images rétiniennes sophistiquées qui persistent dans la mémoire visuelle et se superposent sur les impressions visuelles normales. Cependant, il ne parvient pas à démontrer comment ce processus délicat, déterminé par de nombreux facteurs individuels, peut se produire simultanément chez un si grand nombre d'individus; il ne prend pas non plus en compte le caractère d'archétype de la vision et sa réapparition fréquente à travers l'histoire des peuples de différentes cultures. Lucien, en l'an 155, décrivit des prêtres soulevant la statue d'Apollon dans un temple d'Hiérapolis. Soudain, celle-ci se mit en lévitation et s'envola dans les cieux, sous leurs regards étonnés. D'après des sources diverses, lorsque les Araucanians se déchaînèrent contre le village chilien de Concepcion, en 1600, une image de la Madone quitta miraculeusement l'église et apparut dans un arbre, déversant sur les envahisseurs indiens des quantités de pierres et de mottes de terre. En 1609 et l'année suivante, on enregistra, dans une église de Chiavari, en Italie, deux visions d'une sculpture de la Vierge à l'Enfant. En 1906, les professeurs et les élèves d'un collège de jésuites à Quito, en Equateur, virent une statue de la Vierge ouvrir les yeux et changer d'expression; et, sous les yeux de plusieurs habitants de la ville d'Assise, en 1948, une statue de Notre-Dame d'Assise fit un geste en souriant. D.H. Rawcliffe évoque d'autres exemples d'images bougeant toutes seules dans son ouvrage *The Psychology of the Occult* (1952). A Campocavello en 1893, on vit des images remuer; une statue déplaça son bras et sa main à Soriano, en Calabre, en 1870, et à Rimini, entre 1850 et 1905, on vit sur des tableaux des personnages remuer les yeux et verser des larmes, au moins cinq fois (voir également « Les images en pleurs et en sang »).

Cette notion de statues et de tableaux capables de s'animer

d'une vie propre connut sa plus ancienne expression dans les cosmogonies anciennes relatant la manière dont le Créateur insuffla la vie dans les images de formes humaines et autres qu'il venait de créer. Cet événement possède une qualité d'archétype qui est évidente dans sa survivance jusqu'à notre époque, comme on le constate dans les exemples cités ici; et, sans aucun doute, cet archétype avait été compris et utilisé par les magiciens de l'Antiquité. Un élément de l'ancienne magie juive (que l'on dit subsister dans les rituels vaudous modernes) était le « golem », homme façonné d'argile vierge et animé par l'insertion dans sa bouche d'une formule cabalistique écrite sur parchemin et portant les noms mystiques de Dieu. Parfois, on écrivait la formule sur le front du monstre. Dans certaines des légendes rappelant l'ancienne pratique magique, le golem détruit son créateur et devient fou.

De telles histoires sont universelles et on a attribué à toutes les civilisations anciennes la capacité de créer des hommes artificiels, par des moyens magiques ou mécaniques. On reconnaissait ce même talent aux magiciens médiévaux. Gerbert (le pape Sylvestre II), Robert Grosseteste, Albert le Grand et Roger Bacon sont tous réputés pour avoir fabriqué des têtes de bronze douées de la parole, et pouvant donner des conseils et répondre à toutes les questions qu'on leur posait; et saint François d'Assise recevait les conseils du crucifix de l'église de San Damiano qui lui parlait et lui confia sa mission. Nous entendons souvent parler d'images animées devenant gênantes (comme les *projections de pensées* conjurées par Alexandra David-Neel au Tibet) et l'on doit les remettre à leur place, bien que parfois avec de grandes difficultés, car les golems et autres choses du même genre secrètent leur propre volonté de vivre. Albert le Grand, en plus de la tête de bronze, construisit un homme de métal fatigant qui se transforma en un tel bavard que son élève, Thomas d'Aquin, finit par le briser en mille morceaux. Une autre anecdote du même genre se rapporte à la femme de l'empereur de Chine Ta Chou An, tellement séduite par l'homme artificiel fabriqué par un artisan de la cour, que le souverain jaloux en ordonna la destruction.

Le thème se développe dans les récits de visions de la Sainte Vierge Marie à Paris, en 1830, et à Lourdes en 1859. Le 6 juin 1830, à 23h30, Catherine Labouré fut réveillée par une voix, au couvent parisien des sœurs de la Charité. Un chérubin baigné de lumière la conduisit à la chapelle pour rencontrer la Vierge elle-même. L'interview dura deux heures. D'abord, Catherine entendit un bruissement de soie et leva les yeux pour voir une dame rayonnante de beauté « s'asseoir sur un siège en haut des marches de l'autel, côté Évangile – comme sainte Anne, mais ce n'était pas le visage de sainte Anne ». L'apparition avait imité la pose et d'autres détails d'un portrait de sainte Anne accroché ailleurs dans le sanctuaire. Catherine se crut d'abord en présence d'une vision de cette sainte et il lui fallut plusieurs interpellations pour accepter le fait qu'elle se trouvait devant la Vierge.

Peut-être, en premier lieu, Catherine eut-elle *vraiment* une vision d'un portrait de sainte Anne, mais l'expérience se mit rapidement à suivre son cours inexorable. La seconde vision eut lieu le 27 novembre et Catherine vit un brillant tableau en trois dimensions de la Vierge, debout sur le globe terrestre, couronnée d'étoiles et entourée d'une lumière glorieuse. Puis, la Vierge remua légèrement et prit une pose particulière qu'elle maintint. La scène entière se cadra dans un ovale, en bordure duquel quelques mots apparurent. (Ces détails nous rappellent la vision de Pontmain qui eut lieu quarante ans plus tard. Voir « Visions collectives »). Lentement, le tableau se mit à tourner sur son axe vertical et Catherine voyait au dos de l'ovale (!) les symboles des Sacrés Cœurs de Jésus et de Marie. La vision ordonna à Catherine de faire frapper un médaillon identique à ce qu'elle venait de voir. Celui-ci obtint un tel succès qu'on en tira plusieurs millions d'exemplaires.

Bernadette Soubirous portait cette « médaille miraculeuse » le 11 février 1858, lorsqu'elle rencontra pour la première fois la Sainte Vierge Marie dans la grotte de Lourdes. Notre histoire se corse si nous notons que, d'après le témoignage de Bernadette elle-même, au cours de sa seizième vision (le 25 mars), la Vierge alors debout au-dessus du rosier, prit une pose que Bernadette reconnut comme celle représentée sur son médaillon. A cette occasion, la vision annonça : « Je suis l'Immaculée Conception. » Catherine et Bernadette furent toutes deux canonisées par la suite et les détails concernant leurs visions, ainsi que celles de six autres, sont réunis dans *A Woman Clothed with the Sun*[1] (1961), édité par John L. Delaney.

Dans l'*Ex-Voto* de Samuel Butler, on trouve un conte moins mystique. Le 3 juillet 1653, un ivrogne entra en titubant dans la chapelle de Caiaphas à Sacro Monte et se vit vertement tancé par l'image de pierre d'un coq accompagnant la statue d'un saint Pierre pénitent. Sa surprise fut telle qu'il se convertit presque instantanément à une vie rangée. Butler ajoute que les personnes

1. Une femme vêtue de soleil.

présentes dans la chapelle ne furent pas moins stupéfaites en voyant le volatile battre de ses ailes de pierre, répéter plusieurs fois ses remontrances et faire un tour complet sur lui-même avant de retourner à l'immobilité.

Dans un article paru dans la *Flying Saucer Review* d'avril 1975, Aimé Michel mentionne les nombreux récits d'automates quasi vivants de l'Antiquité et suggère qu'ils pourraient être la preuve d'une technologie séculaire avancée, ayant peut-être une origine extra-terrestre. Évidemment, plus l'époque est reculée, plus est grand le talent, magique ou autre, de l'artificier. D'après l'*Aesclepius* d'Hermès Trismégiste, ouvrage de magie égyptienne, certaines statues dans les temples égyptiens étaient fabriquées et placées de manière à s'animer à certaines saisons, sous l'effet de forces cosmiques. A la fin du XIXe siècle, le grand savant Sir Norman Lockyer entreprit une recherche à propos de cette science antique et découvrit que les temples sont orientés de telle manière que la statue, placée dans le naos, centre sacré du temple, est frappée une fois par an par les rayons du soleil levant ou couchant, ou d'un autre corps céleste. Malheureusement, son ouvrage n'obtint pas d'audience par la suite.

L'animateur de statues à la plus grande réputation est le sorcier poète Virgile de Naples. Parmi les prodiges que lui attribuent Gervase de Tilbury et d'autres chroniqueurs médiévaux, on cite la fabrication d'une mouche en cuivre qui mettait en fuite toutes les autres mouches de Naples. Il fabriqua également un archer de bronze, pour garder le feu permanent des bains municipaux.

Il est curieux de noter les similitudes existant entre les récits des gens ayant vu des tableaux ou des statues s'animer. On parle fréquemment d'un éclat orange, de la qualité anormale de la lumière au moment de la vision et de la tendance des figures apparemment animées à prendre des poses conventionnelles, comme dans un tableau vivant ou un livre illustré. Ces qualités se manifestèrent clairement à Pontmain et, également, lors de l'étrange vision collective de Knock, dans le comté de Mayo. Le 21 août 1879, dans ce petit village irlandais, de nombreuses personnes virent un groupe de « statues brillantes » près du mur de l'église. Elles prirent la forme d'un autel, avec la Vierge, saint Joseph et un évêque. La Vierge en prière levait les yeux et les bras vers le ciel, saint Joseph, tourné vers elle, la regardait et l'évêque lisait un livre. Ils étaient à environ 70 centimètres du sol et « tout ronds comme s'ils avaient possédé un corps et la vie ».

L'ÉCLAIR PHOTOGRAPHE

L'éclair peut-il transférer l'image du paysage alentour sur des corps et des objets ? Les savants du XIXe siècle discutèrent avec le plus grand sérieux de cette question, et donnèrent au sujet le nom de kératographie. Et pourtant la question demeure toujours en suspens. Cade et Davis, dans *Taming of Thunderbolts*[1] (1969), déclarent que, dans certains cas, les victimes de la foudre « attrapent effectivement des marques particulières sur le corps, fournissant ainsi matière à des histoires incroyables à propos de « l'éclair photographe ». D'autre part, Frank W. Lane, dans *The Elements Rage*, dit : « Cependant, il est maintenant certain que la foudre ne possède aucune propriété photographique. »

Le 17 juin 1896, deux ouvriers agricoles du sud de la France s'étaient réfugiés pendant un orage dans une cabane lorsque la foudre frappa tout près d'eux, les jetant à terre. Le récit du *Petit Marseille* du lendemain attestait : « La foudre ouvrit en deux les bottes d'un des deux hommes et lui arracha son pantalon; mais en plus de cela, comme l'aurait fait un tatoueur utilisant la photographie, elle reproduisit admirablement sur le corps de l'artisan une représentation d'un pin, d'un peuplier et l'aiguille de sa montre. » Camille Flammarion se demande si la cabane n'aurait pas servi d'appareil de photo, sans objectif (*Les Caprices de la foudre*, 1905) mais cela n'explique pas le fait que seules certaines images aient été choisies parmi les objets avoisinants, ni que celles-ci aient été imprimées à travers les vêtements.

En 1861, Mme C. Tomlinson lut une étude sur la kératographie à l'Association britannique de Manchester; plus tard, on le résuma dans l'*English Encyclopedia* (article « Lightning Figures »). Il évoquait une petite fille debout devant une fenêtre pendant un orage, en 1853, et sur le corps de qui on avait découvert « l'image entière d'un érable » illuminé à l'extérieur de la fenêtre par un brillant éclair. En septembre 1825, un marin assis sous le mât de la brigantine *Buon-Servo* amarrée dans la baie d'Armiro fut tué par la foudre; une ligne avait été imprimée dans son dos, du cou aux hanches, et près de l'aine se trouvait gravée l'image parfaite

1. Apprivoiser l'éclair.

du fer à cheval cloué au mât au-dessus de sa tête. Encore plus extraordinaire : un garçon grimpa en haut d'un arbre pour voler des œufs dans un nid; la foudre frappa l'arbre, jetant le garçon à terre; et sur sa poitrine, on pouvait voir « l'image de l'arbre, avec l'oiseau et le nid sur une branche, très clairement marqués ». Vous trouverez cette histoire accompagnée de vingt-trois autres dans *Chamber's Journal* du 6 juillet 1892 – et Flammarion, Steinmetz et Kretzer ont également réuni d'autres récits à propos du même sujet.

Andrew Steinmetz, dans son enthousiasme à produire une histoire à résonances scientifiques, néglige les détails significatifs et conflictuels apparaissant dans ses propres témoignages, pour trouver dans les modèles arborescents connus de décharge électrique, l'explication complexe des images d'arbres trouvées sur le corps des victimes de la foudre. Sans aucun doute, le tracé quasi arborescent des brûlures irradiantes causées par l'éclair a-t-il suscité un grand nombre de ces histoires – mais, même si nous permettons à cet argument de réfuter tous nos récits d'images arborescentes, il n'en demeure pas moins un résidu considérable d'incidents comportant des images très différentes. Un détail constant pour lequel il n'existe pas d'explication facile est l'observation directe du détail et de la qualité des images dans de nombreuses photographies de l'éclair. Steinmetz lui-même mentionne « une image parfaitement gravée d'une vache » sur le corps d'une femme qui la soignait au moment où l'animal fut frappé par la foudre. (*Sushine and Showers*[1], 1867.)

Henry F. Kretzer publia personnellement une collection de rapports sur les frasques de la foudre, glanés dans des journaux américains (H.F. Kretzer's *Lightning Record*[2], 1895); bien que contenant d'extravagantes perles telles que l'éclair qui arracha l'argenture des épées accrochées au mur, pour en plaquer parfaitement le chat endormi sur le canapé juste au-dessous, le petit opuscule ne fut pas pris au sérieux. Kretzer rapporte l'histoire de deux Noirs tués par la foudre alors qu'ils s'étaient réfugiés sous un arbre, à Highland Park en Pennsylvanie, le 19 juillet 1892 : « Lorsqu'on enleva les vêtements du cadavre de Cassel, un spectacle stupéfiant s'offrit aux yeux de l'entrepreneur des pompes funèbres. Barrant la poitrine du défunt se développait un véritable tableau réaliste. La feuille roussie de l'automne était là,

1. Soleil et averses.
2. Registre de la foudre.

et, mélangées au feuillage, plusieurs fougères. Elles aussi, bien que brunes, possédaient le même naturel que leur modèle. Les feuilles et les fougères étaient si nettement dessinées que l'on y discernait même les veines les plus fines. »

Au bout de quatre heures, la scène vira au violet.

Peut-être le phénomène aurait-il une signification plus complexe que ne pourrait le suggérer une solution tout simplement mécaniste (à supposer qu'il en existât une). En recueillant la documentation pour cet ouvrage, nous avons été constamment frappés par les concours de circonstances entre les phénomènes et leur imagerie, si bien que la similitude graphique entre la foudre et les arbres qu'elle frappe si souvent nous suggère des parentés plus symboliques. Nous reprenons ce thème dans les chapitres traitant des « Images mystérieuses » et des « Coïncidences ».

Si nous portons nos regards au-delà des tentatives imparfaites du XIX e siècle pour rationaliser ce phénomène de l'éclair photographe, nous constatons qu'il fut pris en considération à toutes les époques de l'histoire. En 1660, lors de l'éruption du Vésuve, on rendit la foudre accompagnatrice responsable de l'apparition de croix sur les vêtements à travers tout le royaume de Naples. Dans son ouvrage *Adversaria*, Isaac Casaubon fait état, en toute sincérité, des signes de croix qui apparurent sur les corps d'une communauté de fidèles dans la cathédrale de Wells au cours d'un orage d'été, en 1596. La foudre « tomba » dans l'église et, si personne ne fut blessé, la terrible violence du tonnerre en jeta un grand nombre au sol. « Ce qu'il y avait de merveilleux et que par la suite de nombreuses personnes remarquèrent, c'est que des croix avaient été imprimées sur les corps des fidèles assistant à l'office divin ». Le révérend G.S. Tyack relate également cet incident dans *Lore and Legend of the English Church*[1], 1889, citant Casaubon : « L'évêque (de Wells) lui-même découvrit la marque sur sa personne et d'autres étaient signées sur l'épaule, sur la poitrine, le dos et à d'autres endroits. » Flammarion ajoute que l'épouse de l'évêque se trouvait parmi ceux qui reçurent ces marques de la croix. Un autre incident, accompagné d'apparitions de croix sur des vêtements, avait été rapporté antérieurement par Joseph Grünpech dans *Speculum naturalis cœlestis*, en 1508.

La plupart des encyclopédistes dont nous avons parlé plus haut ont inclus dans leurs recueils l'un des cas les plus spectaculaires : la chute de la foudre sur le grand autel de l'église de Saint-Sauveur à

1. Folklore et légendes de l'église anglaise.

Ligny, en France, le 18 juillet 1689. Le père Lamy, prêtre d'une paroisse voisine, entama une enquête dès qu'il eut vent des effets étranges de ce phénomène et publia son rapport en 1696 sous forme d'un petit opuscule que nous recommandons comme modèle d'observation. Les rideaux autour de l'autel furent soufflés hors de leurs anneaux, mais sans que ceux-ci fussent cassés ni détachés de la tringle, ni que fût déchirée l'étoffe. Divers linges d'autel furent brûlés par endroits et la nappe principale présentait une grande déchirure en forme d'X. A en croire le témoignage des cinquante personnes alors présentes, une statue du Christ entra en lévitation et demeura suspendue en l'air pendant que son piédestal se fracassait au sol. Mais l'incident éveillant la plus grande stupéfaction et la plus grande frayeur fut l'apparition d'une étrange inscription en travers de la nappe d'autel. Le calme revenu, un déchiffrage attentif permit de reconnaître les paroles, inversées et agrandies, d'un texte imprimé, posé sur le linge. Cependant, cette interprétation ne fit qu'ajouter à l'horreur lorsqu'on découvrit que tous les mots et phrases sacrés manquaient à cette transcription profane. Cependant, le père Lamy répondit à cette objection, ayant immédiatement saisi que les mots omis étaient imprimés à l'encre rouge sur l'original et que la foudre n'avait transmis que la partie principale du texte, imprimée en noir. Flammarion se pencha à nouveau sur ce cas, dans *Thunder and Lightning* et le tint pour un rapport documenté.

Andres Poey, directeur de l'observation physico-météorologique de La Havane à Cuba, publia en 1861 sa propre collection d'histoires sur la foudre (ce livre est extrêmement rare et nous ne le connaissons que d'après des références, des citations faites par d'autres) démontrant la variété du phénomène. A San Vicente, le 24 juillet 1852, on découvrit, comme gravée sur des feuilles séchées, l'image d'une feuille de palmier; à Sibacoa, non loin de là, en août 1823, un éclair imprima l'image d'un clou tordu sur un tronc d'arbre. Poey ajoute qu'il s'agissait d'une copie exacte mais inversée d'un clou encastré dans une des branches supérieures de l'arbre.

Nous terminons sur un aspect de notre sujet qui, à notre connaissance, n'a encore jamais fait l'objet de recherches : l'impression d'images *sous* la peau. En 1812, à Combe Hay, dans le Somerset, la foudre frappa six moutons dans un champ près d'un bois de chênes et de noyers. Une fois dépecés, « un fac-similé d'une partie du paysage avoisinant » apparut à l'intérieur des peaux. James Shaw envoya un rapport sur ce cas au *Journal of the Meteorological Society*, en mars 1857. Et voici une autre bizarrerie, postérieure de plus d'un siècle. Elle s'incarne dans la peau d'un lapin tué en février 1971 par un dénommé Jasper Barret, près de sa maison de Jefferson, en Caroline du Sud. Tout en préparant le civet pour le dîner, la femme de Barret, et une amie, virent, sur la peau d'une patte de devant, la silhouette en noir d'un visage féminin. Avec sa bouche en bouton de rose, ses cheveux bouclés et ses faux cils, ce visage de 3 centimètres de large rappelait les figures à la mode dans les années 20. Curtis Fuller confiant ce récit à *Fate*, en octobre 1971, déclara que huit jours après la parution de la nouvelle dans le *Charlotte Observer*, quatre mille personnes s'étaient déplacées de loin et de près pour voir le phénomène et que, pendant plusieurs jours, il fallut affecter des gendarmes supplémentaires à la région pour contenir les foules.

IMPRESSIONS SPONTANÉES SUR PELLICULE

Dans notre chapitre concernant les « Images mystérieuses », nous sélectionnons quelques cas de dessins ou motifs symboliques ou figuratifs apparaissant sur des personnes, des animaux et des objets, et parfois à l'intérieur. Dans d'autres cas, si l'on a attribué des effets similaires à la foudre, nous les avons mentionnés dans le chapitre « L'éclair photographe ». Une version moderne de ce phénomène artistique est l'apparition d'images étrangères ou d'effets d'optique sur des photographies. Nous trouvons curieux que la photographie et le spiritisme se soient développés à la même époque — en effet, seulement quarante années séparent la première photo de Nicéphore Niepce, faite en 1922, de la publication de la première « photographie spirite » par William H. Mumler, graveur et amateur de photographie de Boston, au Massachusetts. Malheureusement, l'effort plutôt grossier de Mumler s'avéra le premier d'un long enchaînement de supercheries. Nous négligeons ici, à quelques exceptions près, l'immense cohorte de « photographies spirites » apparemment authentiques, pour nous concentrer sur des témoignages dont les circonstances et les contrôles sont mieux connus, ou, encore plus intéressant, lorsque le phénomène s'est produit en dehors du contexte d'une « séance ».

L'hypothèse « spirite » s'éclipse devant la notion que l'on peut cueillir ou projeter l'imagerie de l'esprit des participants et l'imprimer d'une manière plus ou moins télékinésique sur le matériel photographique. On a parfois exhibé ce processus, procurant des preuves authentiques dans des conditions contrôlées, comme dans le cas de Ted Serios (voir les projections de *formes-pensées*). Mais, à ce jour, on ne connaît qu'un très petit nombre de gens capables de le contrôler et, dans la plupart des cas, on reconnaît que le contrôle est éphémère et passager. (Le pouvoir qu'avait Serios d'influencer le film semble s'être évanoui après 1967.) Ce qui nous intéresse ici, c'est l'apparition d'images spontanées dans des photographies, parmi des gens ne revendiquant aucun pouvoir particulier. De temps à autre, on évoque des cas dans les journaux et l'expérience prouve que ceux-ci ne constituent que la petite partie de l'iceberg. Peter Haining écrit qu'il fit plusieurs fois appel au public, demandant qu'on lui envoie des « photographies de fantômes » pour l'aider dans sa préparation de *Ghosts : The Illustrated History*[1] (1975); il fut ébahi devant la quantité de réponses. Et pourtant, il semble à nouveau que les phénomènes considérés autrefois comme le domaine exclusif de la dévotion religieuse et du mysticisme se soient avérés les plus fréquents.

Un des incidents les plus précoces et les mieux documentés se produisit en 1920, lorsque le Dr G.L. Johnson qui, parmi d'autres titres impressionnants, possédait celui de membre de la Société photographique royale, emmena un groupe de chercheurs à Crewe pour rencontrer un médium photographique, William Hope. Dans *The Great Problem : Does Man Survive ?*[2] (1928), le Dr Johnson raconte qu'il emporta avec lui un lot de plaques photographiques, achetées au hasard à un certain nombre de fournisseurs londoniens. A aucun moment M. Hope ne fut autorisé à s'approcher des membres du groupe, mais ils le photographièrent en utilisant plusieurs appareils divers. Au développement, les plaques présentaient une profusion de visages (de personnes, vivantes ou décédées), des nuages d' « ectoplasmes », formes ressemblant à des fleurs et des messages écrits. Une boîte scellée, contenant des plaques, avait été approchée de la tête de M. Hope et, une fois développées, les deux plaques du centre révélèrent d'autres textes écrits (les plaques contiguës demeurant inexposées). *The Case for Spirit Photography*[3] de Sir Arthur Conan Doyle, publié en 1922, comportait surtout une étude du « Cercle de Crewe » de Hope.

Un cas moderne fit l'objet d'une enquête en 1972 et dans les années suivantes; le Dr Berthold E. Schwarz l'étudia et en rendit compte longuement dans *Flying Saucer Review*, 20-4 et 21-1. Le personnage central était Mme Stella Lansing, du Massachusetts, qui avait eu des expériences OVNI antérieures et qui, à cette époque, découvrait un grand nombre d'anomalies dans ses films cinématographiques. Des centaines de mètres de film de 8 mm et de Super-8, pris à des lieux et à des moments différents, et avec des appareils et des films de marques différentes, présentaient des dispositions rappelant des horloges de formes lenticulaires, du type OVNI, tournant sur elles-mêmes et étincelant; parmi d'autres effets, on trouvait des brouillards bizarres, des visages et des vues faibles et déformées de paysages familiers. Parfois, disait-elle, il

1. Fantômes : histoire illustrée.
2. La grande question : l'homme se survit-il.?
3. Pour la défense de la photographie spirite.

lui venait une inspiration et il « fallait à tout prix qu'elle filme » et, à d'autres occasions, elle ne découvrait l'anomalie qu'une fois les films revenus du laboratoire. Le Dr Schwarz, psychiatre hautement respecté, connaissait la théorie de la projection de pensée et guettait constamment dans le comportement, l'expérience et le style de vie de Mme Lansing, des indices qui pourraient avoir un rapport avec les effets. Comme le découvrit Eisenbud chez Ted Serios, il n'y avait aucun signe de tels liens « synchronistiques » et certainement rien à l'échelle de ce qu'avait manifesté, par exemple, Gemma Galgani, dont les stigmates englobaient des « marques de flagellation » sanguinolentes identiques quant à leur dessin et leur localisation à celles de son crucifix préféré. Cependant, Eisenbud, comme Schwarz, pense que le tissu subtil des circonstances et des détails de signification personnelle produit des événements synchrones plus fréquemment et de façons plus diverses que nous le supposons généralement.

A l'époque où les talents de Serios déclinaient, Eisenbud entendit parler des étranges photographies produites par deux frères, Richard et Fred Veilleux de Waterville, dans le Maine. Ils révélèrent avec précaution qu'ils avaient commencé à faire des expériences avec un tableau de ouija[1] en 1966, qui leur indiqua par la suite où et quand réaliser leurs photos. Leur première « affectation » eut lieu le 1er août 1967, près de la pierre tombale d'une petite fille, dans le cimetière où ils travaillaient tous les deux comme maçons. La photographie montrait une fillette debout près de la pierre de tête et on l'identifia facilement, car elle avait vécu dans le voisinage jusqu'à son assassinat quelques années auparavant. Des photographies prises par les frères (et par leurs femmes) des membres de la famille, habituellement assis autour de la table de la cuisine, étaient en partie masquées par des visages, des scènes ou des formes blanches. D'autres effets, similaires à ceux de Mme Lansing, semblaient comporter des montages complexes, d'une espèce quelconque et absolument pas des surexpositions. Eisenbud fit des expériences avec les deux frères et obtint plusieurs preuves authentiques. Une photo, incluse dans son rapport à *Fate* (numéros de janvier et février 1976) présentait deux visages exposés en superposition, sur deux portes banales; on les identifia par la suite comme étant deux portraits d'un maréchal de l'armée américaine, Jeff D. Milton, l'un jeune et l'autre vieux. On crut d'abord que les

1. Tableau de bois comportant des chiffres et des lettres et permettant aux spirites de communiquer avec les esprits.

deux portrait avaient été extraits de l'ouvrage de Hunter et Rose, *Album of Gunfighters*[1], dans lequel ils sont placés côte à côte et l'effet produit par les frères sembla une grossière supercherie, jusqu'au moment où l'on découvrit que Rose, l'un des deux auteurs du livre, avait l'habitude de retoucher les photos qu'il publiait, pour protéger ses droits, et que la version Veilleux était différente de celle du livre. Eisenbud se lança sur la trace de toutes les photos connues de Milton, mais ne réussit pas à découvrir un original de la photo Veilleux. Cette étrange manipulation se présenta à nouveau dans une autre tentative des frères avec une peinture sur roche australienne.

Si l'on fait l'inventaire des témoignages illustrés dans cette catégorie en général, on ne peut s'empêcher de remarquer la prépondérance des visages, fait qui pourrait s'avérer riche en significations. Schwarz cite le travail de Jan Ehrenwald à propos du lien entre les effets-psy et l'image-du-corps (c'est-à-dire notre idée de nous-mêmes) et l'on peut émettre la supposition que ces images constitueraient des affirmations spontanées d'idées et de croyances fondamentales à notre être, ou, comme l'exprime Schwarz, une « extension automatique du fonctionnement du moi et une manifestation psychokinésique » (*Flying Saucer Review*, 20-6). Peut-être, dans ce contexte, les visages symbolisent-ils l'identité, comme dans une photo où le visage de Mme Lansing est masqué par celui de la défunte tante non mariée de son mari et une autre sur laquelle un grain de beauté apparaît comme une « lésion faciale » sur sa joue. On pourrait trouver de nombreux autres exemples tirés du passé du sujet. Par ailleurs, nous entendons parler de temps à autre des gens qui sont anti-photogéniques; des gens dont les visages sont toujours marqués ou obscurcis sur leurs portraits photographiques. Dans son *Mysteries of Time and Space*, 1974, Brad Steiger publia une photo prise par un collègue avec un appareil Polaroïd. Le sujet, une femme, déclarait avec justesse que l'on ne pouvait parvenir à la photographier. L'appareil avait fonctionné parfaitement avant et après, mais sur ce tirage particulier, un nuage blanc la rendait invisible. Dans d'autres cas, ce défaut prend la forme d'une marque particulière sur le visage, nous rappelant la croyance ancienne selon laquelle le signe dont Dieu marqua Caïn reparaît sur ses descendants (Genèse IV-15). Dans le cas Lansing, Schwarz avait consulté le célèbre télépathe, magicien et enquêteur, Joseph Dunninger, qui examina les photos

1. Album de fusilleurs.

de Mme Lansing et les déclara authentiques. Entre eux, ils montrèrent une expérience consistant à ce que Dunniger essaye de projeter les chiffres « 57 » sur le front de sa fille. Sur le tirage Polaroïd de Schwarz, ils furent stupéfaits de trouver une tache noire, presque au milieu du front, un peu comme le *tilaka* des Indous (*Flying Saucer Review*, 20-6).

Autre image apparaissant souvent spontanément sur les photographies : une figure revêtue d'une robe. Les types communs sont des moines fantômes, des femmes en gris et, dans le ciel, des silhouettes rappelant le Christ (voir « De singuliers nuages »). En 1972, Schwarz publia un compte rendu à propos de la femme d'un célèbre « agent de liaison » OVNI, Howard Menger (*Flying Saucer Review*, 18-4). Elle déclara ne pas être très pieuse, mais un jour, pendant la phase finale de la maladie de son fils, elle éteignit la télévision et fut stupéfaite de voir, immobile sur l'écran, une image en couleur du Christ bien que son appareil fût en noir et blanc ! Dans une autre enquête des Schwarz (*Flying Saucer Review*, 21-3, 4), deux amis de Mme M. (le personnage central) prirent des photographies. Sur l'une apparut un « homme en robe blanche » et sur l'autre « le Christ en robe blanche ». Soit dit en passant, l'ouvrage de Steiger est illustré de la photo d'une main apparue sur l'écran d'un appareil de télévision non branché le soir de Noël 1968.

Certains des effets produits par la photographie spontanée sont plutôt effrayants. Dans son livre, Haining reproduit une photo Polaroïd d'un chien, prise par Sam Watkins de Virginie, dans laquelle le chien est remplacé par trois vues de son plus jeune frère Bill, renversé par une voiture quelques jours plus tard, alors qu'il était dans la même position que sur la photo. Contrairement à la remarque de Haining, il est possible de réaliser une triple exposition sur un film Polaroïd – mais une mystification qui préfigure une tragédie naturelle tiendrait elle-même du phénomène. Ces effets suggèrent obscurément une réciprocité universelle entre l'esprit et la matière, et soulèvent des questions importantes, non seulement à propos de la nature des fantômes et des OVNI, mais aussi en relation avec la nature de l'évidence et de la réalité elle-même.

IMAGES MYSTÉRIEUSES

« Après la mort du doyen Vaughan de Llandaff apparut soudain, sur le mur de la cathédrale de cette ville, une grande tache d'humidité, ou de minuscules champignons, dessinant une silhouette quasi vivante du visage du doyen » (*Notes and Queries*, 8 février 1902). Le folklore regorge de tels récits – de la marque pyrogravée laissée par le Diable sur la porte nord de l'église de Blythburgh, dans le Suffolk (voir « Les chiens noirs ») à la tombe d'un homme pendu pour avoir assassiné sa sœur, à Pékin, dans l'Illinois, tombe sur laquelle rien ne pousse; la parcelle stérile qui en résulte reproduit parfaitement, dit-on, le contour du visage de la femme (*Gentry Journal*, 30 avril 1897).

C'est par vagues que les apparitions d'images spontanées semblent signalées. Le 12 mars 1872, des croix apparurent sur des vitres à Baden-Baden, en Allemagne. Les autorités ordonnèrent de les laver, mais elles se révélèrent récalcitrantes, même aux acides. Deux jours plus tard, à Rastadt, d'autres croix firent leur apparition, suivies, peu de temps après, par des têtes de mort. La même chose survint à Boulley, après quoi les manifestations devinrent épidémiques : des croix, aigles, crânes, bandes de couleurs et autres symboles religieux et politiques envahirent les vitres de toute la campagne. Les autorités s'alarmèrent, les esprits étant encore très enfiévrés à la suite de la récente guerre franco-prussienne. Un escadron de soldats prussiens cassa les carreaux d'une maison parce que des gens y avaient vu un groupe de zouaves et leurs drapeaux. D'après le *Religio-Philosophical Journal* du 29 mars 1873, on voyait encore les zouaves agitant leurs étendards sur les morceaux de verre cassé, défiant l'ennemi jusqu'au bout.

A partir de cette date et jusqu'en 1890, note Fort, on trouva de manière régulière des mentions d'images sur vitres dans la presse américaine. On ne pouvait accuser simplement le public américain de faire de l'auto-intoxication à propos d'événements européens, car des épidémies sporadiques avaient également éclaté en Amérique depuis 1870 au moins; et, de plus, des événements de ce genre avaient fait l'objet d'études bien avant l'invention de la photographie.

Une autre série démarra avec « Une fidèle et évidente ressemblance du regretté doyen Liddell, mort en 1898 », qui apparut sur un mur de Christ Church, à Oxford, dans le courant de 1923. Trois ans plus tard, *TP's and Cassell's Weekly* du 11 septembre 1926 indiquait qu'elle y était toujours : « On n'a aucun besoin de faire appel aux facultés de l'imagination pour reconstituer la tête. Elle est placée parfaitement droite sur le mur, comme dessinée de main de maître. Cependant si elle n'est ni gravée ni sculptée, elle est facilement visible de tous. »

Plus tard, au cours de cette même année 1926, des comptes rendus d'images survinrent de Bristol et de Uphill, dans le Somerset; et, dans l'ancienne abbaye de Bath, l'image d'un soldat portant son paquetage apparut clairement sur une partie décolorée d'un des piliers, près d'un monument au régiment Somerset. Les théosophes locaux, d'après le *Bath Weekly Chronicle*, la définirent comme une image-pensée créée par des visiteurs pieux.

Les critiques de tels rapports indiquent que l'œil a naturellement tendance à voir des images dans des dessins accidentels, images qui souvent reflètent des états émotionnels intenses. Ceci est sans doute vrai – le processus est utilisé avec profit en psychanalyse et en art – mais nous nous intéressons plus aux images cohérentes ne s'appuyant pas sur la « suggestion » ou des états mentaux particuliers pour leur interprétation, mais qui, au contraire, dépeignent de toute évidence un symbole ou un message reconnaissable. En voici quelques exemples : un œuf pondu dans l'Arkansas marqué à une extrémité d'un chiffre « 6 » (*Daily Mail* de Londres, 14 décembre 1973) et un chat né à Nice, portant la date « 1921 » distinctement marquée en poils gris dans le pelage blanc de son ventre (*Daily Express* de Londres, 14 mai 1921).

Nous avons déjà parlé dans le chapitre traitant des « Assaillants invisibles » de l'étrange cas d'Éléonore Zugun, sur le bras de laquelle des témoins virent apparaître le mot « Dracu » (*Evening Standard* de Londres, 1er octobre 1926). Nous pouvons également citer l'exemple encore plus remarquable d'une jeune fille française dont les réponses à des questions prenaient la forme de mots et d'images apparaissant sur son corps (*Daily Express*, 17 novembre 1913). Parallèlement, Marie-Julie Jahennie, stigmatisée contemporaine du village breton de La Fraudais, présentait, en plus de ses autres marques particulières spontanées, une fleur, une croix et les mots « O Crux Ave ». Le Dr Imbert-Gourbeyre étudia son cas pendant vingt ans, au cours desquels les signes demeurèrent visibles. Dans *La Stigmatisation*, 1894, le médecin explique le phénomène par l'apparition de minuscules gouttes de sang coagulé qui se forcent un passage à travers l'épiderme, pour se fixer juste sous la surface – mais il évite complètement la question intéressante : comment le sang peut-il s'organiser en images cohérentes.

Si cette force organisatrice existait et devait répondre à un contrôle des sens, et si elle était capable d'intervenir dans des processus physiques, ses effets ne seraient pas éloignés de ceux décrits dans notre documentation. Toute la connaissance est fondée sur l'expérience et le témoignage direct et, pourtant, l'opinion universelle moderne est tellement enracinée dans la plupart de nos consciences que nous préférons encore douter de notre bon sens plutôt que de soupçonner l'autorité scientifique. Alors, qu'allons-nous faire de l'expérience d'un pèlerin qui rendit visite à la stigmatisée italienne Palma Matarelli, en avril 1872, et que cite le père Thurston dans *Physical Phenomena of Mysticism* ? On avait donné à la stigmatisée un linge blanc pour essuyer le sang qui s'écoulait des orifices de son front : « Lorsqu'elle s'essuya, le linge ne se marqua pas seulement de taches de sang, mais il s'y imprima des emblèmes nettement dessinés représentant des cœurs, des clous et des épées enflammés. Ceci est une véritable merveille et je l'ai vue de mes yeux. »

L'apparition de marques ou d'images tire de la simultanéité une dimension accrue, établissant avec un contexte social un lien mystérieux. Pour donner un exemple, au cours de la première quinzaine de décembre 1680, Rome fut plongée dans l'effervescence à cause d'une « étrange et merveilleuse » comète qui devint visible près de l'écliptique, dans les constellations de la Balance et de la Vierge. A 8 heures du matin, le 11 décembre, tout Rome bourdonnait; la nouvelle extraordinaire s'était répandue comme une traînée de poudre : « Une jeune poulette avait pondu un œuf prodigieux, contenant une représentation parfaite de la comète, accompagnée d'autant d'étoiles et ayant la même ordonnance, comme l'indique le dessin. » Le compte rendu du *Loyal Protestant and True Domestic Intelligencer* du 2 avril 1681 raconte très nettement que le motif n'était pas sur la coquille, mais « à l'intérieur de l'œuf, très nettement exprimé ». La coïncidence d'une visite de comète, de l'attente générale du public et de l'œuf miraculeux semble tellement fantastique que même le *Loyal Protestant,* à cette époque crédule, vous propose de le croire ou non, comme il vous plaira.

Notre dernière rubrique est à tous points de vue singulière : le jour où il plut des Vierges. L'*English Mechanic* du 12 juin 1908 réédita d'après des sources françaises le témoignage oculaire de l'abbé Guéniot, de la paroisse de Remiremont. Le 26 mai 1907, un puissant orage de grêle déferla sur la région des Vosges. De gros grêlons tombèrent à profusion. L'abbé lisait dans son presbytère (il lisait, comme par hasard, un traité sur la formation glaciaire) lorsqu'un voisin l'appela pour voir le « miracle ». Les grêlons contenaient un message. L'abbé accourut et, d'après son propre témoignage, découvrit très distinctement sur le devant des grêlons légèrement convexes au centre, le buste d'une femme portant une robe dont le bas remontait comme une chape d'ecclésiastique : « Je devrais peut-être la décrire plus exactement en disant qu'elle ressemblait à la Vierge des Ermites. Les contours de l'image étaient légèrement en creux, comme réalisés à l'estampe, mais très résolument dessinés. »

L'abbé Guéniot remarque que les grêlons avaient la forme de sphères presque régulières, comportant une sorte de joint, comme s'ils avaient été moulés. « L'empreinte des deux grêlons que j'examinai était si régulière qu'elle ne pouvait être due au hasard. » L'hypothèse logique de fabrication humaine fut rejetée, à cause de l'immense quantité de grêlons porteurs d'images dans toute la contrée où avait lieu la chute, et le grand nombre d'observations que l'on fit de leur chute. L'évêque de Saint-Dié ordonna une enquête, au cours de laquelle des savants écoutèrent le témoignage de 107 personnes qui confirmèrent l'événement (*English Mechanic* 3 juillet 1908), mais les opinions divergèrent quant à sa cause.

Cette chute possédait d'autres caractéristiques particulières; elle se limitait à une bande de terrain d'un peu plus d'un kilomètre de large sur plusieurs kilomètres de long; et si de nombreux grêlons étaient tombés avec une force suffisante pour abîmer considérablement les récoltes et les serres, d'autres paraissaient sans force, comme « s'ils n'étaient tombés que d'une hauteur de quelques mètres ». Dénué de toute preuve de supercherie, ce phénomène s'accorde très bien avec les chutes et vols étranges décrits dans nos autres chapitres. L'abbé Guéniot donna sa propre explication, très satisfaisante, à propos de cette descente de grêlons portant l'image de la Vierge des Ermites. La semaine précédente, le calendrier annonçait la fête de la Vierge, mais on ne l'avait pas fêtée : « Le conseil municipal de Remiremont, pour des raisons fondamentales que je ne développerai pas, prohiba la magnifique procession en préparation : mais le dimanche suivant, à la même heure, l'artillerie céleste organisa une procession verticale que personne ne put interdire. »

PROJECTIONS DE PENSÉES

L'idée d'un lien réciproque entre le monde subjectif des pensées et des idées, et le monde « réel » de choses et d'événements objectifs est une vieille histoire combattue ou soutenue par toutes les écoles philosophiques. Cette notion se manifeste dans toutes les formes de magie et de rituels et constitue la base de toute métaphore littéraire et artistique. Qu'il en soit ici-bas comme dans l'au-delà; unissant tous les contraires. A travers toutes les époques de la philosophie reparaît la croyance qu'événements et objets peuvent être aussi éphémères que les pensées, celles-ci ayant à l'occasion la faculté de devenir « réalités » concrètes et objectives.

Au milieu du grand éveil de la science moderne, une telle notion est hérétique, et cependant les échos en ont persisté. Les dernières découvertes provenant de la paraphysique comme de la physique subatomique incitent au respect et à la reconnaissance à retardement de la vérité ancienne, avec la mise au jour des preuves authentiques, et en nombre croissant, de la transmutation de la matière et la suspension apparente des lois connues de l'espace, du temps, de la matière et de l'énergie. On nous dit qu'un électron peut se déplacer entre deux points dans l'espace sans traverser physiquement la distance qui les sépare, tout comme certains objets dans le monde plus vaste de l'homme que l'on a vu disparaître et réapparaître (voir « Matérialisation et envol d'objets »). Lorsque des corps solides changent spontanément de structure, de couleur ou de mouvement, ces effets peuvent constituer les conséquences logiques du hasard inexplicable dont Heisenberg a démontré l'existence dans les mouvements des particules subatomiques.

La principale motivation incitant le Dr J.B. Rhine, de l'université de Duke, à entreprendre en 1930 la recherche sur ce qui s'appelle maintenant la psychokinésie, fut la découverte de forces télékinésiques. La psychokinésie, ou PK, est le processus énigmatique généralement décrit par la phrase « l'esprit domine la matière » et, en 1945, le Dr Rhine déclara qu'il était en mesure de prouver de manière concluante les effets psychokinésiques influençant la position dans laquelle tombent les dés (secoués dans une machine). Rhine distingue plusieurs cas : les influences PK sur les « cibles mouvantes », comme les dés; les « cibles vivantes » où l'on pourrait inclure tout ce qui va de la lévitation et de l'envol spontané à l'influence sur le développement des plantes; et les « cibles statiques » englobant largement la « pensée-graphie » associée à Ted Serios.

La projection d'une image sur un film scellé, apparemment par PK ou tout autre moyen paranormal, donne des résultats plus accessibles à l'analyse. Il est curieux de constater qu'avec Serios et le petit nombre d'humains capables de répéter cet effet, les « succès » sont bien moins nombreux que les images « sauvages » et les éventuels désordres absolus des processus optiques normaux qui « surexposent » le film. Le pouvoir de produire un effet, conscient ou non, sur un film vierge est peut-être plus répandu que ne s'en doutent la plupart des gens, si l'on en juge d'après le nombre de comptes rendus d'images « sauvages » apparaissant sur des photographies prises par des gens ordinaires (voir « Impressions spontanées sur pellicule »).

Nous nous intéresserons en particulier au cas où a été obtenu un effet souhaité uniquement par le jeu de l'imagination. En 1935, Mme Gertrude Smith, de York en Pennsylvanie, découvrit son propre pouvoir de persuader mentalement ses poules de pondre des œufs présentant des images. Le *York Gazette and Daily* du 4 avril 1940 lui attribue cette déclaration : « Je me tenais près de la basse-cour et je visualisais des pétales de tournesols avec mes initiales. Au bout de quelques jours, mon père entra dans la maison tout bouleversé et dit : "Voici l'œuf tournesol." Le dessin d'un tournesol était gravé sur la coquille. » Elle obtint rapidement d'autres œufs dessinés, l'un d'eux marqué de ses initiales inversées : "Lorsque je l'ouvris, le dessin apparut en relief sur la surface interne de la coquille". Une édition ultérieure du *Gazette and Daily* témoigna de l'authenticité des œufs décorés et se référa à des attestations d'autres témoins données sous serment. Mme Smith raconte qu'elle tenta de visualiser un œuf de section triangulaire et, lorsqu'il s'en présenta un, son pouvoir lui inspira une telle frayeur qu'elle cessa de l'exercer à tout jamais.

Dans un grand nombre de nos chapitres, nous parlons d'objets ou d'images qui se présentèrent en réponse à une demande consciente ou inconsciente et nous observons leur nature synchrone (voir « Coïncidences »). Mme Crowe donne dans *The Night Side of Nature* (1854) l'exemple d'une fille qui rêva qu'on lui offrait deux roses, l'une rouge et l'autre blanche, et qu'elle choisissait la rouge. Elle s'éveilla avec une douleur au bras, sur lequel « apparut » par étapes « l'image d'une rose, parfaite de forme et de couleur.

Elle était plutôt en relief par rapport à la peau ». Il lui fallut quinze jours pour disparaître. Le Dr Nandor Fodor a souvent cité le cas de Mme L. Forbes, de Thornton Heath, près de Londres, pour soutenir son opinion que les esprits frappeurs sont un phénomène psychologique authentique ou, selon lui, « des paquets de répressions projetées ». Une nuit, en 1938, Mme Forbes rêva que son père défunt et son mari la tiraient chacun dans une direction différente. Puis son père dessina d'un doigt une croix sur son sein gauche. Le lendemain matin, Mme Forbes découvrit une marque d'inflammation à l'emplacement même. Un examen médical révéla à cet endroit un cancer, jusque-là insoupçonné et nécessitant une opération. (Voir « Les stigmates » et « Images mystérieuses » pour une étude de cas comparables.)

Le côté humoristique de la projection PK (ou autre) se manifeste dans une série de perturbations qui se produisirent dans la maison du Dr E.E. Phelps, pasteur presbytérien de Stratford, dans le Connecticut, en mars 1850. Le *New Haven Journal and Courrier* du 19 avril 1850 donne la déposition d'un ami et témoin, le Dr Webster : « Lorsque les Phelps revinrent de l'église, ils découvrirent le mobilier dispersé à travers les pièces et de curieuses figures construites avec des vêtements provenant de l'une des pièces, représentant une espèce de tableau, une sorte de scène de culte. Onze figures composaient une scène quasi réelle. Toutes les figures, sauf une, étaient féminines; toutes avaient pris des postures de profonde dévotion, certaines avaient le front touchant presque le sol; d'autres étaient agenouillées à divers endroits de la pièce, des Bibles ouvertes devant elles, *indiquant divers passages sanctionnant le phénomène se déroulant à ce moment* [italiques des auteurs]. Au centre du groupe se trouvait une figure suspendue, comme si elle volait dans l'air. » Plus tard, on trouva d'autres figures faites avec des vêtements mystérieusement venus de toutes les parties de la maison, malgré une surveillance étroite. L'une, faite avec la robe de Mme Phelps, était tellement réelle que son jeune fils éprouva le besoin de dire : « Ne bouge pas, Maman dit ses prières. » On trouvera un bon compte rendu tiré des annales du Dr Phelps lui-même dans *Modern Spiritualism : Its Facts and Fanaticisms*[1], 1855, de E.W. Capron. Quelle que soit l'étrangeté de cette scène, elle n'est pas unique. Dans *Esprit frappeurs sur l'Angleterre,* Harry Price cite une brochure contemporaine à propos d'une histoire semblable de figures composées de vêtements dans la maison hantée de Ringcroft, à Galloway, en 1695.

1. Le spiritisme moderne : ses réalités et fanatismes.

Si l'on en juge d'après les nombreuses histoires de « l'esprit dominant la matière » qui apparaissent dans l'expérience quotidienne et la mythologie, la seule limite est peut-être l'imagination humaine. Le Dr W.Y. Evans-Wentz et cette femme remarquable, Alexandra David-Neel, tous deux savants et explorateurs du Tibet, hautement dignes de foi, ont évoqué le pouvoir du rite *dubthab* par lequel les adeptes de ce pays sont capables de matérialiser une apparition humaine, appelée *tulpa* – pouvoir revendiqué par de nombreux occultistes et magiciens. David-Neel tenta de fabriquer elle-même un *tulpa* par la méditation et des exercices de visualisation prescrits. La relation de son expérience fait l'objet du chapitre 8 de son ouvrage *Mystiques et magiciens du Tibet.* Il ne s'agissait pas là d'une illusion subjective car de nombreux témoins virent la petite figure quasi monacale issue de ses rêves. Elle raconte comment le *tulpa* se libéra peu à peu de sa domination et se mit à agir indépendamment de sa volonté; reflétant les craintes de son auteur, les traits placides du *tulpa* devinrent rusés, moqueurs et malins. Il fallut le dématérialiser avec fermeté au moyen d'un renversement puissant de tout le processus.

Comme pour la plupart des phénomènes cités dans notre ouvrage, les épidémies spontanées font oublier les faibles performances issues d'une volonté humaine déréglée et les deux pâlissent face aux manifestations éblouissantes et contrôlées des pouvoirs des vrais mystiques. Evans-Wentz, dans sa vie de Milarepa, raconte que le grand sage, au moment de mourir à Red Rock, projeta un des *tulpas* de lui-même; son pouvoir et son adresse étaient tels qu'un grand nombre de disciples, disséminés dans des lieux très divers, pensèrent avoir rencontré Milarepa en personne. On raconte des histoires du même ordre à propos de Jésus, après sa résurrection, et de beaucoup de saints hommes, tel Padre Pio que l'on vit à plusieurs endroits simultanément. (Voir « Téléportement » à propos de « l'ubiquité » transatlantique de Marie d'Agreda.)

VILLES ET ÎLES CÉLESTES

Si nous devions faire l'expérience, évidemment peu commune, de voir apparaître une ville céleste, une cité embellie des effets architecturaux les plus nobles, des tours de marbre blanc, des dômes, etc., si nous avions la chance inouïe de voir un tel spectacle, nous aurions peut-être suffisamment de curiosité pour chercher une explication à sa véritable nature. Nous pourrions tirer de la liste des explications proposées par des gens sérieux au cours des siècles une des causes suivantes : c'était une ville sainte, comme la Jérusalem céleste, « descendant du... ciel, parée comme une épouse apprêtée pour l'époux » (Apocalypse XXI-2), que vit saint Jean à Patmos au IIe siècle; un reflet, dû à une faculté indéterminée de l'atmosphère, d'une véritable ville située ailleurs (mais nous voudrions comprendre la propension des villes à se projeter tellement plus souvent que les paysages qui les séparent); une ville des bienheureux défunts, comme l'on en voit à l'occasion, en particulier au large des côtes celtiques; un curieux effet de nuages et de brouillard; une véritable ville volante, comme Laputa dans *Les Voyages de Gulliver* de Swift; une illusion inspirée par la boisson ou l'excitation religieuse.

Avant (ou peut-être au lieu) de rechercher les causes, documentons-nous sur le phénomène.

Dans le ciel de l'île de Sanday, aux Orcades, en 1840, on vit une image « qui donnait l'impression d'une terre éloignée portant de merveilleux bâtiments blancs »; on la revit à nouveau en 1857, où la vision dura trois heures. E.W. Marwick, citant ces récits dans *The Folklore of Orkney and Shetland*[1] ajoute que le phénomène se produit assez fréquemment dans le nord. Les populations locales l'expliquent comme étant la ville de cristal et de perles du peuple finnois, parfois révélée aux yeux des mortels; ce pourrait être également l'île de Hether Blether, visible de temps à autre, dont la quasi-situation est à l'ouest de l'île sacrée de Eynhallow. M. Marwick définit le phénomène comme un mirage, sans proposer de solution quant à son origine.

1. Le folklore d'Orkney et des Shetland.

Roderick O'Flaherty, en 1684, décrivait une île fantôme, souvent visible au large de la côte ouest de l'Irlande. Il en donne un certain nombre d'explications possibles; ce serait l'île d'O, au Brésil, connue des cartographes, mais de personne d'autre; ou le Paradis Terrestre, maintenu secret sur ordre particulier de Dieu; ou encore, une invention des mauvais esprits; ou tout simplement une illusion nébuleuse. Laquelle de ces spéculations mérite le plus d'être retenue ? « Voilà, constate O'Flaherty sagement, qui dépasse notre entendement. »

W.G. Wood-Martin rendit compte en 1902 de plusieurs apparitions de O ou Hy. On la vit au large de Sligo en 1885 et, à la suite d'une vision antérieure, un correspondant écrivait :

« Il y a un demi-siècle, je vis moi-même un merveilleux mirage ressemblant à celui récemment décrit comme ayant été visible au large de notre côte Tireragh (comté de Sligo); et si cela avait été ma première vision de la baie, rien n'aurait pu me faire douter que je regardais une véritable cité – une grande et belle ville, assurément, avec des arbres, des maisons, des clochers, des bâtiments crénelés, etc. »

Wood-Martin explique que de telles villes sont des reflets de véritables cités d'autres lieux, et il propose comme analogie les déclarations que font les marins de la baie de Dublin, capables de voir parfois le mont Snowdon « se dressant » à des centaines de kilomètres de là. Mais, si on regarde la mer de la côte ouest de l'Irlande, la ville connue la plus proche qui puisse se dresser dans cette direction devrait être New York, dont l'architecture caractéristique n'a jamais été mentionnée dans les descriptions des visions d'une ville d'Irlande occidentale.

Le 18 juillet 1920, le capitaine Scoresby pointa le téléscope de son navire, le *Baffin*, vers la côte inexplorée de l'ouest du Groënland et aperçut « une grande ville antique, riche en ruines de châteaux, d'obélisques, d'églises et de monuments, et également en autres bâtiments grands et voyants ». Il en dessina certains contours. Sir David Brewster réunit les dessins en un panorama, reproduit dans son ouvrage *Natural Magic.* Cependant, sur sa gravure, les caractéristiques architecturales reviennent à des formes naturelles de rocs et ne possèdent pas la « netteté de la réalité », que leur attribuait le capitaine Scoresby.

Une des attractions de l'Alaska est d'avoir un ciel curieusement réceptif aux images de la ville anglaise de Bristol. Fort, dans *New*

Lands[1], énumère plusieurs récits de l'apparition de Bristol dans le ciel de l'Alaska et cite la tradition suivant laquelle cette cité est visible chaque année, entre le 21 juin et le 10 juillet. Elle, ou quelque chose de semblable, est réputée avoir été observée régulièrement par les Indiens de l'Alaska avant la venue de l'homme blanc. En 1887, le pionnier Willoughby vit cette ville aérienne et la photographia, ou en tout cas déclara l'avoir fait, mais son tirage rappelle tellement la ville de Bristol que beaucoup de gens ont supposé qu'il s'agissait d'une photo de la ville elle-même, plutôt que de son fantôme vu de l'Alaska. Cependant, de nombreuses preuves attestent qu'une cité remarquable (quelle qu'elle soit) apparaît parfois dans les cieux de l'Alaska. Dans le *New York Times* du 31 octobre 1889, M. L.B. French déclarait avoir vu très nettement dans le ciel près du mont Fairweather, en Alaska, « des maisons, des rues bien dessinées, et des arbres. Çà et là s'élevaient de hautes tours sur d'énormes bâtiments qui semblaient être des mosquées ou des cathédrales anciennes... Cela ne ressemblait pas à une ville moderne — mais plutôt à une ville européenne ancienne ». Fort cite un autre correspondant du Yukon qui avait vu une grande cité dans le ciel, en juin 1897. On se demandait dans son entourage si elle ressemblait plus à Toronto, Montréal ou Pékin, mais on conclut finalement à « une cité antique ».

Les traits archaïques et splendides souvent attribués aux villes célestes, même lorsqu'ils sont vus dans des contextes non religieux, les relient, sur le plan du phénomène, aux villes idéales de vision mystique, telles que la Jérusalem de perle de saint Jean. Nous pouvons donner l'exemple, tiré de l'*Atmosphère* de Flammarion, de « la cité vaste et magnifique, ornée de monuments, de dômes et de clochers » que contempla le voyageur Grellois entre Ghelma et Bône, en Afrique du Nord. Il ne connaissait aucune ville du monde capable de lui ressembler. Toutefois, la tendance de la plupart des visionnaires modernes est de rechercher une origine locale à leur vision. Ainsi, dans le cas cité par Fort dans le *New York Sun* du 6 mars 1890 d'une grande ville inconnue vue à quatre heures de l'après-midi, au-dessus d'Ashland, dans l'Ohio, si certains l'identifièrent comme étant la Nouvelle Jérusalem, la majorité hésitait entre Mansfield, à 50 kilomètres, et Sandusky, à une centaine, comme étant l'original. L'incident produisit un fortisme typique : (cela) « a peut-être été une révélation du ciel et, d'après ce que j'en sais, le ciel ressemble peut-être bien à Sandusky, et

1. Terres nouvelles.

ceux d'entre nous qui n'ont pas le moindre désir de passer l'éternité à Sandusky peuvent réfléchir à cette idée ».

Nous insistons sur le phénomène de la « ville » en sélectionnant dans *New Lands* l'apparition d'une prétendue Edimbourg au-dessus de Liverpool, le 27 septembre 1846; le village habité, enneigé et couvert de stalactites, vu au-dessus de la Poméranie le 1er octobre 1881 et dont on dit qu'il ressemblait à l'île de Bornholm, distante de 160 kilomètres; et la série de villes, îles et autres scènes fantômes, recueillie en Suède entre 1881 et 1888. De l'Irlande, patrie classique des villes-fantômes : une ville aristocratique faite de demeures plantées au milieu de massifs et entourées de clôtures peintes en blanc, apparue au-dessus de Youghal (Cork) en juin 1801, et deux autres visions d'une bourgade entourée de hauts murs apparues en 1796 et en 1797 au-dessus de la même ville; à Ballyconneely, sur la côte ouest, pendant trois heures, le 4 août 1908, on put admirer une ville fantôme de maisons de toutes sortes, de divers styles architecturaux.

Ceux qui aiment à expliquer les villes-fantômes par l'hypothèse de la « Laputa » swiftienne – il s'agirait de véritables cités, détachées, mobiles et aéroportées – répondent à l'objection que de telles entités devraient être signalées par des astronomes et des stations de radar, en arguant qu'elles le sont effectivement. La littérature OVNI regorge d'exemples d'objets repérés ou détectés au radar, dans de nombreux cas de dimensions apparemment vastes, tous de nature inconnue; et des quantités d'observations antérieures du même genre figurent dans les collections de Fort.

Le phénomène de réapparition périodique de paysages, habituellement une ville ou une île, survenant annuellement ou à une certaine saison dans un lieu déterminé du ciel, se range parmi ceux qui demeurent inexpliqués par les théories élaborées à ce jour. Nous supposons que la tradition d'une terre enchantée ou d'une île des morts, si fréquemment décrites dans le folklore celte et les mythologies de nombreux autres peuples, provient en partie de véritables visions de ce genre. Leur apparition régulière a peut-être donné aux prêtres druidiques l'occasion de prédire une vision du paradis ou de s'attribuer le mérite de son invocation; la légende leur prête l'habitude de créer des fantasmagories aussi grandioses. Une survivance de pratiques anciennes se dissimule peut-être dans l'incident tiré par Hunt de *Parochial History of Cornwall*[1], de Gilbert :

« L'éditeur se souvient d'une parente de l'ancien vicaire de

1. Histoire paroissiale de Cornouailles.

Saint-Erth qui, inspirée par un rêve, prépara des décoctions d'herbes variées et, gagnant Land's End, les versa dans la mer, avec certaines incantations, s'attendant à voir le Pays de la Lionne surgir immédiatement des eaux, tous ses habitants étant vivants en dépit de leur longue submersion. Mais,

Peut-être un rite fut-il négligé,
Peut-être en prière ou en foi faiblit-elle.
Aucune contrée n'apparut. »

VAISSEAUX FANTÔMES

Les vaisseaux fantômes rencontrés en mer constituent déjà un phénomène intéressant; et, depuis le 11 juillet 1881, date à laquelle le roi George V, alors jeune officier de marine, aperçut *Le Hollandais volant* dans l'Atlantique sud, les Anglais ont toujours respecté ce phénomène. Les navires voguant sur les nuages sont plus élevés d'un cran sur l'échelle du merveilleux – dans la mesure où il est possible de juger un phénomène inexpliqué plus merveilleux que n'importe quel autre –, mais quand à leur bord se manifeste un équipage, nous ne pouvons nous empêcher de trouver l'événement plus extraordinaire que, par exemple, une pluie de grenouilles.

Les navires célestes ont l'âge de l'histoire et se perpétuent dans les journaux quotidiens. Ils fournissent en matière première la littérature OVNI qui, avec le phénomène, a tellement proliféré depuis 1950; et l'intérêt que soulève actuellement le sujet a permis d'exhumer des anciens manuels d'histoire de nombreux articles à son propos. Ainsi, dans la *Flying Saucer Review* de mai-juin 1971, a-t-on exhumé le récit, daté de 1743, d'un fermier près de Holyhead en Anglesey, qui vit un paquebot voguant à travers les nuages à 500 mètres au-dessus de sa tête. Il estima qu'il devait jauger environ 90 tonneaux et, comme sa quille était nettement visible, il en déduisit qu'il ne s'agissait pas du mirage d'un navire en mer.

Dans les annales irlandaises anciennes, on trouve une référence à des « vaisseaux fantastiques » vus en 1161, naviguant contre le vent dans le port de Galway. W.G. Wood-Martin la citant dans *The Elder Faiths of Ireland*[1], I-216, en donne un autre exemple, lorsque « au cours d'une soirée sereine de l'automne 1798 », des centaines de personnes, sur une colline de Croaghpatrick, Payo, virent une flotte aérienne. Elle était, dit Wood-Martin, « produite par le reflet de la flotte de l'amiral Warren, alors lancée à la poursuite d'un escadron français au large de la côte occidentale de l'Irlande ». Il poursuit son explication en disant que les navires de Galway de 1161 devaient être un reflet de galères de combats nordiques.

1. Les croyances anciennes de l'Irlande.

Bien avant de voir des aéronefs, on y croyait déjà. Agobard, archevêque de Lyon au IXᵉ siècle, se trouva un jour confronté avec une foule de la région, escortant quatre prisonniers que l'on avait vus, disait-on, descendre d'un aéronef. La population réclamait à l'évêque la permission de les lapider. Agobard refusa, n'accordant aucune crédibilité à l'histoire de l'aéronef; il fit plus tard un récit de l'incident (nous le citons d'après G.G. Coulton, *Medieval Panorama*[1] dans lequel il remarquait que la population locale était déraisonnable, au point de « croire et affirmer qu'il existe une certaine contrée appelée Magonie, d'où viennent des navires, à travers les nuages; ils volent les fruits de la terre et les emportent... dans leur propre pays ».

Les manuels d'histoire traditionnelle de Cornouailles et de Bretagne contiennent de nombreuses références à des navires que l'on a vu voguer à travers la terre, en particulier à l'occasion de certains anniversaires, ou juste avant des tempêtes, ou encore, à la mort de notables. La région de Land's End en Cornouailles avait été rendue célèbre à une époque par de telles apparitions, dont certaines figurent dans le *Traditions and Hearthside Stories of West Cornwall*[2] de W. Bottrell. Les chemins précis qu'empruntent ces navires sont parfois consignés; et il n'est pas impensable que certaines routes anciennes aient été tracées d'après les voies traditionnelles de phénomènes locaux réguliers, tels que celui d'un vaisseau fantôme. Aux environs de 1835, Robert Hunt, auteur de *Popular Romances of the West of England*[3], faisait état d'un homme qui avait vu le merveilleux navire de Porthcurno, décrit également par Bottrell, qui « entrait dans Parcurno, contre vents et marées; bien souvent, il arrivait une fois la nuit tombée et, sans s'arrêter à l'anse, suivait son cours vers Chapel-Curno; de là, il repartait, sa quille effleurant tout juste le sol, ou voguant à plusieurs mètres d'altitude, passant par monts et par vaux, allant jusqu'à Chygwidden ». Puis le navire s'évanouissait, toujours près du même rocher, sous lequel on découvrit une cachette contenant un trésor en pièces.

Dans les armes du duc d'Argyll, chef du clan Campbell, apparaît un vaisseau décrit en héraldique comme « une galère ancienne, voiles ferlées, drapeaux et flammes de gueules, et les rames dressées, de sable ». A la mort du doyen des Campbell, ce vaisseau

1. Panorama médiéval.
2. Traditions et récits du coin du feu de la Cornouaille occidentale.
3. Romances populaires de l'Angleterre occidentale.

apparut sur le Loch Fyne, près d'Inveraray en Ecosse. Lord Halifax, dans son *Ghost Book*[1], raconte que le duc lui fit le récit suivant : juste après la mort de son père, Lord Archibald Campbell, en 1913, la galère était apparue avec son équipage habituel de trois hommes et avait pris son cap habituel, par-dessus le Loch, jusqu'à un certain endroit de la côte d'où elle s'était dirigée par voie de terre vers le sanctuaire de Saint-Colomba. Détail curieux : cette fois-ci, non seulement la population locale la vit, mais également un Anglais en visite, qui s'écria : « Regardez ce drôle de vaisseau aérien ! »

Une apparition du même genre se produisit le 26 juin 1959 au-dessus de la Nouvelle-Guinée. L'événement fut d'abord décrit dans le *Sun Herald* de Sydney, puis largement repris dans la littérature OVNI; le grand nombre et la sobriété des témoins (le père Gill et tous les religieux ainsi que les hôtes de la mission anglicane de Papouasie) et le fait qu'il s'agit d'un nouvel exemple d'un événement moderne sérieusement documenté, dont on connaît de nombreux précédents dans les annales et le folklore anciens, rendent ce cas particulièrement intéressant. Le navire qui rôda au-dessus de la mission était circulaire, dominé par une superstructure « comme le pont d'un bateau ». Les quatre membres de son équipage se penchaient par-dessus le bastingage et, lorsque le père Gill et ses ouailles leur firent des signes de la main, ils leur répondirent de même.

« La grande panique de l'aéronef de 1897 », tel est le nom qu'on a donné au phénomène le plus remarquable qui ait jamais défié l'entendement. Les événements de cette histoire sont si bizarres qu'ils paraissent incroyables et, cependant, si nous devons accorder la moindre foi à un rapport historique du très récent passé, nous ne devons pas l'isoler d'une masse de déclarations contemporaines se rejoignant sur le fait qu'à travers le XIXᵉ siècle, et particulièrement pendant la dernière décade, le ciel de l'Amérique de Nord fut infesté par une énorme variété d'aéronefs « impossibles ».

Dans *New Lands*, Charles Fort a fait la première compilation de certains des rapports portant sur des lumières et des aéronefs mystérieux en 1896 et 1897; et Fort fut le premier à proposer l'idée révolutionnaire d'attribuer ce phénomène à des visiteurs venant d'un autre monde. Des chercheurs travaillant sur les OVNI ont récemment exhumé un grand nombre d'articles de cette époque

1. Livres des Fantômes.

et les ont cités dans des ouvrages tels que *UFO's Operation Trojan Horse*[1], 1970, de John Keel et *The Unidentified*, 1975, de Clark et Coleman. Le mois d'avril 1897 fut le point culminant de la « panique ». De toute l'Amérique, et principalement du Middle West et du Texas, arrivaient des rapports à propos d'aéronefs. Un objet ailé en forme de cigare, comportant une superstructure en forme de baldaquin et fortement éclairé, passa au-dessus de l'Iowa, du Michigan, de Washington et de beaucoup d'autres Etats. Des milliers de personnes le virent à Chicago. Il y eut des comptes rendus absurdes mais hautement certifiés d'atterrissages, de messages reçus et d'occupants rencontrés, allant de nabots orientaux à de grands barbus blancs; et il y eut des mystifications et d'étranges rumeurs d'inventeurs clandestins d'aéronefs. A l'époque, il n'existait aucun vaisseau dirigeable volant au-dessus des Etats-Unis, et pourtant, le 19 avril 1897, le *Dallas Morning News* signala un accident – un aéronef s'était écrasé à Aurora, Texas – et accompagna la nouvelle de la déclaration remarquable que le « pilote qui s'était tué n'était pas un habitant de ce monde, et que M. J.T. Weems, l'officier responsable du service américain des Transmissions de cet endroit, et autorité en matière d'astronomie, persiste dans son opinion que celui-ci était un natif de la planète Mars ». Une proposition récente de rouvrir la sépulture pour examiner le « martien » fut rejetée à la suite des protestations des habitants.

Parmi tous les articles de journaux à propos d'activités d'aéronefs en 1897, celui qui nous stupéfie le plus provient du *Houston Daily Post* du 28 avril :

« Merkal, Texas, 26 avril : Certaines personnes revenant de l'église hier soir remarquèrent un objet pesant qui se traînait, attaché à une corde. Ils le suivirent jusqu'au chemin de fer, où il s'accrocha à un rail. Levant les yeux au ciel, ils virent ce qu'ils prirent pour l'aéronef, trop éloigné pour qu'ils puissent se faire une idée de ses dimensions. A travers certains de ses hublots, on voyait briller une lumière et une autre brillait à l'avant, comme le projecteur d'une locomotive. Au bout de dix bonnes minutes, on vit un homme descendre le long de la corde; il s'approcha suffisamment pour être bien vu de tous. Il était petit, habillé d'un costume marin de ton clair. Découvrant des personnes près de l'ancre, il s'immobilisa et, coupant les cordes sous lui, s'envola dans une direction nord-est. L'ancre est maintenant exposée chez les ferronniers Elliot et Miller et attire l'attention de centaines de personnes. »

1. L'opération « Cheval de Troie » des OVNI.

Loren E. Gross, autre enquêteur patient des « paniques » d'aéronefs, suggère dans son ouvrage, *Charles Fort, the Fortean Society and U.F.O.'s*[1] (1976), de confronter les cas d'Aurora et de Merkal avec les élucubrations contemporaines. Gross remarque qu'à l'époque la presse faisait grand cas des examens télescopiques de Mars, réalisés par Percival Lowell à partir de son nouveau télescope géant sur une montagne non loin de Flagstaff, en Arizona, et que tout cela avait créé un boom dans le domaine de l'astronomie d'amateurs. Un autre facteur devait être la parution en feuilleton de la *Guerre des mondes* de H.G. Wells, dans *Cosmopolitan.* Evidemment, on parlait beaucoup des « martiens ». Le 7 mars 1897, le *Salt Lake Tribune* (Utah) pubia un article se référant à des croyances en des « vaisseaux de nuages », qui titrait : « Une mer au-dessus des nuages -- Superstition extraordinaire autrefois répandue en Angleterre. »

Ainsi, au moins douze jours *avant* l'incident de l'ancre à Merkal, nous découvrons qu'un journal d'un autre Etat avait fait paraître le récit d'un « navire céleste » ancré, bien plus ancien. Ceci s'était produit à Bristol, au début du XIIIe siècle, et est consigné dans l'*Otia imperialia* de Gervase de Tilbury. Des gens sortant d'une église après la messe avaient entendu un cri dans le ciel et vu un « vaisseau céleste » au-dessus d'eux, son ancre et son câble accrochés à une pierre tombale. Un « marin » du ciel était descendu le long du câble pour les libérer, mais avait été détenu par les gens et avait succombé à l'asphyxie dans l'atmosphère grossière de la Terre. L'équipage de l'aéronef avait alors coupé le câble et s'en était allé. Ce récit a lui-même un précédent. La revue *Fate* de mars 1958 donna la traduction d'un autre manuscrit du XIIIe siècle, le *Speculum regale,* nordico-irlandais, décrivant la manière dont, vers 956, l'ancre d'un vaisseau céleste s'était accrochée au portique de l'église Saint-Kinarus, dans la commune de Cloera. A nouveau, l'un des « marins » était descendu le long de la corde, mais, cette fois-ci, l'évêque avait dissuadé la foule de le retenir prisonnier et il avait pu, avec le reste de l'équipage, continuer son chemin sans dommage, abandonnant l'ancre en souvenir.

1. Charles Fort, la société fortienne et les OVNI.

ARMÉES SPECTRALES ET COMBATS CÉLESTES

Des soldats fantômes en ordre de bataille défilant sur la terre ou dans le ciel, voilà un spectacle requérant une explication. Et on ne l'exige pas en vain. Aux époques où la mythologie traditionnelle était une force active, il était bien connu dans toute l'Europe du Nord que l'on pouvait à l'occasion voir les dieux et les héros du Walhalla se battre dans le ciel; et aucun paysan breton n'aurait été étonné de voir passer au-dessus de sa tête le roi Arthur accompagné de toute sa suite, se rendant à une bataille ou à la chasse. Le phénomène renouvelé d'armées fantasmagoriques s'expliquait partout en termes de mythes locaux. Peu à peu, ceux-ci perdant de leur pouvoir, on élabora d'autres explications. L'apparition d'une armée dans le ciel présageait d'une bataille à venir ou s'interprétait comme le spectre de luttes anciennes, à moins d'être prise pour le mirage de soldats réellement engagés dans un conflit en d'autres lieux; ou encore c'était un effet de double vue, une bizarrerie météorologique, une projection psychologique ou des extra-terrestres en manœuvres. Il peut y avoir du vrai dans chacune de ces explications, mais répugnant à choisir l'une plutôt que l'autre, nous nous en tenons à notre politique de mettre en relief le phénomène lui-même, plutôt que ses causes possibles.

Si les témoignages, unanimes à travers les âges, d'hommes dignes de foi peuvent avoir la moindre valeur, la réalité phénoménale des armées spectrales est bien établie. Saint Augustin relate un cas dans *La Cité de Dieu* : pendant les guerres civiles romaines, on assista à une bataille bruyante qui se déroula entre « mauvais esprits » dans une plaine de la Campanie, avec un tel réalisme que le saint mentionne des empreintes d'hommes et de chevaux constatées par la suite au sol. Cet événement précéda de peu une véritable bataille qui se déroula sur le même site. Notez l'explication typique de l'époque, en termes d'esprits et de présages.

Lorsqu'on croit aux fées, celles-ci procurent évidemment l'explication des « soldats fantômes ». Dans *The Elder Faiths of Ireland,* W.G. Wood-Martin donne l'exemple d'une armée de « fées » défilant en 1797 dans les marécages entre Maryborough et Stradybally. On les vit à midi, heure très peu propice aux fantômes. En 1836, on repéra une autre armée fantôme dans les collines de Ballyfriar et il s'agit là d'un cas comme celui de saint Augustin, une bataille de fées laissant physiquement des traces sur le sol. En 1800, il fut question d'une bataille entre deux petites armées postées de chaque côté d'une route, dans le Kilkenny, et on constata par la suite des buissons écrasés, des arbres cassés et du sang dans l'herbe.

Des apparitions de batailles non terrestres furent enregistrées à de nombreuses reprises, au cours du XVIe siècle. Plusieurs historiens les relièrent à des explosions de la ferveur millénarienne de l'époque, telles que l'éveil des anabaptistes à Münster en 1525. Ronald Holmes, dans *Witchcraft in British History*[1], cite d'autres exemples dans l'Écosse du XVIIe siècle, qu'il apparente au renouveau religieux des Covenantaires. D'après un document contemporain, il y eut sur Clydeside, dans le courant de l'été 1686, des « averses de bonnets, de chapeaux, de fusils et d'épées qui remplirent les arbres et jonchèrent le sol; des compagnies d'hommes armés défilant en rangs le long de la mer... » Des pluies et des armées fantômes semblables, observées en Écosse vers la fin du XVIIIe siècle, coïncidèrent avec les mises en gardes de John Wesley à propos de la réalité diabolique de telles choses. M. Holmes les attribue, non sans raison, à une hystérie collective, mais cette explication psychologique n'explique pas les nombreux cas d'armées fantasmagoriques observées à des époques où aucune excitation religieuse particulière ne sévissait, et par des gens qui n'y étaient pas sujets.

L'année 1642 fut féconde en combats fantômes et en brochures à leur propos. L'une d'elles, imprimée à Londres et visible à la British Library, se livre entièrement dans son titre : *« Un signe du ciel, ou un bruit effrayant et terrible entendu dans l'air à Aldeburgh, dans le comté de Suffolk, le jeudi le 4e jour d'août à 5 heures – au cours duquel fut entendu le roulement des tambours, les décharges de mousquets et la grande artillerie pendant une heure ou plus... »* Le titre se poursuit, prenant à témoin « de nombreux hommes de qualité » qui entreprendront de certifier à des membres célèbres de la Chambre des communes et d'exhiber une pierre de grand poids tombée du ciel au cours de la mêlée.

Un autre opuscule contemporain décrit *« Une grande merveille au ciel, montrant les récentes apparitions et le bruit prodigieux de guerre et de batailles, observées sur Edgehill, près de Keinton dans le Northamptonshire, 1642 »*. Au cours de quatre samedis et dimanches soir successifs, des visiteurs des champs de bataille de Edgehill (près de Kineton, Warwickshire) eurent l'honneur d'assis-

1. La sorcellerie dans l'histoire britannique.

ter à une exécution renouvelée de la récente guerre civile. Des hommes respectables furent envoyés par le roi pour enquêter. Ils furent personnellement témoins du phénomène et établirent à cet effet des déclarations sous serment.

Un homme digne de foi, bien connu par l'un de nous en tant que tel, et qui jure que le récit est vrai, rendit compte de la vision récente d'une armée fantôme, à laquelle on donna pas mal de publicité à l'époque. En novembre 1956, notre ami Peter Zinovieff et son demi-frère, Patrick Skipwith, campaient dans les monts Cuillin de Skye. Vers 3 heures, un matin, Peter entendit des bruits étranges, ouvrit le rabat de la tente et vit des « douzaines de montagnards écossais en kilt, montant à l'attaque sur le terrain caillouteux ». Il réveilla Patrick qui fut témoin du même spectacle. Tous deux eurent très peur. Le soir suivant, après avoir marché et cassé des cailloux toute la journée (Peter était alors étudiant en géologie à Oxford), ils plantèrent leur tente plus haut dans la montagne et restèrent éveillés en buvant du café pour voir si les spectres reviendraient. Il ne se passa rien et ils s'endormirent. A quatre heures du matin, ils furent réveillés par le même tapage et, à nouveau, terrifiés, virent les montagnards, mais, « battant en retraite, trébuchant sur les rochers, l'air à moitié morts ». Au petit jour, ils se précipitèrent à l'hôtel Sligachan et, plus tard dans la journée, racontèrent leurs expériences à un natif de l'endroit, M. Ian Campbell. Celui-ci déclara qu'ils n'étaient pas les premiers à voir ce spectacle et identifia les montagnards à des fantômes du XIIIe siècle, ou de la rébellion de 1745.

Le Siècle des lumières apporta la théorie des mirages ou plutôt le mot « mirage », pour expliquer les armées spectrales. Sir David Brewster appliqua cette explication raisonnable à une large étendue de phénomènes déraisonnables – ce qui est en soi un procédé irrationnel – dans *Natural Magic* paru en 1832. Une des visions les mieux documentées d'« armées fantômes » eut lieu le 23 juin 1744 sur le mont Souterfell, dans la région des lacs de Cumberland. A environ 7 heures du soir, Daniel Stricket, serviteur de John Wren de Wilton Hall, vit de nombreuses troupes de soldats chevauchant dans la montagne. M. Wren, sitôt appelé, les vit également, ainsi que « chaque personne de chaque maison à 2 kilomètres à la ronde, le nombre de personnes les ayant vus totalisant environ vingt-six ». Brewster explique qu'il devait s'agir de reflets de véritables cavaliers de l'autre côté de la montagne; il ajoute curieusement : « Mais s'il n'y avait pas de route le long de laquelle ils auraient pu défiler, il y a de fortes chances pour que cela ait été des troupes s'exerçant parmi les collines en secret, antérieurement à l'explosion de la rébellion de 1745. » Charles Fort, revenant sur ce cas, fait remarquer l'extraordinaire prescience de ces troupes et ajoute, égal à lui-même : « On n'a jamais entendu parler d'une explication qui n'avait pas besoin, elle aussi, d'être expliquée. »

Dans *New Lands,* Fort poursuit son attaque contre les auteurs d'explications en faisant appel à des volées de soldats fantômes, et en tirant ses références surtout de rapports contemporains.

En 1785, à Ujett, en Silésie, on vit des soldats défiler dans le ciel au moment où se déroulaient les funérailles militaires du général von Cosel. Quelque temps après – les funérailles étaient terminées depuis longtemps – une armée fantasmagorique refit une apparition.

Le 3 mai 1848 à Vienne, dans le Dauphiné, vingt témoins virent une armée céleste; le 30 décembre 1850 une armée spectrale défila dans le ciel, près de Banmouth; le 22 janvier 1854, même spectacle au-dessus de Buderich; à nouveau, le 8 octobre 1881 à Ripley, Yorkshire; de septembre à octobre 1881, ce furent des figures drapées de blanc dans le ciel de Virginie, des sections d'« anges », en robes blanches et casqués, défilèrent au-dessus du Delaware, et des rapports semblables vinrent du Maryland, tous résumés dans le *Scientific American* de cette année. Pendant plusieurs heures chaque jour, et trois jours d'affilée, à partir du 1er août 1888, des divisions d'infanterie menées par un chef portant une épée flamboyante défilèrent à travers le ciel, près de Varasdin, en Croatie. L'événement fut publié dans l'*Astronomie,* qui ajoutait que l'enquête n'avait pas réussi à faire découvrir le moindre soldat terrestre correspondant dans la région et que si de tels soldats avaient été repérés, leur présence n'aurait pas expliqué cette apparition localisée et répétée.

Il existe de très nombreuses relations du phénomène des armées spectrales à travers les âges, mais nous ne disposons pas de suffisamment de place pour seulement les énumérer. Mme Crowe, dans *The Night Side of Nature* donne quelques cas de ce phénomène remarquablement persistant, y compris un rapport complet de l'incident Ripley de 1881 cité plus haut, ainsi que des détails concernant la vision, près de Lanark, en Ecosse, en 1686 : seul, un homme dans la foule était incapable de voir les régiments fantômes, visibles pour tous les autres; soudain, le plongeant dans la terreur, ils lui apparurent. Mme Crowe suppose que l'homme peut avoir bénéficié temporairement de la seconde vue d'un voyant se tenant à ses côtés. Cette excellente femme-écrivain réfute la théorie du mirage, sous prétexte qu'il n'y a souvent aucune image originale à refléter, en particulier dans les cas où les uniformes des soldats fantômes datent d'une autre époque. Elle parle en termes d'esprits, de « voyants » d'esprits et d'impressions d'événements anciens, revêtant parfois la forme d'apparitions.

ARCHÉOLOGIE

Nous n'aimons pas qualifier les choses d'impossibles, mais la présence actuelle de l'Arche de Noé au sommet du mont Ararat, où elle s'échoua après le Déluge, nous paraît tout à fait improbable. Quand nous étions à l'école, on nous présenta l'Ancien Testament comme un mythe ou une allégorie, et à l'époque nous le crûmes. Après tout, la légende d'un grand déluge qui aurait détruit toute la population sauf une famille est universelle, et connue dans des contrées aussi lointaines que le Mexique et l'Amérique du Sud ; et le mont Ararat n'est pas la seule montagne réputée pour avoir été le point de repos final de l'Arche. Dans les annales anciennes de Babylone, on parle du mont Nisir, et le mont Judi, un peu plus au sud, est le site préféré des Syriens et des musulmans. Il y eut peut-être de nombreux déluges et plusieurs arches, une pour chacune de ces montagnes ; peut-être aussi y eut-il une erreur de détail dans le récit biblique : Noé aurait-il été, non pas le commandant d'un seul vaisseau, mais l'amiral d'une flottille ?

Le premier, à notre connaissance, à avoir fait l'ascension du mont Ararat fut Friedrich Parrot en 1829. Il ne cherchait pas l'Arche et il ne la trouva pas, mais on lui attribue le mérite, dans l'histoire de l'archéologie, d'avoir transgressé le tabou ancien qui interdisait aux habitants de la région de grimper dans la montagne, ouvrant ainsi la voie à des expéditions futures.

En 1876, Lord Bryce découvrit sur une saillie rocheuse à environ 4 000 mètres d'altitude, le long des pentes du mont Ararat une pièce de bois travaillé, d'environ 1,20 mètre de long, peut-être du bois de gopher. Aurait-ce été un fragment du mât de l'Arche ? Lord Bryce en préleva un petit morceau en guise de souvenir.

En 1892 l'archidiacre Nouri, dignitaire de l'Église chaldéenne, partit en Arménie à la recherche de l'Arche. Le 25 avril, il approchait du sommet du mont Ararat et elle y était : *English Mechanic* du 14 octobre 1892 décrivit ses émotions, alors qu'avec cinq ou six compagnons, il contemplait, sous divers angles, le grand vaisseau de bois. Il manqua de se trouver mal. « Je fus rempli de reconnaissance à la vue de l'Arche, prouvant la vérité des Écritures dont je n'avais jamais douté auparavant, mais qui me rendait heureux à cause des incroyants. »

Avec Nouri, ce n'était pas la première fois que l'on découvrait l'Arche, car dans la cathédrale d'Echmiadzin, siège du patriarche arménien, non loin du pied du mont Ararat, se trouve un petit fragment de bois, relique d'une expédition archéologique antérieure menée par un moine du temps de saint Grégoire l'Illuminateur. On raconte qu'il fit plusieurs tentatives pour escalader la montagne, mais chaque fois il s'endormait profondément à mi-chemin et se voyait ramené au monastère par téléportement. Finalement, lors d'une vision, il lui fut interdit d'atteindre le sommet du mont Ararat où reposait l'Arche; en récompense de sa ténacité, on lui donnerait un morceau de la charpente. Cette pièce qu'il reçut effectivement est le plus beau trésor du monastère. A l'époque de l'expédition du moine, la survivance de l'Arche était déjà une tradition bien ancrée. Dès 275 avant Jésus-Christ, un historien babylonien dont des écrivains grecs conservèrent plus tard les annales, déclarait que l'on pouvait toujours voir dans les montagnes kurdes, en Arménie, l'arche de Xisuthros, « et les gens en grattent le bitume et l'emportent, et l'utilisent comme anti-poison et comme amulette ».

L'avènement de l'aviation contribua grandement à l'archéologie. En 1916 un pilote russe, V. Roskovitsky, déclara avoir vu un grand navire reposant sur les pentes supérieures d'Ararat. Le tsar dépêcha une expédition et l'on trouva et identifia l'objet comme étant l'Arche. Malheureusement, le rapport disparut au cours de la Révolution russe, l'année suivante. Ce sont des choses qui arrivent en archéologie. Un article dans la revue américaine *Christian Herald* d'août 1975 relate l'histoire de l'Arménien et de la coupure de journal perdue : l'Arménien, qui mourut aux États-Unis en 1920, raconta qu'en 1856 lorsque, jeune homme, il vivait près du mont Ararat, « trois athées étrangers » les avaient embauchés, son père et lui, comme guides pour les emmener en haut de la montagne; l'expédition avait pour but anti-archéologique de réfuter l'existence de l'Arche. A leur grande fureur, ils la trouvèrent. Ils tentèrent de la détruire, mais en vain, car elle était trop importante; alors, ils forcèrent leurs guides à jurer avec eux de ne plus jamais en parler. L'article de journal perdu, que plusieurs personnes déclarent avoir lu mais que personne n'a encore réussi à montrer, racontait la confession d'un savant britannique sur son lit de mort, confirmant le récit de l'Arménien.

Un autre élément de documentation malheureuse est constitué des six grandes photographies très nettes prises d'un hélicoptère à moins de 30 mètres au-dessus du mont Ararat au cours de l'été 1953. Leur auteur était un pétrolier américain, George Jefferson Greene. Elles montraient la silhouette de l'Arche, apparemment, à moitié enterrée dans le roc et la glace au bord d'un précipice. Greene tenta, sans succès, de monter une expédition et, depuis sa mort en 1962, les photographies ont disparu.

La période située entre la fin de la Seconde Guerre mondiale et 1974, année où les Turcs interdirent toute nouvelle expédition sous prétexte de sécurité nationale, fut une grande époque archéologique. Dans le courant de l'été 1949, deux équipes partirent en quête de l'Arche. A la suite d'une révélation divine, le Dr Smith, missionnaire de Caroline du Nord à la retraite, réunit des fonds et se mit en route pour le mont Ararat avec trois compagnons. Il n'eut d'ailleurs pas de mal à se procurer de l'argent car, d'après *Le Monde* du 24 septembre 1949, « les fonds furent faciles à trouver, certains enthousiastes n'hésitant pas à vendre leurs paisibles commerces pour se joindre aux explorateurs ». Cependant, l'Arche demeura introuvable. Par contre, *France-Soir* du 31 août 1949 donnait des nouvelles palpitantes d'une autre expédition et titrait : « Nous avons vu l'Arche de Noé... mais pas sur le mont Ararat. » On avait découvert, sur le mont Judi, une impressionnante embarcation mesurant 160 mètres de long, 27 mètres de large et 16 mètres de haut, accompagnée de quelques ossements d'animaux marins et, non loin de là, la tombe de Noé. Les explorateurs, deux journalistes turcs, citaient également la légende locale selon laquelle l'Arche apparaît parfois sous la forme d'un vaisseau fantôme recouvert d'une couche de boue. Le compte rendu ne nous permet pas de savoir avec certitude si on repéra la véritable Arche ou l'apparition de son fantôme.

La plupart des expéditions archéologiques récentes avaient comme base l'hôtel de Dogubayazit, village kurde en dessous du mont Ararat, dont le propriétaire, Farhettin Kolan, assista à la grande expédition de 1952, à la tentative couronnée de succès de Navarra en 1955 et aux sept échecs de John Libi, qui s'échelonnèrent jusqu'en 1969. Le pauvre Libi, originaire de San Francisco, qui vit l'emplacement exact de l'Arche en rêve, prit sa retraite de l'archéologie à l'âge de 73 ans, après une carrière riche en aventures, dont celle d'avoir été poursuivi par un ours lui lançant des pierres, phénomène unique dans nos annales. Autre visage connu sur la scène d'Ararat, Eryl Cummings, « le grand vieillard de l'archéologie », qui a entrepris trente et une ascensions depuis 1961.

L'archéologue le plus célèbre de l'époque est Fernand Navarra, auteur du livre publié en français en 1956 et en anglais en 1974, intitulé *J'ai trouvé l'Arche de Noé !* Navarra fouilla sous un glacier et sous un lac gelé, tout en haut du mont Ararat, et mit à jour un certain nombre de planches et une poutre équarrie en forme de L; en 1969, il conduisit une expédition montée par l'organisation américaine Search (Recherche) qui découvrit d'autres éléments de charpente dont elle rapporta des échantillons. Des savants datèrent les fragments au moyen du carbone 14 et situèrent leur origine aux environs du VIe siècle après J.C., alors que d'autres experts des laboratoires de Bordeaux et Madrid, considérant ce résultat comme dû au fait que les échantillons avaient probablement été contaminés par du carbone 14 étranger, leur attribuèrent l'âge plus biblique de 3 000 ans av. J.C.

Au cours des récentes années, de telles percées archéologiques sont devenues monnaie courante, chaque nouvelle découverte reléguant la précédente à l'arrière-plan. M. George Vandeman, l'un des directeurs de la Fondation pour la recherche archéologique de New York, déclara *(Antiquity* 1966,5) que le bois travaillé, rapporté par une expédition anglo-américaine d'Ararat, faisait partie d'un grand navire. Des centaines de tonnes de la même charpente demeuraient encore enfouies sous la glace, mais le bois était si dur que l'on y aurait cassé des scies électriques. M. Vandeman estimait les dimensions du bateau à environ les deux tiers de celles du *Queen Mary,* tout à fait la taille de l'Arche de Noé décrite dans la Bible. Nous avons également l'excellente photographie prise par satellite, reproduite dans le *Daily Telegraph* de Londres le 13 septembre 1965, et un commentaire du sénateur Frank Moss, du Comité pour l'espace du Sénat des États-Unis : « Les dimensions et la forme correspondent assez bien à celles de l'Arche. » Les derniers événements se produisirent dans le courant de l'été 1974, juste avant que les Turcs n'interdisent la région, où étaient organisées alors huit expéditions. Le *San Francisco Examiner* du 29 juin 1974 cita le chef le plus bruyant parmi les équipes rivales, Tom Coster, vétéran de quatre ascensions du mont Ararat : « Sapristi, il y a 70 000 tonnes de bois de gopher là-haut ! » On avait, déclara-t-il, déjà daté les pièces récupérées et, d'après le carbone 14, elles remontaient à quatre ou cinq mille ans.

A en juger par son histoire post-diluvienne, l'existence de l'Arche de Noé ressemble à celle du Monstre du Loch Ness ou de l'Abominable Homme des Neiges, phénoménale plutôt que physique. Comme d'habitude avec ce genre de choses, il existe des légendes, des vues et des reliques et photographies ambiguës qui s'arrêtent toutes en deçà de la preuve scientifique. Et, pourtant, les gens continuent de rêver de l'Arche de Noé, certains partent à sa recherche, et elle répond avec des témoignages quasi oniriques d'elle-même, n'atteignant jamais tout à fait la réalité concrète.

Un des éléments attrayants du sujet pour les phénoménistes est sa manière d'illustrer l'un de nos thèmes, la tendance qu'ont les expériences à justifier leurs auteurs. A propos de la descente de l'archidiacre Nouri du mont Ararat et de la découverte ultérieure de l'Arche, Charles Fort émit un commentaire approprié : « J'accepte que n'importe quel individu convaincu de la présence de reliques sur le mont Ararat n'ait qu'à en faire l'ascension et il trouvera forcément quelque chose, peut-être pétrifié, ayant fait partie de l'Arche de Noé. Si une autre personne devait être persuadée qu'une erreur a été commise et que la montagne est en réalité le mont Pike, il lui suffira de faire l'ascension du mont Pike et de prouver que la plus vertueuse des terres fut autrefois la Terre Sainte. »

LE CRAPAUD DANS UN MOULE

Dans l'annexe est de la Grande Exposition de Londres en 1962, on exposait un objet curieux et controversé ; un morceau de charbon comportant une dépression en forme évidente de crapaud, et le corps du crapaud découvert dans la cavité, dans une houillère de Newport, Monmouthshire. Le *Times* imprimait la lettre courroucée d'un certain capitaine Buckland, accusant les organisateurs de l'exposition de « grossière imposture » et exigeant « l'expulsion » du crapaud et de son charbon. Il poursuivait en déclarant qu'il était totalement impossible à un crapaud ou une grenouille de supporter la chaleur et la pression nécessaires pour produire du charbon à des profondeurs de plus de 100 mètres, sans parler des millions d'années pendant lesquelles le batracien avait dû vivre enfermé de la sorte. A l'appui de cette affirmation, il citait « l'opinion établie » de son père, le doyen de Westminster, et une note que lui avait fournie le Pr Owen, du British Museum.

En 1825, la capacité légendaire des crapauds à vivre enchâssés dans le roc fut mise à l'épreuve par un autre Buckland, le Dr Frank, auteur de *Curiosities of Nature*[1]. Il creusa douze cellules dans deux blocs de pierre, l'un de calcaire et l'autre de grès, plaça un crapaud dans chacune d'elles, les enferma hermétiquement à l'aide d'une plaque de verre, de mastic et d'un grainage d'ardoise, et les enfouit à un mètre sous terre, dans son jardin. Un an plus tard, les crapauds dans le grès étaient morts depuis longtemps. La plupart de ceux logés dans le calcaire étaient en vie – deux d'entre eux avaient pris du poids – mais l'on attribua ce fait à une fissure du verre, qui avait peut-être laissé passer de petits insectes, etc. Le Dr Buckland recommença l'expérience mais tous les crapauds moururent. Un correspondant du *Times,* 23 septembre 1862, fit état des travaux d'un Français, M. Seguin, qui avait enchâssé vingt crapauds dans un bloc de plâtre de moulage et avait constaté, au bout de douze ans, que quatre d'entre eux vivaient toujours. D'après les récits véridiques de crapauds enchâssés, on remarque un détail curieux : on les trouve dans des cavités qui épousent parfaitement leurs formes, comme si la matière elle-même avait

1. Curiosités de la nature.

été dans un état plastique au moment où le crapaud s'y était introduit.

William Howitt, dans son *History of the Supernatural*[1], 1863, écrivait : « De nos jours, tous les naturalistes... savent que les crapauds et les grenouilles – comme les tortues, serpents, loirs et la tribu entière d'insectes qui s'enterrent ou se dissimulent dans des endroits secrets pour y passer l'hiver sans nourriture – s'enfoncent dans le sol ou dans la boue au fond des étangs pour hiverner. » En effet, des autorités classiques telles que Jérôme Cardan et Izaak Walton y faisaient allusion, trouvant dans ce fait la raison des apparitions mystérieuses de crapauds après une pluie (voir « Pluies de grenouilles et de poissons »); ils émettaient la supposition que l'eau fraîche fertilisait ou reconstituait les graines ou le limon, leur redonnant leurs formes antérieures. Howitt poursuit :

« Il y a quelques années, à Farnsfield, dans le Nottinghamshire, j'assistai au recreusement d'un fossé... Sous une couche de plus de 30 centimètres d'épaisseur de boue de la consistance du beurre, sur de la terre ferme, reposait une couche régulière de crapauds. Quel merveilleux spectacle ! Des quantités de crapauds s'éveillèrent en sautillant, à la recherche de nouveaux logements. Si ces bêtes avaient pu vivre six mois dans ce coffrage quasi compact de boue visqueuse, pourquoi n'auraient-ils pu le faire six ans ou beaucoup plus ? »

Avec le temps, la boue se serait métamorphosée en roc. La question aurait été de savoir s'il était possible pour des crapauds enchâssés de survivre aux pressions et aux époques géologiques nécessaires à la formation du roc au milieu duquel on les avait découverts.

Les éclats du capitaine Buckland dans le *Times* suscitèrent les rapports de témoins ayant découvert des crapauds dans des morceaux de charbon et d'autres rocs. Un paragraphe dans le *Stamford Mercury* du Lincolnshire, le 31 octobre 1862, nous intéresse pour deux raisons : parce qu'il relate la découverte d'un crapaud à 2 mètres sous terre dans la roche de fond, à l'époque où la correspondance du *Times* se déroulait – coïncidence qui nous intrigue grandement. Des ouvriers creusaient une nouvelle cave sous une maison à Spittlegate, dans le Stamford, et découvrirent le crapaud dans son logement. Le rapport se termine ainsi : « Aucun fait ne peut être établi plus complètement ou avec plus de certitude par des témoignages humains...

1. Histoire du surnaturel.

que les sceptiques en disent ce qu'il leur plaira. » Un correspondant raconta qu'on avait trouvé un crapaud dans un des blocs de marbre constituant la cheminée du château de Chillingham, ce qui rappelle la découverte faite par William Howitt lui-même : une boule de pierre, ayant orné pendant des années le sommet d'un élément de clôture d'un hôtel particulier, tomba un jour et s'ouvrit en deux, révélant un crapaud vivant dans son centre. Le journal de Gilbert White rend également compte de la découverte d'un crapaud enchâssé le 25 mai 1776.

Le premier témoignage direct qui nous soit connu est celui d'Ambroise Paré, enregistré dans le *Registre annuel* de 1761 : « J'étais dans mon château, près du village de Meudon, et dominant un cantonnier à qui j'avais demandé de casser quelques pierres très grosses et très dures; au milieu de l'une d'elles, il trouva un énorme crapaud, plein de vie, et sans que la moindre ouverture capable de lui laisser le passage ne soit visible... L'ouvrier me dit que ce n'était pas la première fois qu'il découvrait un crapaud ou de telles autres bestioles à l'intérieur d'énormes blocs de pierre. »

Moins fréquents dans les rapports modernes sont les découvertes d'animaux autres que les crapauds ou les grenouilles. Les espèces découvertes par nos ancêtres était beaucoup plus variées et l'édition du *Registre annuel* mentionnée ci-dessus cite des exemples de serpents, crabes et homards, en plus des habituels crapauds et grenouilles, d'après les écrits de Gianbattista Fregoso, Francis Bacon, Agricola et Horstius. Il enregistre également l'information stupéfiante – même si elle est apparemment bien connue – selon laquelle des pierres utilisées dans le pavage du port de Toulon auraient souvent livré, lorsqu'elles étaient cassées, des « coquillages d'un goût délicieux »; d'après la même source, dans les pierres dures charriées à Ancône, sur l'Adriatique, on aurait trouvé des « petits coquillages, tout à fait vivants et très comestibles ».

On peut étendre le phénomène aux animaux trouvés dans des matériaux tout autres que des pierres et des rochers. La *Natural History of Staffordshire*[1], 1686, du Dr Richard Plot, évoque la découverte de crapauds dans des arbres, comme dans des pierres. Parallèlement, les *Mémoires* de l'Académie des sciences française

1. L'Histoire naturelle du Staffordshire.

pour 1719 consignent qu'« au pied d'un orme, de la taille d'un homme assez corpulent, environ un mètre au-dessus de la racine et exactement au centre, on a trouvé un crapaud vivant, de taille moyenne mais maigre et remplissant tout l'espace vide ». La seule explication venant à l'esprit de l'auteur était qu'un œuf avait dû être logé dans le jeune arbre, à la suite d'un accident très singulier, et que le crapaud avait dû grandir à l'intérieur de l'arbre, s'alimentant de sa sève. A peine avait-on fendu le tronc suffisamment pour le libérer qu'il détala; ses membres n'étaient donc pas atrophiés par une réclusion à vie. On se référa à cet incident quelques années plus tard, lorsque les *Mémoires* de 1731 rapportèrent que « M. Seigne, de Nantes, dépose devant l'Académie un fait de la même nature, sauf qu'au lieu d'un orme, il s'agissait d'un chêne, et plus gros que l'orme, ce qui augmente encore le prodige ».

Nous voudrions également faire mention de la chute occasionnelle d'animaux enchâssés dans la glace. Par exemple à Bovington, dans le Mississippi, une tortue mesurant 9 centimètres sur 12, entièrement revêtue de glace, tomba au cours d'un orage de grêle, d'après le récit publié par la *Monthly Weather Review* de mai 1894; et la même revue, en juin 1882, raconte qu'un contremaître d'une entreprise métallurgique de Dubuque, Iowa, constata la fonte de deux grêlons libérant des « petits crapauds vivants » à la suite de l'orage du 16 juin (voir aussi « Chutes d'animaux et de matières organiques »).

Dans une de ses lettres (citée par Howitt), le révérend Richard Cobbold évoquait une conférence, en février 1818 donnée par le géologue E.D. Clarke, au Caius College de Cambridge. Le Dr Clarke avait assisté au creusement de la crayère d'un ami dans l'espoir d'y trouver des fossiles. Il fut enchanté lorsque les ouvriers atteignirent une couche d'oursins et de tritons à environ 80 mètres de profondeur. Quelle ne fut pas sa surprise lorsqu'en cassant un morceau de craie, il fit apparaître trois animaux intacts ! Il les plaça sur une feuille de papier au soleil et la stupéfaction générale grandit lorsqu'on les vit remuer. Deux moururent un peu plus tard et furent exposés à la conférence; le troisième, placé dans de l'eau, « sautilla et se tordit dans tous les sens, comme s'il n'avait jamais été engourdi », avec une telle vivacité qu'en fait il s'échappa. Le Dr Clarke et son ami se mirent à collectionner les spécimens de toutes les espèces de tritons de la région, mais aucun ne ressemblait exactement à ceux que l'on avait récemment ranimés. « Ils proviennent d'une espèce totalement disparue, écrivait Cobbold. Le Dr Clarke prenait grand plaisir à le dire. »

Les lecteurs que cette dernière histoire n'aura pas déconcertés sont invités à apprécier la suivante, qui est peut-être la plus extraordinaire de tout ce livre. En France, au début de l'année 1856, des ouvriers des chemins de fer creusaient un tunnel dans la pierre compacte, le long de la ligne joignant Nancy à Saint-Dizier. Au moment où ils cassaient un gros rocher, une forme monstreuse émergea d'une cavité qui s'y trouvait, secoua faiblement ses ailes et expira en poussant un cri rauque. Elle avait à peu près la taille d'une grosse oie, avec une tête hideuse et des dents pointues. Ses quatre longues pattes étaient réunies par une membrane et se terminaient par de longues griffes tordues; son corps était d'un noir livide, sa peau épaisse et grasse. On emporta ce fossile vivant à Gray où un naturaliste « connaissant la paléontologie reconnut immédiatement l'animal comme un élément du genus (sic) *Pterodactylus anas* ». La pierre était du liais (calcaire jurassique), ce qui correspond à l'époque à laquelle vivaient ces créatures, et la cavité rocheuse formait un « moule de son corps creux et parfait, ce qui indique qu'il avait été entièrement enrobé par le dépôt sédimentaire ». Nous nous fondons sur le rapport de l'*Illustrated London News* du 9 février, qui citait le compte rendu original de la *Presse grayloise*, et connaissant la manière qu'ont les documents gênants de se « perdre », nous serions étonnés qu'il en existât d'autres. D'une manière ou d'une autre, ce râle mortel et provocant semble la seule réponse valable aux sornettes du capitaine Buckland.

LA TERRE CREUSE

Nous avons sélectionné un nombre incalculable de rapports, preuves, légendes, superstitions ou autres documents expliquant tous que notre Terre est creuse et qu'en son centre vit tout un monde. De nombreux auteurs en ont démontré la thèse et nous respectons leurs preuves, tout comme nous respectons n'importe quelle hérésie, ou conformisme scientifique. Cependant, moins que la preuve, nous voulons traiter ici de l'ancienneté et de la réapparition de la croyance en une Terre creuse, et du phénomène actif auquel s'associe ce phénomène.

Y a-t-il ou y eut-il jamais des êtres humains ou autres vivant juste en dessous de la surface de cette Terre, communiquant peut-être avec d'autres profondeurs encore plus grandes. De nombreuses civilisations anciennes étaient fondées sur la croyance que de tels êtres existaient en tant que gardiens de trésors et de secrets profonds, qu'un magicien averti pourrait les obliger à révéler. L'initiation aux Mystères comportait la descente du candidat dans une salle, profondément enfouie à l'intérieur de la Terre, où ses rencontres avec les habitants souterrains, aussi monstreusement alarmants qu'un roman de H.P. Lovecraft, le laissaient soit fou, soit prophète inspiré, soit les deux. Les êtres du royaume souterrain, comme Hadès, étaient conçus comme un mélange d'âmes mortes et d'esprits élémentaires, et leur monde comportait de nombreux points de contact avec la vie à la surface. S'il y a la moindre vérité dans les histoires et les mythes anciens, il dut exister à une certaine époque un trafic considérable entre le monde inférieur et le nôtre.

Les gens allaient ainsi de l'un à l'autre. Nous avons le souvenir, par exemple, que d'après les vieux manuels d'histoire irlandais, une lutte de suprématie eut lieu entre les Milesiens et la race locale, magiquement douée, les Tuatha de Danaan. Finalement, on coupa en deux le pays controversé, les Milesiens victorieux prenant la partie de dessus et bannissant la race plus ancienne sous la surface. Ils se confondirent avec les fées et, sous cet aspect, devinrent des apparitions familières à des générations d'Irlandais. (Voir « Personnages miniatures ».)

Les descentes dans les royaumes souterrains et les rencontres avec les êtres peuplant leurs profondeurs sont des éléments familiers du folklore universel. Et lorsque nous cherchons des preuves physiques à l'appui de ces récits, nous trébuchons sur le plus grand et le plus réprimé des secrets archéologiques : l'existence de systèmes immenses et inexplicables de passages souterrains, certains artificiels, certains naturels, sous une grande partie de la surface du globe. Partout en Bretagne et en Irlande, on trouve des registres, des légendes et des reliques de chemins souterrains reliant les lieux sacrés et anciens de chaque contrée. L'ouvrage de Baring-Gould, *Cliff Castles and Cave Dwellings of Europe*[1], contient des détails stupéfiants à propos des vastes structures de grottes et de tunnels se développant dans le sous-sol de France et d'autres pays. A l'instar des tunnels largement utilisés au cours de la récente guerre du Viêt-nam, ceux de l'Europe servaient d'abri aux populations locales durant les époques troublées. Leur destination antérieure était liée à l'invocation d'êtres ou d'esprits appartenant au monde souterrain. *Archaic England*[2], 1919, de Harold Bayley, contient des rapports des premiers voyageurs en Afrique qui évoquent de longs tunnels s'étirant sous une grande partie du continent; l'auteur parle même d'un passage sous une rivière appelée Kaoma, « si long qu'il fallut à la caravane du lever du soleil à midi pour le parcourir ». En juillet 1976, il était question d'une expédition para-militaire qui partirait pour l'Amérique du Sud, avec le double objectif d'élucider l'énigme des « techniquement impossibles » cités de pierre anciennes situées haut dans les montagnes, et d'explorer le réseau complexe de tunnels mystérieux que l'on dit parcourir tout le sous-sol de la chaîne des Andes. Si nous voulions prouver l'existence d'un monde vivant sous le nôtre, nous n'aurions aucune difficulté à indiquer les entrées de ce monde souterrain et aucune pénurie d'évidence historique de contacts entre l'homme et les sous-terriens.

Rétablir la théorie ancienne de la Terre creuse était le propos de William Reed écrivant en 1906 *The Phantom of the Poles*[3]. « Je prétends, commençait-il, que la Terre n'est pas seulement creuse, mais que tous ou presque tous les explorateurs ont passé une grande part de leur temps au-delà du lieu critique, parvenant ainsi à se faire une idée de l'aspect de l'intérieur de la Terre ». A

1. Châteaux troglodytes et demeures souterraines de l'Europe.
2. L'Angleterre archaïque.
3. Le fantôme des pôles.

chacun des pôles, comme cherchait à le prouver Reed, il y a un grand trou rond, dans lequel tous les explorateurs polaires naviguent par inadvertance. Un grand nombre d'entre eux, dont Peary, Franklin, Nansen et Hall, ont pénétré assez profondément dans le monde de l'intérieur, et Reed découvrit dans leurs écrits un grand nombre de preuves à l'appui de sa théorie. Des descriptions d'une atmosphère qui se réchauffe au fur et à mesure de l'approche des pôles, de verdoyants territoires polaires comportant une faune abondante, de bois flottants et de végétation loin de toute source connue, il rapprocha des exemples répertoriés d'anomalies de compas et de manifestations d'aurores boréales (qu'il pensait être des reflets de lumière venant de l'intérieur de la Terre) pour prouver l'existence d'un monde intérieur. Par la suite, d'autres écrivains ont prêté leur enthousiasme à sa cause. On a beaucoup parlé de l'étrange expédition aérienne de 1956 de l'amiral Byrd dans l'Antarctique, au cours de laquelle on annonça à la radio (13 janvier 1956) que l'équipe avait pénétré dans une terre à environ 3 700 kilomètres au-delà du pôle Sud. Après un nouveau vol, l'amiral déclara énigmatiquement : « J'aimerais voir cette terre au-delà du pôle (Nord). Cette région est le Centre du Grand Inconnu. »

Ray Malmer, éditeur de la revue américaine *Flying Saucer,* a beaucoup œuvré pour promouvoir la théorie de la Terre creuse, démontrant que l'intérieur constitue une source de lueurs mystérieuses et d'OVNI plus vraisemblable que l'espace extérieur. « L'ovniologue » Brinsley Le Poer Trench s'est récemment saisi de l'idée et, dans *Secret of the Ages : UFO' s from Inside the Earth*[1], il évoque la paranoïa créative, impliquant qu'un grand nombre de phénomènes, tels « le puma de Surrey » et bien d'autres êtres mystérieux, viennent de l'intérieur de la Terre, et avançant certaines preuves selon lesquelles les intra-terrestres complotent peut-être déjà une opération militaire contre notre monde de la surface.

Nous trouvons beaucoup à admirer dans la théorie de la Terre creuse, mais en cette époque moderne, dotée de satellites, évidemment... Et pourtant, nous ne sous-estimons pas la force de la discrétion militaire et il ne fait aucun doute qu'une part importante des rapports officiels de l'amiral Byrd ne fut pas dévoilée. Plus sérieux : il existe un lien établi entre les failles et fissures de la croûte terrestre et les apparitions de monstres, fantômes et lumières mystérieuses. Le Loch Ness se trouve le long de la

1. Le secret des âges : OVNI venant de l'intérieur de la Terre.

crevasse géologique barrant l'Écosse ; et le Monstre du Marais Bolinas, en Californie, vit juste sur la faille s'étendant au nord de San Francisco, également territoire traditionnel du « Bigfoot » (Grand-Pied poilu). Plusieurs articles ont paru dans *Flying Saucer Review* démontrant l'attirance des OVNI pour les failles géologiques. Nous attribuons une signification à ce rassemblement de fantômes autour des fissures et portes traditionnelles des enfers. Peut-être passent-ils véritablement de l'intérieur vers l'extérieur. Si nous supposons, comme l'ont fait avant nous de nombreux excentriques et grands hommes, qu'il existe dans un monde souterrain une vie qui parfois se confond avec la nôtre, un grand nombre des phénomènes étranges de ce livre commencent à paraître plus raisonnables. Et nous rappelons à ceux qui sont trop timides pour admettre la possibilité d'une Terre creuse la réponse vigoureuse que William Reed donna à sa propre question : quelle preuve avons-nous que la Terre *n'est pas* creuse ?

« Pas un iota (de preuve), fût-elle manifeste ou indirecte. Au contraire, tout démontre que la terre est creuse. »

FOSSILES ANORMAUX

« Lorsque j'en arrive aux fossiles, écrivait Fort, le sombre cynisme s'éveille. » Le registre géologique, démontre-t-il, est le principal exemple, dans le domaine de la science, d'un raisonnement tournant en rond; on date les fossiles d'après les strates environnantes et les strates d'après les fossiles qui y sont inclus. Les amères controverses des récentes années, à propos d'anomalies et d'erreurs découvertes dans des techniques de datation aussi dignes de respect scientifique que le carbone 14 et les tests de thermo-luminescence, ont contribué à envenimer le débat. Dans son résumé de la connaissance actuelle de la chronologie de l'évolution humaine, fondée sur ces méthodes de datation (« Man Emerging[1] », *New Scientist,* 1er et 8 juillet 1976), le Dr Stuart Fleming admet qu'il y a un hiatus entre 9 000 avant J.C. et 400 000 avant J.C., dates à l'intérieur desquelles il est impossible de situer les vestiges avec précision, à cause des limites dont souffrent les méthodes de datation. Et pourtant, malgré l'impossibilité où nous sommes d'en obtenir la moindre preuve positive, le conformisme orthodoxe soutient avec fermeté le mythe cosmogonique selon lequel nous avons atteint le sommet de notre état éclairé à travers une évolution ininterrompue, à partir de ces bêtes sauvages et superstitieuses, nos ancêtres.

Cette vision contredit la théorie plus ancienne et universelle d'une histoire humaine en déclin constant depuis un premier « Age d'Or » et ne tient pas compte de la croyance platonicienne selon laquelle les civilisations se développent et se dégradent cycliquement, à intervalles ponctués de cataclysmes.

Notre propos ici est de constater les preuves d'une présence et d'une technologie humaines sur cette terre, bien avant l'époque préconisée par les évolutionnistes. Certaines de ces preuves ont été activement supprimées et délibérément ignorées; certaines ont disparu silencieusement et mystérieusement des réserves et registres des musées; d'autres sont peut-être encore exposées dans un coin sombre, portant l'étiquette condescendante et ignorante « d'objet rituel », ou quelque chose d'approchant.

1. « L'Homme surgit ».

Nous faisons allusion, entre autres, à des pieds apparemment humains, fossilisés dans du grès à l'époque carbonifère, il y a 225 à 280 millions d'années. Il s'agit donc d'environ 200 à 250 millions d'années avant que nos ancêtres simiesques ne se soient séparés du tronc central de l'évolution du singe (c'est-à-dire, la bagatelle de 30 millions d'années), si cela s'est vraiment passé ainsi ! L'*American Journal of Science*, 3-139, donne des détails sur la découverte d'une série d'empreintes humaines, découvertes dans du grès près de Berea, dans le Kentucky, d'après l'*American Antiquarian*, 7-39. D'autres découvertes ont eu lieu, dont la moindre, si elle était acceptée, ferait s'écrouler en une nuit toute la structure géologique, entraînant avec elle l'édifice darwinien dans son ensemble.

Hérésie encore plus grave, il semble qu'un grand nombre de ces empreintes fossiles, bien que d'apparence nettement humaine, soient de taille géante. D'après un petit livre édité par le ministère de l'Intérieur des États-Unis, *The Story of the Great White Sands*[1], un trappeur des services gouvernementaux trouva en 1932, à White Sands, Nouveau-Mexique, une rangée de treize marques dans le sol de gypse. Elles mesuraient environ 55 centimètres de long sur 20 à 25 centimètres de large. En 1896, l'*American Anthropologist* fit la description d'empreintes humaines de 36 centimètres de long, découvertes en Virginie-Occidentale. Brad Steiger cite d'autres exemples dans ses *Mysteries of Time and Space* (1974), y compris ce qui semble être l'empreinte fossile d'une chaussure, montrant une semelle de cuir bien coupée et surpiquée, trouvée à Fisher Canyon, dans le Nevada. Des géologues identifièrent le roc à du calcaire triasique (remontant à 160 ou 195 millions d'années). Ce genre de document fait l'objet d'une avide recherche de la part d'un groupe d'« hommes de science biblique » s'intitulant les « Créationistes ». Deux de leurs sections, l'Association des films pour le Christ et le *Bible Science Newsletter*, ont monté au moins une expédition pour tenter de rapporter une série d'empreintes du lit de la rivière Paluxy, au Texas. Elles se trouvent dans une strate paléozoïque (Carbonifère ?) et présentent les traces d'un être humain et d'un dinosaure, à trois orteils se croisant, l'un des pas humains se superposant au bord de celui du dinosaure. En effet, la grande taille de certaines des traces fossilisées et leur forme présentent de grandes similitudes avec celles associées à nos monstres anthropoïdes, mystères modernes (voir « Le grand monstre américain » et « Empreintes inexplicables »).

1. L'histoire des grands sables blancs.

Puis il y a les objets fabriqués. Le *Times* du 24 décembre 1851 évoque l'histoire d'un mineur revenant de Californie avec un bloc de quartz aurifère qu'il fit accidentellement tomber. La pierre s'ouvrit en deux, révélant un clou en fer nettement coupé, fermement ancré près du centre. D'après une note dans le *Report of the British Association*, 1845, Sir David Brewster annonça à la fin d'une réunion la découverte d'un clou de 5 centimètres, à demi encastré dans un morceau de calcaire solide, provenant d'une carrière écossaise. Un avis de découverte d'un fil d'or dans une pierre à 2,50 mètres de profondeur dans le Berwickshire parut dans le *Times* le 22 juin 1844. Une dame cassant des morceaux de charbon pour remplir son seau, d'après le *Morrisonville Times* d'Illinois, le 11 juin 1891, fut tout étonnée de voir les deux moitiés d'un morceau liées par une petite chaîne dont les extrémités étaient encore solidement encastrées dans le charbon qui portait nettement l'empreinte de la chaîne. Le 5 juin 1852, le *Scientific American* imprimait un appel à l'aide pour résoudre une énigme. Des carriers avaient fait sauter 5 mètres de conglomérat-poudingue à Meeting House Hill, Dorchester, dans le Massachusetts, et découvrirent dans les gravats les deux moitiés d'un récipient métallique en forme de cloche. On le décrivit comme mesurant 11 centimètres de haut, et fabriqué dans un alliage quelconque, incrusté d'argent suivant un dessin floral compliqué. Pour les carriers, il ne faisait aucun doute que l'objet venait du cœur profond de la roche. Tout ce que le *Scientific American* trouva à en dire était qu'il avait pu être fabriqué par « Tubal Cain, le premier habitant de Dorchester ». Dans son *Secret Treasure*[1] (1931), A. Hyatt Verrill cite deux cas de pièces trouvées dans des blocs de silex, l'une à Chute Forest, près de Stonehenge, et l'autre dans une fosse à graviers, à Westerham, dans le Kent.

En 1786-1788, dans une carrière d'Aix-en-Provence, on découvrit des monnaies, des outils et des bases de colonnes, à 17 mètres de profondeur, sous onze couches de calcaire compact. Un anonyme écrivant dans *American Journal of Science*, 1-144, citait le « *Mineralogy* of Count Bourbon[2] » et donnait les détails à propos de cette étonnante trouvaille. Parmi ces outils d'une autre époque se trouvait une planche de bois de 2,5 centimètres d'épaisseur et environ 2,50 mètres de long, « maintenant transformée en une agate très fine et agréablement colorée ». Le comte s'étonnait

1. Trésor secret.
2. « Minéralogie du comte de Bourbon ».

vivement que les ustensiles, la planche et les ouvrages de pierre soient faits suivant le même modèle que celui utilisé par ses ouvriers (la planche était usée de la même manière, arrondie et ondulée à chaque bout). Deux technologies, l'une ancienne, l'autre moderne, s'étaient reproduites sur le même site ; prévisible, peut-être, et pourtant comme remarque le comte, l'une d'elles « précéda la formation de cette pierre ».

On peut avoir recours à plusieurs théories différentes pour expliquer les objets fabriqués découverts hors de leur propre temps ou lieu. Peut-être a-t-il existé des civilisations dans un passé lointain et inconnu, mais il est aussi irrationnel de se fonder sur un clou, un fil ou un pot isolé pour poser le postulat de civilisations technologiques remontant à des centaines de millions d'années que d'inventer, comme Sir Richard Owen, le *Labyrinthodon,* aux pattes absurdement croisées pour expliquer des empreintes fossilisées avec des « pouces » dirigés vers l'extérieur ! Nous aurions besoin de beaucoup plus de documentation – même si nous élargissions nos conceptions au point d'imaginer cette civilisation hypothétique comme étant non humaine (c'est-à-dire reptile). Une autre idée naît des spéculations de Fort sur les chutes d'objets fabriqués et projectiles tombés du ciel et sur la force mystérieuse du téléportement qui transporte des objets à travers la matière compacte : celle que ces mêmes forces pourraient, à l'occasion, rapporter des objets aux époques de l'élaboration des couches géologiques.

Nous avons une autre idée, tout aussi absurde et donc non moins digne de considération : la génération spontanée de ces objets anormaux enterrés *in situ.* Considérez notre chapitre « Le crapaud dans un moule », à propos d'animaux vivants découverts au cœur des rochers. Peut-on sérieusement imaginer que ces animaux soient apparus sur la Terre, avant leur époque, pour s'enchâsser dans une boue et subissant une compression suffisante pour devenir rocher et qu'ils aient survécu pendant des millions d'années, à l'encontre de toute raison biologique ? Est-ce moins crédible que la création spontanée ou le téléportement ? Les naturalistes médiévaux ont souvent discuté de la possibilité d'une « puissance façonnante » *(vis plastica)* qui aurait formé des fossiles dans la terre. Certains l'ont pris pour un subterfuge divin destiné à éprouver la foi des hommes. Mais, depuis les philosophes grecs, on connaît bien la nature fondamentale des fossiles, et la croyance de Michael Valentini selon laquelle les pierres copulaient et mettaient des petits au monde dans la terre fut considérée par ses collègues comme une régression déplorable. Quoi qu'il en soit, la théorie du *vis plastica* a retenu de fidèles adeptes, y compris Kepler, Avicenne et Aristote et, malgré des réfutations régulières, elle persiste dans les rêves et les traditions populaires, tel le thème de la découverte de pièces de monnaie ou autres talismans dans des endroits inattendus et cachés.

Dans sa *Synchronicity*[1] Jung considérait que la notion de Kepler d'une âme de la Terre, une *anima telluris*, avait servi de précurseur à sa propre théorie de synchronicité. Les forces harmonisant les milliers de systèmes de vie et de matière indépendants, mais en relation mutuelle, sur la planète vivante, sont essentiellement les mêmes que celles qui ordonnent le contenu de l'esprit. L'Esprit et la Terre sont des matrices dans lesquelles les choses sont créées. Parmi les rêves utilisés par Jung pour illustrer comment ces deux grandes sphères d'existence s'interpénètrent l'une l'autre, il en est un dans lequel le rêveur découvre des têtes humaines en bas-relief sur des plaques logées dans une roche triasique. Dans un autre rêve, un gnome couleur de terre mène le rêveur dans une profonde caverne où il trouve des colonnes de « lignite » très dure, en forme de bustes humains paraissant vivants. Ils se développent profondément au cœur du roc et « ont donc pu être créés sans l'aide de l'homme ». Si un processus synchronique quelconque peut ainsi unifier l'esprit et la matière, de manière à impressionner un film ou un corps avec des images visibles (voir « Projections de pensées ») peut-être une force analogue projette-t-elle des formes sur la Terre.

1. Synchronie.

EMPREINTES INEXPLICABLES

Le 9 février 1855, au réveil, les habitants de cinq villages du South Devon se trouvèrent au centre de ce que le *Times* appela huit jours plus tard un « événement extraordinaire ». Le compte rendu prit la forme d'une lettre dont l'extrait suivant résume les faits :

« Jeudi dernier, une grosse chute de neige se produisit le soir dans les environs d'Exeter et du sud du Devon. Le lendemain matin les habitants des villages énumérés plus haut eurent la surprise de découvrir les traces d'un animal mystérieux et étrange, doué d'ubiquité, dont les empreintes apparaissaient dans toutes sortes d'endroits inaccessibles – sur les toits des maisons, en haut de murs étroits, dans des jardins et des cours entourés de hautes clôtures, et également dans les champs. Il y avait à peine un jardin à Lympstone dépourvu de traces. »

Les empreintes semblaient plus celles d'un bipède que d'un quadrupède, et les pas étaient généralement à 21 centimètres les uns des autres. Les marques des pieds se rapprochaient fortement d'un sabot d'âne.

Une correspondance fournie remplit les colonnes du *Times*, gagnant ensuite l'*Illustrated London News*; progressivement, elle fit surgir d'autres détails intéressants. D'après les récits les « empreintes du diable » s'étaient répandues sur une étendue de plus de 150 kilomètres. A un endroit donné, elles avaient franchi l'estuaire de l'Exe, large de 3,5 kilomètres et continuaient d'un côté ce qu'elles avaient perpétré de l'autre. Rien n'avait empêché leur avance ni dérangé leur espacement de 21 centimètres. On les trouvait de chaque côté d'une meule de foin intacte et de chaque côté d'un mur de 5 mètres de haut. Détail curieux, les empreintes se plaçaient l'une devant l'autre, se différenciant ainsi d'un animal normal. Heureusement pour ceux d'entre nous qui apprécient les explications, l'événement se produisit en pleine saison de rationalisme scientifique et l'on récolta une belle moisson de renseignements en réponse au mystère. On invoqua des loutres, des rats sauteurs, une corde pendant d'un ballon, et également le diable (cette hypothèse suscitant de nombreux adeptes locaux). Le Pr Owen qui avait trouvé la solution au serpent de mer *Daedalus* (en l'appelant un phoque), pesa de tout le poids de son autorité en rendant son verdict : c'étaient des blaireaux. Toutes les explications étaient convaincantes et toutes justifiaient un élément ou un autre, mais aucune n'apportait de solution à certaines énigmes, par exemple la meule de foin, le mur de 5 mètres, l'espacement régulier et le tracé linéaire.

Le mystère demeure, mais c'en est simplement un parmi de nombreux autres du même genre. *Notes and Queries*, 9-6-225, cite un manuel d'histoire japonaise, le *Kokon Chomonshu* du XIIIe siècle : « Un matin de l'année 929, on découvrit le palais impérial rempli d'empreintes de démon, grosses comme celles d'un bœuf et colorées en rouge et bleu. » Le *Chronicon Anglicanum*, réalisé par l'abbé Ralph de Coggeshall au début du XIIIe siècle, cite deux incidents. Dans le premier, des traces monstrueuses, pointues, ressemblant à des sabots, apparurent sur le sol au lendemain d'une forte tempête électrique, le 29 juillet 1205; et, dans le second, qui se produisit à York, durant le règne de Richard Ier, « il apparut dans certains terrains herbeux plats des empreintes de pas humains d'une longueur extraordinaire; et partout où les marques étaient imprimées, l'herbe demeura comme brûlée par le feu ».

Un correspondant à Heidelberg, ayant entendu parler des traces du Devon, écrivit à l'*Illustrated London News* le 14 mars 1855 que des marques similaires apparaissaient chaque année dans la neige et le sable sur une colline à la frontière polonaise; et, dans son compte rendu de l'incident du Devon, dans *Oddities*[1] (1965), R.T. Gould évoque l'inscription de mai 1846, sur le registre tenu par le capitaine Sir James Ross lors de ses explorations de l'Antarticque, où il décrit la manière dont une équipe trouva, sur une des îles Kerguelen, des empreintes en forme de sabots, apparues sur une longue distance, sans la présence dans l'île du moindre animal qui puisse les justifier.

L'ouvrage du Dr E.L. Dingwall, *Tomorrow*[2] (1957), est la relation moderne d'un dénommé Wilson qui visita une plage déserte sur la côte ouest du Devon en octobre 1950. Il était la première personne à marcher sur la plage entourée de falaises après que le reflux eut laissé le sable tout à fait lisse, et fut par conséquent très surpris de constater une série d'empreintes de sabots, partant du pied d'une falaise verticale, et allant en ligne

1. Bizarreries.
2. Demain.

droite jusqu'à la mer. Les traces n'étaient pas fourchues, mais espacées régulièrement de 1,80 mètre et plus profondes que les siennes – une démarche pesante et géante, comparée aux « empreintes du diable » minaudières, déposées sur les neiges du Devon, presque un siècle plus tôt. Wilson remarqua également que les empreintes n'étaient pas imprimées mais semblaient « avoir été découpées dans le sable ». Des traces similaires, ajoute Dingwall, avaient fait l'objet de rapports en 1908; elles apparaissaient sur les plages du New Jersey – « des marques comme les sabots d'un poney dans de la neige profonde et, là encore, nous avons le récit de traces menant jusqu'à des barrières en grillage et continuant de l'autre côté ». On les attribua au « diable de Jersey », animal mystérieux de la région, connu déjà au siècle précédent et qui défrayait encore la chronique relativement récente de 1930. En Belgique, en 1945, on recensa des empreintes similaires, à double lobe, en forme de croissant, mais plus petites et espacées avec moins de régularité que les traces du Devon de 1855; Russel les étudia. (Voir *Great World Mysteries*[1], 1957.)

Une des théories les plus intéressantes à propos des traces émane de l'expérience personnelle de l'explorateur James Alan Rennie, au cours d'une incursion dans le nord du Canada en 1924. Son compagnon, un dépeceur de chiens canadien français, et lui rencontrèrent, au cours de la traversée d'un lac gelé, une série de grandes empreintes à deux orteils, comme celles de l'ours, régulièrement espacées sur une seule file. Leur étrangeté « réduisit mon compagnon à bredouiller de terreur »; le pauvre homme affirma qu'elles avaient été faites par Windygo, la version canadienne de Bigfoot (voir « Le grand monstre américain »). Par la suite, Rennie retraversa le même lac et, en plein soleil, vit quelque chose qui le glaça jusqu'à l'os. Il se trouvait à 800 mètres du bord et vit les empreintes « apparaître miraculeusement sous mes yeux... en ligne droite, sans le moindre animal, ni aucun signe de vie les expliquant, simplement, ces empreintes qui s'animaient, venant inexorablement vers moi. Je demeurai figé, rempli d'une panique irraisonnée. Les traces s'imprimaient à 50 mètres de moi – 20 – 10 – puis, vlan ! je poussai un cri lorsqu'une grande giclée d'eau m'atteignit en pleine figure. Je me retournai, m'essuyant les yeux et vis les empreintes qui continuaient sur le lac gelé » (*Romantic Strathspey*[2], 1956).

1. Grands mystères du monde.
2. Branle écossais romantique. Danse de la vallée de la rivière Spey, Écosse.

Fort fit remarquer que de nombreux récits d'animaux étranges et de monstres surgissaient à la suite de tremblements de terre et d'éruptions volcaniques – ou, pourrions-nous ajouter, nous souvenant de l'abbé Ralph, après des tempêtes électriques. Les *Philosophical Transactions*, 50-500, racontent qu'après le tremblement de terre du 15 juillet 1757, on découvrit des marques comme des empreintes de sabots sur une parcelle sablonneuse de 30 mètres carrés, à Penzance, en Cornouailles – elles n'empruntaient pas la forme de croissants, mais plutôt de « petits cônes, surmontés de bols du même diamètre ». Un correspondant du *New Zealand Herald* relate sa visite, le 13 octobre 1886, d'une région ravagée par l'éruption du volcan Rotomahana et sa découverte dans la boue et les cendres d'empreintes de pas d'un animal quasi équin. Il évoque également l'histoire bien connue chez les Maori d'un animal ressemblant à un cerf, inhabituel pour eux, que l'on aurait aperçu dans la région redevenue sauvage. Le 20 novembre 1970, le *Daily Mirror* de Londres imprimait que l'on venait de découvrir dans un cratère, à 3 000 mètres d'altitude sur les pentes de l'Etna, sept empreintes géantes de 1,20 m de long, 15 centimètres de profondeur espacées de 1,20 m. Des savants les étudièrent activement mais, comme d'habitude, on n'en entendit plus jamais parler.

Venant des montagnes écossaises, nous avons des descriptions de pistes et d'animaux étranges; cependant, les deux correspondent rarement. Le *Times* du 14 mars 1840 relatait que pour le second hiver d'affilée, des traces semblables à celles de poulains, « mais de taille considérable », étaient apparues sur une vingtaine de kilomètres dans les vallons d'Orchy, Lyon et Lochay, au sud de la lande de Rannoch, hantée par les fées. Un des animaux légendaires de cette contrée est particulièrement intéressant : le *fachan*, avec « une main sortant de sa poitrine, une patte de sa hanche et un œil sorti de sa tête »; il quitte son antre à quelques miles au nord-ouest de la lande de Rannoch et parcourt la contrée en sautillant, faisant des incursions par-ci, par-là. Au Brésil, on connaît une bête semblable, appelée *Pé de Garrafa*, ou pied de carafe, parce qu'elle laisse derrière elle une simple file d'empreintes profondes rappelant le fond d'une bouteille. L'ouvrage de Bernard Heuvelmans, *On the Track of Unknown Animals*[1], ccmporte la description d'un chasseur qui, en 1954, les ayant vues, confirmait leur aspect humanoïde et la patte unique. Heuvelmans nous rappelle que les géographies médiévales étaient

1. Sur la piste d'animaux inconnus.

fréquemment enrichies d'enluminures comportant de merveilleux dessins d'humanoïdes à jambe unique, endormis à l'ombre de leur pied démesuré.

Un des rares récits rapprochant une image mythique de l'évidence physique figure dans un registre médiéval, le *Chronicon de Melrose,* pour le mois d'août 1065. A nouveau, au cours d'une tempête et à York, une énorme image du diable, sur un cheval noir, chargea à travers le ciel vers la mer : « On vit les traces de ce cheval, de dimensions immenses, imprimées sur une montagne, à la ville de Scandeburch (Scarborough). Là, sur le haut de plusieurs fossés, des hommes découvrirent, imprimées dans la terre, les empreintes du monstre, à l'endroit où il avait violemment trépigné avec ses sabots. »

Un nouvel élément du puzzle provient des terrains d'élection des géants en Écosse. Dans *The Highlands and Their Legends*[1] (1963), Otta F. Swire raconte une promenade en voiture qu'elle fit avec son mari, entre Cluanie et Glengarry, près de l'extrémité sud du Loch Ness; ils traversaient une couche de neige vierge, lorsqu'ils virent sur un petit bras de mer gelée, non pas des empreintes de pas, mais « des traces comme celles d'une charrette, claires et nettes, ne prêtant à aucune confusion, dans la neige fraîche. Nous sortîmes, curieux de voir où elles menaient. On ne voyait aucun signe, aucune trace d'être humain... et il n'y avait aucun indice de pieds, de roues ou de traîneau dans la neige sur la côte, soit à l'endroit où débutaient les traces de roues sur la glace enneigée, soit au lieu où elles se terminaient, ni en réalité à n'importe quel autre endroit ».

Malgré leur enquête, ils ne purent rien apprendre de plus pendant plusieurs mois. Puis un informateur parla incidemment du « carrosse du Diable » : « Il parcourt les landes d'hiver et les traces de ses roues apparaissent souvent sur des lochs gelés, mais il n'y a jamais un signe sur terre, ni aucune trace des chevaux qui tirent son carrosse. »

A l'instar d'un grand nombre de nos autres types de phénomènes, les empreintes comme leur interprétation ont toutes deux changé au cours des années. On a récemment proposé comme cause des empreintes du Devon en 1855 des OVNI et des rayons laser...

1. La haute Écosse et ses légendes.

ITINÉRAIRES ENCHANTÉS

Nous avons parlé de fantômes et de boules de feu, d'animaux mystérieux, d'étranges lueurs, de chiens noirs et de fées, participant tous de l'état intermédiaire de la réalité que nous appelons phénoménale. Il est impossible de prouver leur existence en termes de réalité physique, reconnue par la science. Elle n'est évidente que par ses symptômes et, en analysant ceux-ci, nous décelons des principes. Par exemple, des pistes hantées. Nous aimerions savoir pourquoi un si grand nombre de nos phénomènes sont liés à certains endroits et certains itinéraires. Les réalités alternatives de nos annales ont-elles un système de routes alternatif ?

Les chemins mystiques : sujet négligé bien qu'abondamment documenté. Des rapports universels concernent une force élémentaire qui s'exercerait régulièrement sur certaines routes droites, dans la campagne, avec parfois des effets destructeurs ou menaçants. Cela peut être visible ou non, mais, dans le premier cas, prend habituellement une des formes conventionnelles citées ci-dessus. La « troupe sauvage de Rodenstein », en Allemagne, constitue une bonne illustration du phénomène. Cette force maligne maintient un cap rigide entre les deux fiers châteaux de Rodenstein et Schnellert, détruisant tout sur son passage. Les dates des manifestations de ce phénomène furent consignées par les autorités locales jusqu'au milieu du XVIIIe siècle. Dans *The Night Side of Nature* (1854), Crowe raconte qu'aux alentours de 1850 un voyageur, M. Wirth, passa en revue les archives de la cour locale et constata la dernière mention de son apparition en juin 1764. Cependant cela se produisait encore, apparemment, longtemps après que les autorités eurent cessé de s'y intéresser, car on montra à M. Wirth des maisons en ruine, preuve d'un passage récent de la « troupe sauvage ».

Nous sommes, comme tous nos congénères, impressionnés par les registres officiels, et pour ce qu'il y a de mieux dans ce domaine nous nous tournons toujours vers la Chine. Les chemins mystiques en Chine font l'objet d'une science complexe appelée *feng-shui* qui, à l'époque impériale, était régie par le bureau gouvernemental, dit Conseil des rites. Les adeptes du *feng-shui* considèrent le paysage en termes d'influences qui s'opposent et s'harmonisent (*yin-yang*) produisant une force omnidirectionnelle appelée *ling*. Cette force a tendance à suivre la ligne des crêtes des montagnes et les cimes d'édifices s'élevant de la terre vers le ciel; et elle peut être concentrée ou dispersée, accrue ou diminuée, à n'importe quel endroit, selon la nature de l'objet que l'homme a réalisé à cet endroit.

Le *feng-shui* était intégré à la vie chinoise, et le Conseil des rites cherchait à obtenir les plus grands bénéfices cosmologiques à travers une réglementation très stricte de l'emplacement et de l'architecture des maisons, temples, routes, tombeaux et ainsi de suite, harmonisant, suivant la théorie taoïste, les influences du Ciel et de la Terre. (Pour l'étude moderne la plus complète du *feng-shui*, voir : *Anthropological Analysis of Chinese Geomancy*[1], 1973, Stephan Feuchtwang.) On pensait même que des bienfaits cosmiques revenaient aux familles possédant des demeures ou des tombeaux dans des sites favorables. Au cours de son chapitre sur le *feng-shui*, dans *The Religious Systems of China* (1892), de Groot en donne comme exemple l'exhumation par le Conseil des rites d'un étudiant dont la dépouille avait été illégalement enterrée dans un lieu d'élection réservé, en principe, aux membres de la famille impériale.

Un des aspects intriguants du *feng-shui* est son horreur des lignes droites, considérées comme génératrices de « vents » maléfiques et destructeurs. Là où les lignes droites étaient inévitables dans les rues, les cours et les entrées solennelles, on les obstruait à chaque extrémité avec des « écrans d'esprits » ou des courbes ou coins de manière particulière. De bonnes raisons incitent à croire, comme le suggère Steeve Moore dans *The Ley Hunter* n° 72, que ces influences néfastes étaient associées aux fantômes destructeurs et aux « esprits frappeurs », dont les voies traditionnelles étaient les lignes droites. En effet, c'est une habitude chinoise de se prémunir contre de tels démons en suspendant des miroirs en face des portes et des fenêtres ouvertes, et en collant des représentations des esprits gardiens et des talismans taoïstes sur les portes elles-mêmes.

Après la Chine, tournons-nous vers l'Irlande où nous découvrons les traces d'une science similaire à celle du *feng-shui* chinois, bien que dans un état de décadence. A ce propos, nous tenons à pré-

1. **Analyse anthropologique de la géomancie chinoise.**

ciser notre position de phénoménistes. Les similitudes, dans les traditions universelles, ne se produisent pas, comme l'ont soutenu indéfiniment les anthropologues du XIXe siècle, à la suite d'invasions et de migrations (bien que, s'il y a une part de chaque chose dans toute autre chose, chacune de ces théories contient un peu de vrai), mais à la suite de l'expérience commune. Et les histoires de fées ne sont pas simplement des dramatisations d'éléments de l'esprit humain (même s'il y a également un peu de cela dans ces manifestations), mais sont fondées sur des observations de la réalité phénoménale, toujours un peu la même partout. Ainsi, nous supposons que la tradition de « chemins des esprits » a dû naître de l'expérience réelle de phénomènes liés à certaines pistes et lignes du paysage.

Evans-Wentz, dans *The Fairy Faith in Celtic Countries*[1], exprime une idée à propos des chemins de fées en Irlande et en Bretagne, tracés en droites lignes entre les anciens forts bâtis sur des hauteurs, jadis citadelles des fées. Certains jours de l'année, les gens évitent d'emprunter ces chemins, de peur d'interrompre une procession de fées et, pour la même raison, aucune construction ne les entrave jamais. Un voyant irlandais dit à Evans-Wentz que les chemins de fées sont des canaux saisonniers d'énergie « magnétique » terrestre. On ne donne aucune explication à l'élément visible du phénomène, les fées elles-mêmes.

Dans son livre sur les légendes modernes de fées irlandaises, *The Middle Kingdom* (1972), Dermot MacManus relate certains incidents liés à des chemins de fées. Ils illustrent les conséquences maléfiques qu'entraîne la construction de maisons sur ces chemins et qui sont extrêmement intéressantes à comparer à la tradition similaire chinoise. En 1935, Michael O'Hagan ajouta malencontreusement une aile à sa maison, en travers d'un chemin de fées : il construisit vers l'ouest sur un champ placé en ligne droite entre deux anciens forts, situés sur des collines. Ses cinq enfants tombèrent tous malades; l'un d'eux faillit mourir et le docteur fut incapable d'ordonner une thérapeutique appropriée. On rendit visite à une vieille femme du pays, connaissant bien la topographie mystique locale et qui révéla le fond du problème; on démolit le nouveau bâtiment, et les enfants guérirent immédiatement. MacManus donne d'autres exemples tout à fait récents d'Irlandais que des considérations sur les fées et leurs habitudes ont influencés dans leur choix d'un site de construction.

1. La croyance dans les fées en pays celtes.

En Angleterre, le même phénomène que celui des chemins mystiques de l'Irlande, force élémentaire, active à certaines saisons et de préférence à éviter, prend une forme conventionnelle désignée sous le nom de « chiens noirs ». La plupart des traités de folklore local évoque des pistes de chiens noirs, doués des mêmes propriétés mystiques que nos autres exemples. Dans un des meilleurs recueils de légendes de chiens noirs, *Dog*[1] de Patricia Dale-Green, on trouve le récit d'un animal fantôme qui se précipite à travers un village du Devonshire à minuit, le long d'une route partant de l'église, et démolit un coin de l'école – ou fait semblant de le démolir; car, si l'on entend tomber des pierres, il ne se produit aucun dégât réel. Nous connaissons une autre référence à l'habitude d'un chien fantôme accoutumé à détruire des bâtiments sur son passage : cela se produit à Lyme Regis, Dorset, où un chien est réputé avoir démoli le coin d'une auberge appelée *Le Chien Noir.* Ceci nous amène à nous interroger : l'auberge emprunta-t-elle son nom à un fantôme existant ou le nom attira-t-il le fantôme ?

En Écosse, d'après le *Ghost Book*[2] de A. A. MacGregor, on appelle le chien noir fantomatique *cu sith;* il circule en ligne droite sur des routes fréquentées. Le voir porte malheur et entraîne même souvent la mort. Nous citons un cas récent, évoqué par Tongue et Briggs dans *Somerset Folklore*[3], illustrant le lien qui unit les fantômes, leurs pistes et des dangers cachés. Une piste droite le long de la côte nord du Somerset s'appelle traditionnellement le « kilomètre de la mort », du fait d'un chien noir qui la hante et qui apporte la mort à tous ceux qui le voient. En 1960, il apparut à un homme qui mourut dans l'année, et une jeune fille, après l'avoir vu, trépassa également; cependant sa compagne, n'ayant pas vu le chien, demeura en vie. La revue *Fate* d'octobre 1972 évoque également les dangers des chemins d'esprits, citant le récit d'un auteur indigène, Napua Poire, dont le témoignage direct parut dans une publication de Honolulu. L'auteur se remémore une aventure vécue dans son enfance. Un soir, elle se trouvait seule dans une partie interdite de l'île, sur un chemin d'esprits; elle se tint figée de terreur au son d'une procession invisible qui s'approchait d'elle. Les marcheurs allaient arriver à son niveau, lorsqu'elle sentit une main la pousser fortement hors du chemin.

1. Chien.
2. Livre des fantômes.
3. Folklore du Somerset.

Ses parents lui expliquèrent par la suite qu'elle avait emprunté un itinéraire réservé aux esprits errants, appelés les « marcheurs de la nuit », et le coup de pouce affectueux d'un esprit d'ancêtre l'avait sauvée de la mort.

Depuis la publication de *Soucoupes volantes et le Mystère de la ligne droite* d'Aimé Michel en 1958[1], l'idée qu'il puisse y avoir une parenté entre les objets étrangers dans le ciel et des lignes hypothétiques de variation gravitationnelle ou magnétique n'a cessé de hanter les imaginations des théoriciens des OVNI. Bruce Cathie, auteur néo-zélandais, proposa une preuve en la matière dans un ouvrage de raisonnement mathématique, *Harmonic 33*[2] mais, manquant de documentation précise sur les itinéraires suivis par les OVNI, il est difficile d'établir le moindre rapport entre les phénomènes aériens et géologiques. Notre ami Robert Forrest prétend l'avoir complètement réfuté. Les preuves et les réfutations s'annulent et, comme d'habitude, il nous reste une seule certitude, le phénomène dont naît chaque théorie dérive. Notre propos ici était les liens, constatés depuis des temps très reculés et se perpétuant jusqu'au présent, entre les formes fantômes, les lueurs mystérieuses, certaines pistes anciennes, des centres sacrés anciens, des canaux à l'intérieur du champ magnétique terrestre, des irrégularités géologiques et une force vague d'énergie périodique qui peut être dangereuse ou fatale aux humains. Lorsque la science s'unira, lorsque les géologues, les sourciers, les archéologues, les chasseurs de fantômes, les repéreurs d'OVNI et tous les autres qui ont une recherche personnelle à poursuivre se réuniront pour étudier les phénomènes qui dépassent le champ de l'une de ces disciplines, alors seulement ce sujet pourra enfin faire l'objet de l'étude qu'il mérite.

1. Flying Saucers and the Straight Line Mystery.
2. Harmonique 33.

DE SINGULIERS NUAGES

De nos jours, soit on chante les louanges des nuages, les qualifiant de « châteaux givrés dans les airs », soit on les néglige complètement; mais pour les Anciens ils constituaient un symbole parfait de l'univers phénoménal. La *Prajna Paramita*, hymne bouddhiste du Ier siècle, soutient que les formes considérées comme réalité quotidienne sont éphémères, et que la véritable nature de la réalité ressemble plus au changement constant des formes des nuages et des images-rêves – opinion systématiquement renforcée par toutes les formes d'expérience mystique. Nous débutons notre tour d'horizon du phénomène des nuages singuliers par un incident tiré du livre de bord du trois-mâts barque *Lady of the Lake,* trouvé dans le *Journal of the Royal Meteorological Society,* 1-157. Le 22 mars 1870, le capitaine et son équipage virent un « nuage remarquable » qui demeura immobile en dépit du vent jusqu'au moment où il se perdit dans les ténèbres de la nuit. Ils le décrivirent comme une forme circulaire et stable avec un demi-cercle intérieur divisé radialement en quatre, d'où partait une grande « queue » incurvée en arrière vers le « corps ». Cette sorte de nuage-têtard, à la fois massif et mousseux, remettait en question tout ce qu'ils savaient à propos du comportement et de la constitution des nuages, mais, en marins pragmatiques, ils se contentèrent de prendre note des détails et d'éviter toute spéculation.

Un grand nombre d'apparitions étranges classées parmi les OVNI sont décrites comme ressemblant à des nuages, nous rappelant d'autres « vaisseaux aériens », comme ceux connus des paysans français à l'époque d'Agobard, archevêque de Lyon au IXe siècle (voir « Vaisseaux fantômes »). Les photographies d'OVNI montrent généralement des objets apparemment mi-solides et mi-nébuleux, comme des fantômes qui apparaissent et s'évanouissent. On rapporte dans la *Flying Saucer Review*, 9-4, une vision typique combinant des OVNI aux effets météorologiques. En novembre 1958, le Dr et Mme Moore étaient dans leur voiture, à la limite des Dakota Nord et Sud. Le ciel était vide, à l'exception d'« un objet argenté » qui accéléra et disparut, laissant derrière lui une traînée de nuages violets étranges.

Lloyd Mallan, journaliste à la revue *True*, indique dans *New Report on Flying Saucers*[1] un autre lien entre les OVNI et le phénomène évoqué ici. Il raconte une interview avec Allen Noonan, personnage convaincu que la Terre est creuse et persuadé d'être en contact avec le « commandement galactique » qui maintient ses bases à l'intérieur. Noonan annonça à Mallan que deux OVNI allaient peut-être apparaître dans le ciel limpide de la fenêtre de leur hôtel, et Mallan chargea sa caméra d'un film à infrarouge et attendit. Dix minutes plus tard, « deux nuages en forme de soucoupes volantes avaient constitué une traînée entre des bâtiments d'en face ». Mallan les considéra avec certitude comme des nuages lenticulaires conventionnels, mais demeura surpris qu'ils soient apparus au moment et à l'endroit prédits par Noonan. Nous pouvons seulement constater que le pouvoir de faire surgir ou éclater les nuages fait partie des dons revendiqués par les chamans et les magiciens de toutes les époques. On a enregistré des performances semblables en Chine ancienne, répétées par les Indiens de l'Amérique du Nord, les « magnétiseurs » de l'Europe du XIXe siècle et dans les expériences de Wilhelm Reich.

Le nuage, la brume et la vapeur sont des éléments de base du mystère. Dans *Human Animals*[2], Frank Hamel donne de nombreux exemples de brouillards apportant leur concours à la transformation de sorcières en animaux ou en oiseaux, ou les dissimulant au moyen d'une chape d'invisibilité. Dans le monde entier, on attribue aux êtres surnaturels et aux sages l'utilisation des nuages comme véhicules ou messagers. En effet, un des éléments permanents de notre documentation est le fait que les métamorphoses sont souvent indiquées ou accompagnées par des brumes ou des nuages. La plupart des fantômes possèdent cette qualité; ainsi, une légende du « chien noir » provenant du Dorset, citée par Patricia Dale-Green, prétend que l'animal grossira si on le regarde, se transformant éventuellement en un gros nuage évanescent. Plusieurs aspects du « nuage de transition » existent dans la cosmologie spiritualiste, tels l'âme semblable à une nuée s'élevant du corps au moment de la mort et les nuages d'ectoplasme se matérialisant en visages, mains et autres. Les fantômes ont également une structure quasi brumeuse et, curieusement, il existe de nombreux récits de formes spectrales humaines dont des éléments de l'anatomie (généralement ceux perdus ou endom-

1. Nouveau rapport sur les soucoupes volantes.
2. Animaux humains.

magés par une mort violente) sont cachés ou remplacés par une masse nuageuse localisée.

De nombreuses apparitions religieuses et visions collectives débutent ou se terminent par un petit nuage curieux. Le 16 octobre 1964, Mme Rosa Quattrini (connue sous le nom de Mama Rosa) parlait avec une voisine dans un verger à San Damiano en Italie, lorsqu'elles remarquèrent toutes deux un nuage singulier qui se formait dans l'air, au-dessus des branches d'un prunier. Puis, le nuage vogua jusqu'à un poirier où il parut se matérialiser en une forme féminine, resplendissante de rayons lumineux, une couronne sur sa tête et une fleur dans chacune de ses mains. Ce fut la première d'une longue série d'apparitions de la Vierge à Mama Rosa, et celle-ci était toujours seule à voir la dame rayonnante, à chaque occasion. Au contraire, la communauté entière de fidèles assistant à une cérémonie à Varsovie, en 1801, vit la Vierge Marie apparaître brillante, émanant d'un nuage. Dans « Musique et voix fantômes », nous racontons l'incident où des « démons » interrompirent les services de saint Clément Hofbauer. Plus tard, ce jour-là, comme le décrit Zsol Aradi dans *Book of Miracles*[1] (1957), pendant que saint Clément priait au pied de l'autel de Saint-Joseph, des centaines de personnes virent se former un nuage au-dessus de l'autel, enveloppant ensuite le visage du saint, qui disparut de leur vue. A sa place (ils) purent contempler une vision céleste. Une femme d'une grande beauté, aux traits rayonnants, apparut et sourit aux fidèles qui, à peine quelques heures plus tôt, avaient tremblé de terreur face aux prodiges du diable.

Ceux qui voient des apparitions dans les nuages ont tendance à les accepter comme des messagers et considèrent que l'on communique avec eux. Les chroniques médiévales abondent de ce genre de visions célestes au cours d'étranges événements météorologiques et, à ce jour, les gens continuent à voir des formes dans les nuages (voir nos chapitres sur les cités, vaisseaux fantômes et armées spectrales dans le ciel).

Nous connaissons un cas curieux datant du XIXe siècle et que relate un petit livre, *Wonderful Phenomena*[2] de Eli Curtis, d'après des déclarations réunies par Addison A. Sawin. Le 3 octobre 1843, Charles Cooper travaillait dans un champ près de Warwick, lorsqu'il entendit un grondement sourd dans le ciel;

1. Livre des Miracles.
2. Merveilleux phénomènes.

il leva les yeux et vit un nuage bas, unique, sous lequel pendaient ou voletaient trois figures « parfaitement blanches, l'appelant en se lamentant fortement ». Il les prit pour des anges et Sawin, empreint de spiritualisme, y vit naturellement « l'espoir glorieux de la Résurrection ». Un fait nous paraît plus significatif : que les autres témoins, certains à près de 10 kilomètres et d'autres dans un champ voisin, soient tous tombés d'accord sur la présence d'un « nuage remarquable », même s'ils n'avaient pas tous vu les « anges » ni entendu les sons.

Parfois, nous entendons parler de l'apparition de nuages en réponse à un besoin inavoué. Harold T. Wilkins, dans *Strange Mysteries of Time and Space*[1] (1958), cite le récit d'un officier de la marine britannique, relatif à l'invasion des Alliés en Afrique du Nord. Il racontait que la mer était absolument plate et que la flotte se trouvait totalement exposée, cible évidente pour des bombardiers allemands. Soudain, comme pour répondre à leur vulnérabilité, un « énorme nuage noir » se forma, recouvrant complètement l'armada pendant dix jours consécutifs. L'officier déclara : « Je n'étais pas seul à penser que la Providence avait placé ce nuage à cet endroit. » On raconte une histoire semblable à propos de nuages qui voilèrent « miraculeusement » la retraite de l'armée britannique à Mons, en août 1914 (voir « Armées spectrales et combats célestes »).

Les récits de rencontres avec des OVNI et leurs « occupants » se compliquent parfois de vapeurs terrifiantes qui paralysent, aveuglent et asphyxient. Nous avons beaucoup de documentation concernant des nuages dont le comportement est maléfique – certains s'enflamment, d'autres sont lumineux ou magnétiques, d'autres encore « rebondissent », sifflent ou émettent des séries d'explosions bruyantes, perpétrant bien d'autres farces effrayantes et inexplicables.

Nous avons remarqué dans les chapitres sur les objets tombant du ciel que certaines de ces chutes proviennent de nuages singuliers. Dans *Strange World* (1964), Frank Edwards raconte l'aventure d'Ed. Mootz, jardinant à Cincinnati, dans l'Ohio, le 22 juillet 1955, lorsqu'il se mit à pleuvoir un liquide huileux, ressemblant à du sang. Mootz constata que cette pluie macabre tombait d'un petit nuage solitaire, rouge, rose et vert, qui paraissait flotter à 300 mètres au-dessus de sa tête. Les gouttes atteignant sa peau le piquaient. Il rentra pour se laver et, à son

1. **Etranges mystères du temps et de l'espace.**

retour dans le jardin, le nuage avait disparu. Curieusement, on n'en parla pas ailleurs. Le lendemain, les arbres et l'herbe étaient morts; tout ce que la pluie rouge avait touché était maintenant brun, recroquevillé et périssait. D'après Edwards, personne ne donna jamais d'explication, en dépit des investigations. Parallèlement, nous rappelons que dans le cas de la pluie de « sang et de chair » sur le champ de tabac de Lebanon, dans le Tennessee (dont nous parlons dans « Chutes d'animaux et de matières organiques »), on aperçut un nuage rouge survolant directement le champ.

Evidemment, certains nuages ne sont que des nuages-garous. Dans l'état actuel de nos connaissances conventionnelles des nuages, nous n'avons aucun moyen de justifier la « boule de brouillard » qui se précipita en sifflant sur une voiture dans le Minnesota. D'après *Eagle Bend News*, du 25 mai 1961, elle laissa la voiture insupportablement chaude et criblée de petits trous minuscules. Et comment expliquer le récit, publié dans le *San Francisco Chronicle* du 23 avril 1962, d'un facteur thaïlandais, qui avait vu un brouillard rouge et vert s'émietter et tomber en petits morceaux qu'il ramassa pensivement.

MUSIQUE ET VOIX FANTÔMES

Dans n'importe quel ouvrage sur les hallucinations, on trouve des références à la musique fantôme et aux voix désincarnées, traitées en termes d'aberrations mentales et nerveuses. Edmund Parrish, dans *Hallucinations and Illusions*[1] (1897), cite l'exemple suivant de « perception fallacieuse » : « Chaque arbre que j'approche, même par temps calme, semble chuchoter et émettre des mots et des phrases... les charrettes et les voitures cliquettent et émettent un son mystérieux, et racontent des anecdotes en grinçant... les porcs grognent des mots et des histoires, les poules semblent me gronder et me faire des reproches, et même les oies caquettent des citations. » Dans les bruits de la nature, quelle que soit leur provenance, les hommes ont toujours décelé la musique et la poésie d'autres mondes. Réduire le phénomène à des termes cliniques, c'est balayer d'un geste de la main tout ce que la nature humaine comporte d'intuitif et de mystique.

Les voix paraissent se manifester à la fois intérieurement et extérieurement, même si nous savons que d'un point de vue ontologique cette distinction elle-même peut être illusion. De l'espèce intérieure, nous pourrions citer les cas célèbres de Martin Luther, Ignace de Loyola, Benvenuto Cellini, et même Sigmund Freud. Socrate avait un *daemon*, voix qui l'avertissait lorsque ses actions risquaient d'offenser les dieux. Certaines voix tourmentent l'auditeur, et d'autres l'encouragent à l'action, telles celles de Jeanne d'Arc (qui entendit Michel l'Archange et les saintes Catherine et Marguerite), de saint François d'Assise (qui entendit un crucifix lui parler et lui intimer l'ordre de « rebâtir mon église ») ou George Fox (qui fonda le mouvement quaker, à la suite d'une suggestion du même ordre). Le phénomène se poursuit de nos jours et un grand nombre de percepteurs d'OVNI le définissent comme un contact télépathique avec des êtres provenant d'autres mondes ou d'autres dimensions que les nôtres.

Quant aux voix « extériorisées », il ne peut y avoir de plus grandes prétentions que celles relatives aux commandements des dieux tonnant du haut du ciel, dans la Bible comme dans la

1. Hallucinations et illusions.

mythologie universelle. Avant l'avènement de notre âge du matérialisme, les gens avaient une plus grande sensibilité aux relations avec la nature et, si l'esprit les inspirait, les objets et les animaux pouvaient leur parler, comme des hommes. Hérodote raconte (*Histoires*, 2-54) que les prêtresses de Zeus à Dodone lui avaient révélé qu'un oiseau parleur, posé sur une branche, avait dévoilé l'emplacement du bosquet sacré où se trouvait le célèbre chêne chuchotant. Athéna aurait placé du bois provenant de cet arbre dans la quille de l'*Argo*, donnant au navire le pouvoir vocal d'avertir Jason des dangers se présentant sur sa route. On associe encore les voix désincarnées à des présages, en particulier des avertissements de la mort d'amis ou de parents, et ce phénomène est si étonnamment répandu que même la grande compilation en trois volumes de Flammarion, *La Mort et son mystère* (1922), ne parvint pas à épuiser le fonds d'anecdotes.

Nous nous intéressons aux bruits et aux voix accompagnant souvent les faits et gestes d'« esprits frappeurs ». Ils ont une qualité très étrange : parfois faibles, parfois si anormalement forts qu'ils ressemblent plutôt à des vagues de choc de grande puissance. Réfléchissez à l'histoire fantastique du château du Calvados qui subit une série étonnante de phénomènes à partir d'octobre 1867. Ceux-ci se poursuivaient lorsque les rapports parurent dans la publication des *Annales des sciences psychiques* en 1893. Parmi les lévitations et les déplacements du mobilier, la disparition des médailles de Lourdes et autres breloques pieuses placées aux fins d'exorcisme constant, l'ouverture inexpliquée des portes et fenêtres, et le dérangement de la literie, se manifestaient une variété de sons. Ceux-ci allaient des craquements, gémissements et bruits de pas à la musique d'orgue qui se prolongeait dans l'air, longtemps après que l'un des occupants eut cessé de jouer. Le château tremblait constamment sous les coups, « si forts que les objets accrochés aux murs s'agitaient à leur emplacement... pour avoir une idée de leur violence, il faut imaginer un mur s'écroulant, ou un cheval ou des boulets de canon projetés contre une porte ». Par moments, le bâtiment entier était violemment secoué, « du haut en bas » et, cependant, il n'y avait que peu de dégâts, et les bruits ne s'entendaient qu'à l'intérieur du château.

De tels effets sont typiques des esprits frappeurs et se caractérisent par l'exagération et l'imitation. Dans sa biographie de saint Jean Vianney, curé d'Ars, Alfred Monin déclare que le prêtre souffrait particulièrement de cette espèce de phénomène de persécution. Par moments, sa cour résonnait du vacarme de toute une armée campant, défilant ou chargeant. Au cours de l'hiver 1824-1825, le bruit d'« un grand troupeau de moutons déferlant au-dessus de sa tête l'empêchait de dormir, et chaque fois qu'il entrait dans une des pièces du bas de sa maison, il ne pouvait entendre que le bruit d'un grand cheval échappé », caracolant autour de lui, invisible, s'élevant dans les airs et retombant sur le sol de tous ses sabots. Bien que le curé ait été connu pour son ascétisme, il était poursuivi par une voix démoniaque le raillant pour sa vie de « luxe » et criant : « Vianney, Vianney, espèce de mangeur de truffes ! Es-tu toujours en vie, n'es-tu pas encore mort ? Je t'attraperai ! » Evelyn Waugh décrit le même type de persécution vocale dans *L'Épreuve de Gilbert Pinfold*.

Une des entités loquaces les plus étranges de nos annales s'installa temporairement au sein de la famille Dagg à Clarendon, dans le Québec, en 1889. D'après *Light* de décembre 1889, un enquêteur nommé Percy Woodcock rendit visite à la famille le 15 novembre, et Dinah, la fille adoptive de la maison, le conduisit à un appentis où elle avait auparavant vu un homme étrange. Avec une certaine inquiétude elle s'écria : « Etes-vous là, monsieur ? » Imaginez l'étonnement de Woodcock lorsque, à un peu plus de un mètre du milieu de l'appentis désert, répondit la voix, nettement audible, d'un homme âgé. Il les maudit tous les deux, avec des accents profonds et bourrus, utilisant un vocabulaire tel qu'il fut impossible à Woodcock de le consigner et à *Light* de l'imprimer, et disant : « Je suis le diable. Je vous saisirai dans mon pouvoir. Je vous casserai le cou. » Woodcock et M. Dagg parlèrent à la voix pendant plusieurs heures au cours desquelles elle avoua avoir causé des incendies mystérieux (voir « Le feu persécuteur ») et le téléportement d'objets familiers (voir « Matérialisation et envol d'objets ») et les pria de l'excuser de la gêne ainsi occasionnée. Pendant l'interrogatoire, le langage grossier et obscène subsista et la voix promit de quitter les lieux le dimanche soir suivant.

Lorsque la nouvelle se répandit, les gens vinrent de plusieurs kilomètres à la ronde. Le dimanche, la voix eut plus de retenue, même si elle manquait parfois de tact. Elle répondit à des questions et semblait manifester une connaissance intime de tous ceux qui entraient dans la maison, proclamant souvent tout haut des détails gênants de leur vie privée qu'ils auraient préféré passer sous silence. Félicitée de l'amélioration de son caractère, la voix répondit : « Je ne suis pas la personne qui utilisa un langage grossier. Je suis un ange envoyé du ciel pour la chasser. » Cependant, la transformation n'était pas encore terminée, car l'entité s'emportait de temps à autre, se déchaînant en une bordée de blasphèmes, mais le soir, elle participa à des cantiques, avec une « voix de flûte si belle » qu'on l'implora de demeurer. Le lendemain, les enfants Dagg annoncèrent que la voix les avait définitivement quittés. Ils décrivirent la manière dont un « homme magnifique », resplendissant dans des vêtements de lumière, les avait embrassés en leur faisant ses adieux. Ils avaient chanté un dernier cantique ensemble (l'« ange jouant d'un petit instrument semblable à une harpe ») et les enfants avaient vu une lumière « rouge comme du feu » étinceler à ses pieds, puis s'élever pour l'entourer pendant son ascension vers le ciel, en chantant mélodieusement. Fort termine son propre récit de l'événement avec un commentaire remarquablement laconique : « Il entonna un cantique et disparut. »

Certains de ces phénomènes vocaux durent être très impressionnants. Un cas d'esprit frappeur enregistré par le Dr Reid Clanny dans *A Faithful Record... of Mary Jobson*[1] (1841) fait état de « musique exquise », audible indépendamment pour de nombreux témoins, suivie d'une voix d'une « douceur angélique » qui citait les Ecritures. Lors des délibérations à propos de la canonisation de saint Clément Hofbauer, l'Église accepta l'évidence d'interférences diaboliques dans sa mission. En 1801, les cris d'un bébé fantôme interrompirent à plusieurs reprises son sermon dans une église bondée de Varsovie. Comme il continuait, des voix s'écrièrent partout au-dessus de la foule qu'il y avait le feu. Des flammes et de la fumée apparurent de tous côtés et furent visibles même de la rue; et quelques minutes plus tard, une fois la panique apaisée, on reconnut, comme pour les voix, leur caractère éthéré.

La musique fantôme est un élément de choix dans les histoires de spectres et de fées. Cela n'est pas une simple fiction; voici deux récits modernes. Un bureau inoccupé dans Peter Street, à Manchester, est hanté par de maigres mélodies de fifre qu'entendent de nombreuses personnes dans le bâtiment. Une lettre au *Manchester Evening News* du 24 octobre 1968 demande si ce ne serait pas le flûtiste fantôme que l'on entendit dans le même pâté de maisons, deux ans plus tôt. (Curieusement, Platon dans le *Critias* évoque des victimes hantées par d'interminables airs de flûte.) Un pianotement étrange se produisit au cours d'un

1. (Un compte rendu fidèle... de Mary Jobson.)

peu plus d'une centaine de concerts impromptus dans une maison de Humber Avenue, à Coventry, dans le Warwickshire. D'après Bill Duncan, l'occupant déclarait dans *News of the World* de Londres, le 13 janvier 1974 : « On dirait que quelqu'un gratte des cordes... Ça ne ressemble absolument pas à de la musique moderne. »

MALHEUR AUX ICONOCLASTES

Certains archéologues parviennent à une heureuse vieillesse mais, à en croire l'histoire, leur profession pourrait paraître féconde en risques. Si tant de vieilles pierres et de trésors enfouis ont survécu intacts au déroulement des siècles, cela est certainement dû aux croyances populaires affirmant que quiconque les dérangerait attirerait sur lui-même des malédictions.

Les récits des malheurs frappant les pilleurs de tombes, les vandales et les iconoclastes sont légion et universels; et leur malchance se transmet souvent aux héritiers des reliques obtenues de manière sacrilège. Par exemple, un célèbre couvercle de cercueil égyptien – ou plutôt un fragment de couvercle – se trouve au British Museum. Ses aventures figurent dans *Tutankhamen*[1] d'Arthur Weigall, telles qu'elles lui ont été relatées par Douglas Murray, son ancien propriétaire.

« Il acheta le cercueil aux environs des années 1860 et à peine en était-il propriétaire qu'une détonation de son fusil lui emporta le bras. Le navire transportant le cercueil vers l'Angleterre fit naufrage et le taxi le conduisant à son domicile fut accidenté; la maison où il fut déposé brûla et le photographe qui en prit un cliché se tira une balle dans la tête. Une femme qui y fut mêlée subit de grandes pertes familiales et fit naufrage peu de temps après... La liste des accidents et des malheurs attribués à l'esprit lié à ce cercueil est maintenant d'une impressionnante longueur. »

D'une égale longueur est la liste des accidents survenus aux voleurs de tumulus rustiques et aux tueurs de pierres, et cela se produit encore de nos jours. Le dernier chapitre de l'ouvrage de Colin et Janet Bord, *The Secret Country*[2] (1976), en donne de nombreux exemples récents. Beaucoup d'autres encore figurent dans les articles de S. Menefée dans *Folklore* (1975 et 1976) et dans *Folklore of Prehistoric Monuments*[3] (1976), de L.V. Grinsell.

Les gens qui perturbent les sites mégalithiques, ne serait-ce que pour les mesurer ou en compter les pierres, risquent fort d'être

1. Toutankhamon.
2. Le pays secret.
3. Folklore des monuments préhistoriques.

dérangés à leur tour, par des maléfices météorologiques ou autres. Le 12 août 1740, John Wood, architecte à Bath, proposa d'établir un plan des cercles de pierres de Stanton Drew, dans le Somerset, dont on dit que les éléments seraient les invités d'un mariage, pétrifiés par le diable. On essaya de l'en dissuader :

« Personne, disent les gens du pays, à propos de Stanton Drew, n'a jamais été capable de dénombrer ces pierres métamorphosisées (sic) ou d'en faire un dessin, bien que plusieurs personnes aient tenté de le faire et s'y soient engagées jusqu'au moment où elles furent soit frappées de mort sur place, soit atteintes d'une maladie qui les emporta rapidement. »

Cependant, il persista dans son projet « et, une forte tempête s'étant accidentellement déchaînée immédiatement après, et ayant abattu une partie d'un gros arbre près du corps central des travaux, les gens furent tout à fait satisfaits et persuadés que j'avais dérangé les esprits protecteurs et, désormais, on fit de gros efforts pour me persuader du sacrilège que je commettais. » (John Wood, *A description of Bath*[1].)

Wood renouvela son acte d'impiété en faisant un plan de Stonehenge, entraînant le même résultat; un violent orage se déchaîna, l'obligeant à chercher refuge dans une cabane voisine.

Quelques années plus tard, le Dr William Borlase fouilla une « tombe de géant » dans les îles Scilly. Cette nuit-là un ouragan détruisit les récoltes de maïs et de pommes de terre des insulaires, conséquence directe, déclarèrent-ils, de l'archéologie du docteur. Halliwell décrit l'incident dans *Rambles in Western Cornwall*[2] (1861).

Nous savons tous que personne ne ramasse, ou ne ramassait, de bois mort dans un enclos sacré ou bosquet de fées. A leurs débuts, les compagnies de chemin de fer rencontrèrent de nombreuses difficultés de la sorte le long des voies désignées, et les entrepreneurs de travaux publics se heurtent encore à l'occasion au même problème.

De l'autre côté de la planète, les Japonais s'abstiennent d'abattre les arbres du mont Miwa, ou de n'importe quel autre sanctuaire rural. La première des innombrables catastrophes s'abattant sur les profanateurs de bois sacrés se produisit en 661 (cité dans *Shinto* de Jean Herbert); il s'agissait de l'impératrice Saimei qui rasa un bois sacré pour construire un palais, immédiatement détruit par les éléments, ainsi que le grand argentier et de nombreuses

1. Une description de Bath.
2. Promenades en Cornouailles occidentale.

personnalités de la cour. Un jeune samouraï, voyant du bois inutilisé, emporta des poutres pour construire son propre palais, provoquant des résultats identiques.

A la grande joie des pédants locaux – et des pédants en général, depuis lors – le puritain qui, pendant l'interrègne de Cromwell, abattit une des deux tiges de l'épineux sacré de Glastonbury, arbre né du bâton de saint Joseph d'Arimathie et qui fleurit désormais à chaque Noël, ce puritain attrapa une écharde dans l'œil, l'empêchant de poursuivre son travail sur la deuxième tige.

Le Dr Plot, vieil historien de l'Oxfordshire, raconte avec délices les infortunes des commissaires de Cromwell qui prirent leurs quartiers dans les appartements du roi au palais de Woodstock, le 13 octobre 1649, et se chauffèrent en brûlant le « chêne royal » vénéré dans toute la région. Ce faisant, ils paraissent avoir invoqué tous les types de phénomènes désagréables décrits dans nos chapitres. Un « chien noir » se précipita à travers les pièces, bouleversant le mobilier, puis on entendit des pas de spectres, on vit des papiers se déchirer et s'éparpiller et de l'encre se répandre. Les bûches du chêne royal furent mystérieusement projetées à travers la pièce. Le 20 octobre, les commissaires subirent des attaques mystérieuses dans leurs lits et, à partir de cette date, furent constamment en proie à des « assaillants invisibles ». Des volées de pierres – et même, phénomène inconnu de nous dans ce contexte, d'ossements de chevaux – firent voler les carreaux en éclats. Le Dr Plot accuse des êtres immatériels d'avoir causé tous ces événements. Ce fut le comble lorsque les commissaires, après avoir comploté afin de se réserver une part des biens royaux, rédigèrent un compromis à cet effet, qu'ils cachèrent dans un pot, sous les racines d'un oranger; en voyant la terre du pot brûler avec une flamme bleue et sulfureuse, ils s'enfuirent.

Parmi toutes ces malédictions, coïncidences, coups de malchance ou autre, la plus célèbre est la « malédiction » ou prétendue « malédiction des pharaons », qui débuta sa carrière pour la distraction du public et la déconvenue des égyptologues le 6 avril 1923, avec la mort de Lord Carnarvon, chef de l'expédition qui avait forcé l'ouverture de la chambre funéraire du tombeau de Toutankhamon. Arthur Weigall, assistant à l'événement, décrit, dans son essai, *The Tomb of Tutankhamen*[1], l'atmosphère frivole régnant à cette occasion. A propos de la vantardise de Carnarvon annonçant son intention de donner un concert au fond du tombeau,

1. Le tombeau de Toutankhamon.

Weigall fit le commentaire suivant : « S'il descend avec cet esprit-là, je lui donne six semaines à vivre. » On était le 16 février. La mort de Carnarvon, attribuée à une piqûre de moustique, fut suivie de près par celle de M. A. C. Mace, l'un des principaux fouilleurs, et puis, à la grande joie de la presse (« neuvième victime... dixième... onzième victime », etc.) les autres membres de l'expédition Toutankhamon moururent les uns après les autres, certains dans des circonstances tragiques ou mystérieuses. Weigall (fièvre inconnue) prit le rang de vingt-et-unième victime, suivant de près le demi-frère de Carnarvon (suicide au cours d'une crise de folie) et la vieille Lady Carnarvon (à nouveau, une piqûre de moustique). Et en 1930, il ne restait plus qu'un seul des profanateurs de tombeaux d'origine – leur directeur Howard Carter.

L'idée que la « malédiction des pharaons » explique la mort de Lord Carnarvon est naturellement mal vue des archéologues. Cependant, on sait très bien qu'avant d'ouvrir le tombeau de Toutankhamon, Carnarvon avait reçu un avertissement précis, lui prédisant une mort précoce s'il poursuivait son projet. L'avertissement lui parvint au moyen d'une lettre du célèbre mystique, le comte Hamon, plus connu sous le nom de Cheiro. Accompagnant la lettre écrite le 30 novembre 1922, était un message transmis à Cheiro, en écriture automatique, dont voici la teneur :

« Lord Carnarvon ne doit pas pénétrer dans tombeau. Désobéit à ses propres risques. Si ignore, tomberait malade, ne guérirait pas; la mort l'emporterait en Égypte. »

Ce message inquiéta Carnarvon et il demanda conseil à une voyante réputée de l'époque, Velma. Elle étudia sa paume et y vit la probabilité d'une mort précoce dans des circonstances liées au domaine occulte. Quelques semaines plus tard, il retourna la voir et elle déclara sa main encore plus menaçante qu'auparavant. Lord Carnarvon envisagea de se retirer de l'expédition égyptienne, mais les préparatifs étaient déjà trop avancés et il décida de « braver les puissances psychiques des âges » – sa propre phrase.

Avec son habituelle inconséquence significative, l'unique commentaire de Charles Fort à propos de l'affaire Carnarvon fut de citer certains journaux londoniens de l'époque (*Daily Mail*, 2 avril 1923 et *Daily News*, 3 avril) : « Sur la propriété de Lord Carnarvon, près de Newbury, Hampshire, un homme nu et sauvage courait, souvent aperçu, mais jamais attrapé. On le vit d'abord le 17 mars. Ce jour-là Lord Carnarvon tomba malade et il mourut le 5 avril. A partir de cette date, l'homme sauvage de Newbury cessa de défrayer la chronique. »

Un autre « homme sauvage », cette fois descendant d'un Orcadien d'origine, prédit le malheur de la famille d'un fermier d'Orkney, dont le gendre garantit la vérité de chaque détail, dans son rapport publié dans *Old Lore Miscellany of Orkney, Shetland, Caithness and Sutherland*, juillet 1911. Le fermier avait entrepris de fouiller un important tumulus ancien sur sa terre, lorsqu'un homme sauvage s'approcha de lui, le gardien du tumulus, âgé et portant une moustache grise, « habillé d'un vieux costume gris en loques et tout rapiécé, tenant à la main un vieux bonnet, ayant aux pieds des vieilles chaussures de cuir de bœuf ou de cheval, attachées par des lanières de cuir ». L'apparition avertit le fermier que s'il persistait dans son agression sur le tumulus, il perdrait six animaux de son bétail et sa famille connaîtrait six enterrements. Les six animaux moururent en effet, comme prédit, et six décès survinrent dans la famille du fermier. L'auteur du compte rendu assista à la mort du quatrième, époque où on lui conta ce récit.

PIERRES QUI ROULENT ET QUI POUSSENT

« Solide comme un roc » n'aurait eu aucun sens pour les anciens Celtes; dans leur monde, les rochers et les blocs de pierre étaient des êtres vivants, évoluant, certains doués des instincts téléguidés de pigeons voyageurs, d'autres servant de véhicule sur mer ou dans l'air à des mages druides en voyage, d'autres encore s'adonnant à des déclarations prophétiques. Et même de nos jours, ils ne sont pas aussi fermes qu'on le croit. Nous avons des relations modernes de pierres tombant du ciel, avançant sur terre et se propulsant seules ou par l'intermédiaire d'agents mystérieux, au travers des airs.

Pour répondre une fois pour toutes à cette question – les pierres bougent-elles toutes seules ? – nous disons oui et nous donnons un exemple. Il s'agit d'un groupe de roches qui évolue sur le fond d'un lac asséché de 5 kilomètres de long, nommé Racetrack Playa, dans Death Valley, en Californie. Personne ne les a jamais vues bouger, et personne ne sait comment elles font. Les explications se rattachent à tour de rôle à l'influence lunaire, au magnétisme terrestre, aux OVNI et aux taches solaires. Le Dr Sharp, un savant qui depuis 1968 mène une recherche sur le mystère, incline à attribuer à une combinaison de vent et de pluie les forces motrices de ces pierres; cependant, une difficulté persiste : les pierres, qui vont des petits graviers à des rocs d'une demi-tonne, bougent dans des directions différentes et elles glissent plutôt qu'elles ne roulent, ce qui serait le cas si elles étaient poussées par le vent. Un important rocher, mesuré et suivi par le Dr Sharp, s'est récemment déplacé de 70 mètres.

On connaît d'innombrables légendes de pierres qui marquent une préférence notoire pour un endroit donné et qui trouveront le moyen d'y retourner si l'on les en éloigne. Parmi les prétendus exemples, on compte la King's Stone, l'une des Rollright Stones, groupe mégalithique de l'Oxfordshire, dont on dit également qu'elles se déplacent pour aller se désaltérer au ruisseau voisin, un certain jour de l'année. Dans *The Rollright Stones*[1], T. H. Ravenhill raconte les mésaventures du seigneur du manoir de

1. Les pierres de Rollright.

Rollright lorsqu'il lui vint à l'idée de prendre la Pierre du Roi pour en faire un pont dans sa propriété. (Voir « Limites invisibles » pour d'autres exemples à ce propos.) En premier lieu, la pierre s'avéra trop lourde pour être traînée par un attelage de chevaux. On en attela d'autres et encore d'autres, avant de parvenir à la remuer. D'étranges événements se produisirent, des sons menaçants dans le manoir, des perturbations, de quoi faire penser qu'il valait mieux remettre la pierre à sa place. Cette fois, le premier cheval attelé la traîna sans difficulté jusqu'à sa place habituelle en haut de la colline.

Dans une île écossaise éloignée, un habitant raconta exactement la même histoire, au détail près du cheval unique rapportant la pierre précédemment déplacée avec difficulté par un attelage important; Robert Graham la consigna dans son ouvrage *The Carved Stones of Islay*[1] (1895).

De telles histoires sont fréquentes, comme le sont aussi les récits d'incidents au cours desquels les pierres, assemblées pour construire une église, se sont mystérieusement déplacées du site choisi jusqu'à un autre endroit, où l'église devait finalement être construite. On en trouve des exemples dans de nombreux livres de traditions locales et de légendes religieuses; mais de telles sources nous fournissent rarement des dates et des témoignages précis, et ainsi, les incidents participent de la vague incrédulité vis-à-vis du folklore, étant considérés peut-être comme ayant une origine psychologique. Nous sommes heureux par conséquent de pouvoir citer un exemple moderne, consigné au moment où il se produisit, d'une pierre que l'on dérangea et des circonstances menant à sa remise en place. Nous pensons qu'il éclairera peut-être certains des cas antérieurs.

Nous avons une coupure du journal londonien *Sunday Pictorial* du 9 octobre 1944 : « Un bulldozer libère un esprit frappeur ». Le bulldozer appartenait à l'armée américaine et servait à élargir une route près du village de Great Leighs, dans l'Essex. Au cours des travaux, il déplaça un gros rocher considéré par tous comme maintenant sous terre le mauvais esprit d'un ancien habitant, le sorcier de Scrapfaggot Green. Que ce fait ait libéré un esprit, les gens de Great Leighs en furent persuadés, car tout le village fut saisi de la fièvre des esprits frappeurs. Les cloches se mirent à sonner sans l'intervention des sonneurs, l'horloge de l'église devint folle, les moutons disparurent de leurs parcs clos de murs, de gros poteaux et des accessoires agricoles s'agitaient, et de grosses

1. Les pierres sculptées d'Islay.

pierres apparurent où il n'y en avait eu aucune auparavant. Le *Sunday Pictorial* envoya un journaliste qui fut mystifié. Le grand chasseur de fantômes Harry Price fut convoqué et la suite parut dans son livre, *Esprits frappeurs sur l'Angleterre*. Il donna son avis : puisque tout le monde était persuadé que les perturbations avaient découlé du déplacement de la pierre, la meilleure solution était de la remettre exactement comme elle était auparavant. On suivit son conseil au cours d'une cérémonie à minuit, le 11 octobre 1944, et dès cet instant les troubles cessèrent à Great Leighs.

Les pierres se précipitant ou flottant à travers les airs figurent souvent parmi les perturbations attribuées par les néo-animistes aux « esprits frappeurs ». Des pluies de pierres attaquant la maison, cassant les fenêtres et atterrissant aux pieds d'une paysanne roumaine, Éléonore Zugun, furent les premiers symptômes des troubles qui empoisonnèrent sa vie et celle de sa famille pendant de longues années, à partir de 1925, lorsqu'elle avait douze ans. La répétition constante de ces attaques et l'instabilité générale des objets de son entourage rendirent la vie tellement inconfortable chez elle que ses parents la confièrent, à une époque, à un asile d'aliénés. Une fois, à l'heure du dîner familial, une pierre ronde, encore mouillée de son ruisseau d'origine, fracassa la fenêtre. On appela un prêtre qui tenta d'exorciser la pierre en la marquant d'une croix et en la rejetant dehors. Peu de temps après, la même pierre, marquée, revint aussi violemment que la première fois. Harry Price, décrivant le cas dans *Esprits frappeurs sur l'Angleterre,* compare cet incident à un cas semblable survenu en 1887, où un gros caillou rond et mouillé traversa le carreau d'un moulin près d'Appleby, dans le Westmorland, interrompant le dîner des occupants et commençant une longue série d'assauts destructifs, mais inexpliqués, sur le mobilier et l'équipement.

Toutes les pierres volantes ne sont pas violentes : certaines se dirigent plus gentiment ou flottent ou tombent doucement. Le *Times* relata en détail un cas charmant, survenu le 18 janvier 1843. A Livet, en France, deux jeunes filles ramassaient des feuilles lorsque des pierres de diverses couleurs tombèrent en pluie sur elles, lentement et sans leur faire de mal. Elle appelèrent leurs parents et les menèrent sur les lieux, et des pierres tombèrent également sur eux. On convoqua des témoins respectables, des prêtres, des docteurs et tous se firent lapider en douceur et en couleur. Cela ne se produisait qu'à un seul endroit et uniquement en présence des jeunes filles, et cela cessa au bout de quelques jours.

« Qui a élevé des milliers de tas de pierres dans un champ de Cotswold ? » interrogeait le *Sunday Express* de Londres, le 4 mai 1975. M. Peter Lipiatt, fermier dans le Gloucestershire, posa la question en découvrant des milliers de petits tas de pierres répartis dans son champ d'orge. (« Il aurait fallu à une personne toute une vie pour y arriver. ») M. Lipiatt avait pour principe de ne pas s'adonner à la superstition et il crut donc devoir attribuer le fait à des oiseaux ou des animaux. On consulta les autorités compétentes. L'expert du musée zoologique de Tring, dans le Hertfordshire, déclara : « Aucun oiseau britannique n'agit jamais ainsi, assurément. » Du British Museum de Londres vint la déclaration suivante : « Le seul mammifère britannique dont l'habitude soit de réunir des petits tas de pierres est le boy-scout ». L'Association des scouts répondit : « Je pense que vous pouvez éliminer les scouts dans ce cas. » Les sages locaux demeurent mystifiés par le phénomène qui, à des époques antérieures, aurait reçu une explication évidente : les pierres avaient poussé dans le champ.

Quant à la question de savoir si les pierres se développent réellement et procréent, suivant la notion très répandue depuis au moins l'époque de l'historien romain Pline, la croyance moderne acceptée est négative. Nous ne voulons pas prendre part à la controverse et ne sommes persuadés de la véracité d'aucune des deux affirmations contradictoires, la rustique ou la scientifique, fût-elle exprimée avec vigueur. A East Anglia, les pierres réputées capables de grandir sont les agglomérés de silex, appelés dans la région poudingue. Dans *Notes and Queries*, 8e série, 7-485, Isaac Taylor raconte la manière dont on l'emmena voir une pierre reproductrice dans la paroisse de South Weald, dans l'Essex. C'était un rocher comportant un alvéole dans lequel se trouvait un caillou; il était, lui dit-on, né de la pierre-mère et si on le retirait de sa cavité, il serait remplacé par un autre.

On proposa un jour de mettre à l'épreuve la question des pierres qui poussent. Un fermier du Suffolk déclara à son vicaire que plus il nettoyait ses champs des silex, plus il en revenait. Pas possible, lui répondit le vicaire. S'il posait un silex sur la cheminée et le regardait, il verrait bien qu'il ne pousserait pas. Le fermier rejeta l'argument sous prétexte qu'une pomme de terre placée au même endroit ne pousserait pas non plus.

MORTS ÉTRANGES ET FOUDRE FATALE

Certains lecteurs peuvent avoir l'impression que nous acceptons toutes les histoires de bonne femme; mais ce n'est pas vrai. Nous n'acceptons pas, par exemple, que la foudre ne frappe jamais deux fois au même endroit. Au contraire, et il se produit des événements curieux. Considérez plutôt ce qui suit. En 1899, la foudre tua un homme dans la cour située derrière sa maison à Tarente, en Italie. Trente ans plus tard, son fils fut tué au même endroit et de la même manière. Puis, le 8 octobre 1949, Rolla Primarda, petit-fils du premier et fils du second, mourut dans la même cour, terrassé par la foudre. Nous citons *Fate*, de mars 1950; et de la même revue (avril/mai 1952), nous tirons un autre cas de comportement étrange de la foudre, qui nous incite à nous demander si les éléments ne posséderaient pas un sens de l'humour et de l'esthétique, ou ne seraient pas sensibilisés à ces sens situés dans l'univers en général. Il s'agit de feu le major Sommerford. Ce brave officier avait été blessé en Flandre en 1918, non par l'ennemi, mais par la foudre qui l'avait jeté à bas de son cheval, le laissant paralysé de la taille jusqu'aux pieds. L'armée le libéra et il prit sa retraite à Vancouver où il s'adonnait à la pêche. En 1924, il se trouvait au bord d'une rivière avec trois compagnons pêcheurs, lorsque la foudre frappa l'arbre sous lequel il était assis et paralysa son côté droit. Au bout de deux ans, il s'était plus ou moins remis de ces chocs et parvenait à se promener à pied dans le parc de Vancouver quand, soudain, au cours de l'été 1930, un orage se leva et la foudre le frappa de nouveau. Cette fois, il resta totalement paralysé et mourut deux ans plus tard. Même défunt, sa carrière de conducteur involontaire de la foudre n'était pas terminée. En juin 1934, un orage se déchaîna au-dessus de Vancouver. La foudre frappa le cimetière et fit voler une tombe en éclats. C'était celle du major Summerford. Et pourtant ce record d'attraction de la foudre est loin d'être unique. Un gendarme à cheval du Parc national de Shenandoah, en Virginie, M. Roy C. Sullivan, mérita une place dans le *Guinness Book of Records*[1] comme étant l'unique homme à avoir survécu à quatre attaques

1. Recueil de records de Guinness.

de la foudre, en 1942, 1969, 1970 et 1972. Cette dernière fois, ses cheveux prirent feu et, par la suite, il garda toujours un bidon de 20 litres d'eau dans sa voiture, par précaution. Puis, les colonnes du *Washington Star News* du 2 août 1973 indiquèrent que Sullivan avait à nouveau, pour la cinquième fois, été frappé par la foudre et qu'il avait encore survécu.

Si certaines personnes ont une affinité pour la foudre, il en est de même pour certains endroits. L'Association pour la recherche électrique possède des cartes indiquant les « nids à foudre » où celle-ci frappe plus fréquemment, et les éclairs et les boules de feu sont des habitués de certains lieux, de préférence à d'autres. A nouveau, comme si fréquemment au cours de notre étude de l'histoire des phénomènes, nous sommes amenés à supposer que les propriétés mystérieuses de la foudre étaient plus franchement reconnues dans le passé lointain qu'elles ne le sont de nos jours et que, peut-être, on les utilisait. Fort émet l'hypothèse que les communautés primitives, pour des raisons pratiques, attachaient probablement une certaine valeur aux talents de ceux dont la tendance naturelle est d'attirer la foudre, le feu et l'effet de lévitation. La lévitation involontaire ou le coup de foudre ont souvent désigné les chamans pour leur carrière. Dans *Le Chamanisme,* Eliade donne l'exemple d'un chaman eskimo qui reçut ses dons après avoir été frappé par une boule de feu. Le lien entre l'invocation de la foudre (ou l'appel du feu céleste) et les monuments de science préhistorique est un sujet très intéressant. Des opérations mystiques et enflammées, telles que celles attribuées aux prêtres de Baal, étaient réalisées en certains lieux traditionnellement sacrés, probablement des « nids de foudre » naturels. Certains des sanctuaires shinto au Japon sont situés dans des lieux où la foudre a frappé, et de tels endroits étaient entourés de barrières et tenus pour sacrés par de nombreux peuples, dont les Étrusques et les Romains. En Grande-Bretagne, d'après les connaissances des radiesthésistes, certains cercles de pierres, notamment les Rollright Stones dans l'Oxfordshire, sont placés sur des sites où sont tombées des météorites ou la foudre, et l'utilisation traditionnelle des instruments mégalithiques appelés « pierres de foudre » pour invoquer les orages constitue un des vestiges d'une ancienne science élémentale.

Nous considérons comme admis qu'il existait deux méthodes dans la magie cérémonielle ancienne : l'une paisible, pour appeler la foudre afin de libérer les composants de nitrogène dans le sol et fertiliser les champs; et l'autre, belliqueuse, ayant pour but de projeter boules de feu et foudre sur l'ennemi. Une personne – un lieu et un moment – un éclair. En 1949, Charles Sappal, de Riverview en Floride, fut frappé par la foudre qui lui arracha une bouteille de la main. Le 22 juin 1950, il se tenait au même endroit. A nouveau la foudre frappa, le tuant cette fois.

Foudre venant d'un ciel sans nuages ou décès sans cause apparente : dans la *Monthly Weather Review*, n°s 28 et 29 de 1900, on relate le cas de deux hommes debout dans un champ et frappés à mort sous un ciel sans nuages. Il existe bien d'autres récits. Tiré de *Ciel et Terre*, Fort cite l'incident survenu en 1893 : dix-neuf soldats marchant près de Bourges furent frappés par une « force inconnue » qui les jeta à terre, en tuant certains. L'enquête judiciaire rapporta que le temps avait été beau, sans aucun signe d'orage dans la région. Autre récolte de Fort dans *Ciel et Terre* : la foudre, jaillissant d'un ciel clair, frappe un homme sur le sommet du mont San Gorgonio, en Californie. Deux jours plus tard, le même phénomène se produit et tue cette fois un homme au sommet du mont Whitney, à 300 kilomètres de là.

Ce dernier cas appelle pour nous deux souvenirs : Elie et son char enflammé l'enlevant du haut d'un sommet, et les magiciens brésiliens de l'âge de l'espace, Manoel Cruz et Miguel Viana. Le 17 août 1966, ces deux hommes, faisant des expériences sur l'électronique et ses liens avec les OVNI et les communications cosmiques, grimpèrent en haut du mont Vintem, à Nitteroi près de Rio de Janeiro. Malgré la chaleur de l'après-midi, ils emportèrent des imperméables et des masques de plomb sans orifices orbitaux. Au cours de la soirée, on vit un disque illuminé plonger sur le mont Vintem et, le lendemain matin, on découvrit les deux hommes morts au sommet. Ils ne portaient aucune marque et l'on ne réussit jamais à établir la cause de leur décès. Un seul indice, un morceau de papier, manuscrit : « 16 h 30 : être au lieu désigné. 18 h 30 : avaler la pilule. Après l'effet, protéger le visage avec le métal et attendre que le signal se manifeste. » On ne parlait que d'OVNI à l'époque et, sacrifiant à la mode, le verdict officiel déclara : « Assassinat par OVNI. » Cependant, cette tendance moderne d'attribuer les événements mystérieux aux OVNI renouvelle simplement la croyance ancienne selon laquelle les éléments répondent à l'invocation humaine et créent, dans leur comportement, des modèles significatifs ou intelligents. Peut-être, dans leur propre langage subtil et rempli d'allusion, les boules de feu, la foudre, les OVNI et d'autres phénomènes semblables communiquent-ils un message ?

Les annales de la foudre abondent en coïncidences. Considérons, par exemple, le récit de Pline au sujet d'un monstre qui dévastait une cité de l'ancienne Étrurie. Les augures étrusques invoquèrent la foudre pour le tuer. Le monstre s'appelait Volta, comme le grand électricien de nombreux siècles plus tard !

Les éclairs venant de l'azur sont, bien entendu, le moyen traditionnel de châtiment divin et, si comme on le dit à leur propos, les magiciens anciens parvenaient à utiliser cet effet à leur propres fins, l'on connaît des cas de gens qui, sans en avoir véritablement l'intention, l'ont attiré sur eux-mêmes. « Que Dieu me frappe à mort » est une invocation terrible. Enfants, nous l'avons tous essayée. Mais, peut-être faut-il avoir la conscience coupable pour qu'elle produise ses effets. Le cas dramatique de Ruth Pierce est décrit sur un monument de pierre sur la place du marché de Devizes, dans le Wiltshire. Le 25 janvier 1753, Ruth et trois autres femmes se réunirent pour acheter un sac de blé au marché. Chacune devait participer équitablement à son paiement, mais Ruth garda une partie de son argent, puis jura qu'elle avait réglé la totalité, ajoutant qu'« elle voulait bien mourir sur-le-champ si elle mentait. Elle répéta avec témérité ce souhait terrible et, devant la foule consternée, elle tomba au sol et expira, tenant encore dans la main l'argent qu'elle avait refusé ». L'inscription indique que le maire et la corporation de Devizes espèrent, au moyen du monument permanent, « transmettre aux époques futures le compte rendu d'un événement redoutable... Souhaitant qu'un tel souvenir puisse servir d'avertissement salutaire contre le danger d'invoquer la Vengeance Divine avec impiété ».

« La Karma instantanée » et les réponses précises à des prières sont des phénomènes gratifiants, mais nous avons remarqué chez la personne ou la chose qui les contrôle une tendance à prendre les faits à la lettre. L'ouvrage de Henry F. Kretzer, *Lightning Record* (1895), comprend le récit d'une rencontre en plein air à Walnut Ridge, dans l'Arkansas, en août 1894, au cours de laquelle un prédicateur harangueur implorait les foudres du ciel de lui accorder un signe sur-le-champ, signe dont tous se souviendraient. Un éclair l'interrompit en pleine déclamation, faisant exploser un arbre voisin, recouvrant les fidèles d'une pluie de branches et en assommant certains.

COÏNCIDENCES

Dans la vision phénoméniste, l'on ne peut isoler les événements singuliers du continuum englobant la réalité tout entière et faisant que tout ce qui se passe, à n'importe quel niveau, n'importe où, influence et subit l'influence de toute autre chose. Ainsi, nous critiquons la science du XIXᵉ siècle qui prétendait en vain étudier les objets et les événements comme des entités détachées. Les physiciens modernes en viennent à réitérer la connaissance ancienne, qui prétendait que l'acte même d'observer produit un effet sur l'objet de l'observation, et que la perception est un acte puissant de créativité dans lequel les réalités subjective et objective se combinent pour créer un fait. Un type d'événement illustre bien la question : les coïncidences, où deux ou plusieurs liens de cause à effet s'unissent à l'observateur qui leur ajoute une nouvelle dimension – la signification.

Dans l'*Inconnu*, 1902, Camille Flammarion raconte l'expérience de son ami, le poète Émile Deschamps. Jeune étudiant à Orléans, Deschamps partageait sa table avec un certain M. de Fortgibu, qui avait rapporté d'Angleterre un goût particulier pour le plum-pudding, alors inconnu en France. Il insista pour que Deschamps y goûtât. Dix ans plus tard, Deschamps passa devant un restaurant où il vit préparer un plum-pudding. Sa première tentative, oubliée pourtant depuis longtemps, l'incita à entrer et à demander une tranche; mais le pudding était réservé à un autre client et Deschamps dut supplier celui-ci de lui céder une part. Il s'avéra que c'était M. de Fortgibu et tous deux furent étonnés de se trouver pour la seconde fois autour du même plat. A nouveau, de nombreuses années s'écoulèrent et Deschamps se rendit à un dîner où l'on devait servir un plum-pudding; Deschamps enchanta ses hôtes avec le récit de sa rencontre extraordinaire avec Fortgibu. Les plaisanteries fusèrent à propos de la possibilité de l'apparition du vieux monsieur. Et celui-ci arriva vraiment pendant le repas : il avait également été invité à dîner, mais par l'occupant d'un autre appartement, dans le même immeuble, et il s'était perdu. « Trois fois dans ma vie, j'ai mangé du plum-pudding, et trois fois j'ai rencontré M. de Fortgibu ! » dit Deschamps. « Mes cheveux se dressèrent sur ma tête. Une quatrième, je me sentirai capable de tout... ou de rien ! »

Les études sur les coïncidences varient considérablement. *Synchronicity* (1955), de Jung propose un processus inconnu qui emprunte un raccourci à travers l'espace-temps pour ordonner les événements de la même manière que les archétypes régissant le contenu pré-conscient de la psyché, si bien que les événements de la réalité physique et psychologique se revêtent de significations parallèles. Flammarion s'intéressait au domaine de la parapsychologie; et cette inclination naquit de son penchant à considérer les fantômes comme des présages de mort. Il indiqua que si de telles visions étaient de simples hallucinations, le problème de leur synchronisation avec des événements inconnus et lointains n'en demeurait pas moins. Si Flammarion ne s'était pas détourné de sa brève incursion dans le domaine des coïncidences, il aurait anticipé le travail du malchanceux biologiste Paul Kämmerer qui publia son ouvrage sur la « Loi des séries » en 1919. Pendant vingt ans, il tint un carnet détaillé de coïncidences méticuleusement analysées et classées en catégories, et confirma sa croyance en une sérialité douée « d'ubiquité et constamment dans la vie, la nature et le cosmos ».

Enfouie dans le travail de Kämmerer se trouve la notion alchimique d'affinité, des semblables qui s'attirent, sujet également mentionné dans « Pluies de grenouilles et de poissons ». Par ailleurs, Kämmerer remarqua une périodicité dans les événements, thème repris et amplifié par Edward R. Dewey pour créer un nouveau champ d'étude dans *Cycles : The Mysterious Forces that Trigger Events*[1] (1971). Un bébé tomba du quatorzième étage sur Joseph Figlock qui passait sur le trottoir. L'année suivante, l'événement se reproduisit (*Week-end*, Londres, 19 mai 1976). Ceux-là survécurent, mais certaines coïncidences entraînent la mort. Deux frères aux Bermudes furent tués par le même taxi et le même conducteur, conduisant le même passager, alors qu'ils roulaient sur le même cyclomoteur, dans la même rue, mais à exactement un an d'intervalle (*Liverpool Echo*, 21 juillet 1975).

Fort prétendait s'intéresser aux rapports existant entre les choses plutôt qu'aux choses elles-mêmes et considérait tous les phénomènes comme une continuité d'une immense complexité dont les sommets se projettent à l'occasion dans le champ de notre observation : « Pas une seule bouteille de ketchup ne peut tomber de l'escalier de service d'une H.L.M. de Harlem sans... influer sur le prix des pyjamas à Jersey City, la température

1. Cycles : Les forces mystérieuses qui déclenchent les événements.

d'une belle-mère quelconque au Groënland ou le marché des cornes de rhinocéros en Chine. »

Non seulement les coïncidences constituent un élément ordinaire de la vie quotidienne, mais d'après Ira Progoff (*Jung, Synchronicity and Human Destiny*[1], 1973), il est possible dans une certaine mesure de les susciter en tenant un journal, comme Kämmerer – phénomène bien connu des cruciverbistes et également des écrivains.

Dans son introduction à *The Occult*[2] (1971), Colin Wilson remarquait : « Un jour, alors que je cherchais un renseignement, un livre tomba réellement des rayons de ma bibliothèque et s'ouvrit à la page qu'il fallait. » Flammarion se souvient (dans *L'Inconnu*) qu'à l'époque où il écrivait un chapitre sur la force du vent pour son ouvrage *L'Atmosphère*, un coup de vent emporta ses papiers « dans une mini-trombe, sans lui laisser le moindre espoir de les retrouver ». Quelques jours plus tard, il reçut de son éditeur les épreuves de ce chapitre-là, au complet, avec les pages manquantes. Elles avaient été déposées dans une rue que fréquentait le portier de l'éditeur, qui portait souvent le matériel de Flammarion et qui les ramassa, pensant qu'il avait dû les laisser tomber. Sur cette même question, nous pourrions faire de nombreuses citations de notre expérience personnelle, mais nous nous en abstiendrons.

Le type le plus fréquent de coïncidences (en dehors du genre parlez-du-loup qui fascinait tellement Flammarion) implique les mots et les nombres. Tout le monde peut citer le cas de gens dont le nom reflète leurs intérêts ou leur occupation; ainsi, l'accoucheur Don Triplett, qui récemment mit au monde sa troisième série de triplés (*Weekly News*, 15 mai 1976). Fort cite un classique (« un jeu de mots sauvage combiné au meurtre ») tiré du *New York Herald* du 26 novembre 1911 ; on pendit trois hommes à Londres pour le meurtre de Sir Edmund Berry sur Greenberry Hill. Ils s'appelaient Green, Berry et Hill. Un sens de l'humour calembouresque erre à travers le monde, puéril parfois et menaçant à d'autres moments. Le *Scunthorpe Evening Telegraph* du 26 avril 1975 raconte l'histoire du joueur de golf Jim Tollan qui joua sa balle du tee du quatorzième trou. La balle atteignit un malard de 3,5 kilos en vol et l'abattit sur le green, appelé Mallard, du nom du pub qui le domine. Un exemple frappant de la coïncidence

1. Jung, la synchronie et la destinée humaine.
2. L'occultisme.

prémonitoire se produisit avec les mots croisés du *Daily Telegraph* qui précédèrent le débarquement de Normandie, le 6 juin 1944, et qui comportaient un grand nombre des noms de code top-secret des opérations : Omaha, Utah, Mulberry, Neptune et le code général pour le jour J lui-même, Overlord. Les enquêtes du Deuxième Bureau militaire ne trouvèrent d'autre explication que la stupeur et les protestations d'innocence de l'auteur, un instituteur.

Il existe une catégorie de coïncidences où la nature semble imiter l'art, et la réalité la fiction. En tant que phénoménistes, nous ne voyons pas très bien l'utilité de discuter indéfiniment de paradoxes du type de la-poule-et-de-l'œuf car nous acceptons que, dans la continuité, il y ait un peu de chaque chose dans tout le reste, rendant difficile de préciser, sauf d'une manière arbitraire et ponctuelle, où se combinent les réalités « dure » et « douce ». Il s'agit là d'un domaine virtuellement inexploré de phénomènes intermédiaires. Par exemple : Noël McCabe de Derby écoutait un disque : *Le cri de l'oie sauvage* de Frankie Laine, lorsqu'une oie canadienne fracassa la fenêtre de sa chambre et deux autres s'écrasèrent au-dehors (le *Sun* de Londres, 19 novembre 1974). Les villageois de Ruthwell, Dumfriesshire, regardaient une version télévisée du film *Le Tour du monde en quatre-vingts jours,* quand il y eut soudain une panne de secteur. Aux abords du village, un ballon à air chaud avait tenté d'atterrir et avait été projeté par un brusque coup de vent contre les lignes à haute tension, juste au moment où le héros du film était sur le point de s'envoler dans sa montgolfière (*Weekly News,* 12 avril 1975). La famille Melkis regardait également la télévision à Dunstable, Bedfordshire, quand... au moment précis où le *Titanic* condamné était sur le point d'entrer en collision avec l'iceberg, leur maison trembla sous l'impact d'un gros bloc de glace qui avait « choisi » ce moment précis pour tomber du ciel et fracasser leur toit (*Daily Mail*, 8 juillet 1975). Dans un article du *Sunday Times,* Arthur Koestler remarque que l'incident du *Titanic* lui-même fut devancé, quatorze ans plus tôt, en 1898, par le roman de Morgan Robertson, *Futility*[1], relatant l'aventure d'un navire géant, le *Titan*, qui entre en collision avec un iceberg au cours de son voyage inaugural, presque au même endroit de l'Atlantique. Koestler publia également une lettre d'un homme qui se trouvait à la barre d'un vaisseau en 1939, à la position exacte du désastre du *Titanic*,

1. Futilité.

lorsqu'un pressentiment l'obligea à stopper son navire. Il était temps, car un énorme iceberg apparut, heurtant et endommageant le navire, mais sans entraîner de pertes en vies humaines. Cela se passait sur le *Titanian*.

Pour terminer, nous avons noté une forme de coïncidence qui aurait amusé Fort, celle du savant expert qui se trouve sur la scène de l'étrange, comme s'il s'agissait d'un spectacle monté pour lui tout seul. D'après *Science* du 22 avril 1949, le Dr A.D. Bajkov, ichtyologue, assista à un bombardement de poissons tombant du ciel, peu après son petit déjeuner à Biloxi, Mississippi. Le Dr W.M. Krogman, pathologiste, spécialisé dans les décès par le feu, se trouvait par hasard en vacances près de l'endroit où Mme Reeser s'enflamma spontanément (voir « Combustion humaine spontanée »). Puis, le 2 avril 1973, un météorologue se promenant à Manchester manqua de justesse d'avoir le crâne fracassé par un bloc de glace qui vint s'écraser à ses pieds. D'après le *Meteorological Magazine* de septembre 1975, ce fut une des chutes de glace les mieux documentées de l'histoire. Mais, là, nous approchons d'une autre variante, et dont la science a bénéficié de nombreuses fois : la découverte accidentelle. A quel point est-elle fortuite ?

L'HONNÊTETÉ DE LA MORUE

Le 23 juin 1626, M. Mead, de Christ College à Cambridge, traversait le marché municipal lorsque des clameurs, provenant d'un groupe de paysans autour d'un étal de poissons, attirèrent son attention. Sur le comptoir reposait un livre délabré, relié en toile à voile visqueuse de bave de poisson. La marchande venait de le retirer de l'intérieur d'une morue grassouillette. Dans une lettre à Sir M. Stuteville, M. Mead disait avec émotion : « J'ai tout vu de mes propres yeux – le poisson, la panse, le morceau de toile à voile, le livre – et j'ai observé tout ce que j'ai décrit; je n'ai simplement pas vu vider le poisson, mais peu de gens l'ont vu, car il était sur l'étal de la marchande qui lui trancha la tête à laquelle étaient accrochées les entrailles et, comme il semblait très plein, elle fouilla sa panse et trouva le livre en question. Quiconque aurait été aussi près que moi hier matin aurait été persuadé qu'il n'y avait aucune supercherie, même sans en être témoin. Le poisson venait de Lynne. »

Au nom de la connaissance, M. Mead prit possession du volume poisseux. C'était un ouvrage théologique de John Frith écrit pendant l'emprisonnement de son auteur à Oxford. Nous ne voulons pas être provocants, mais uniquement au nom de la globalité nous notons que le lieu de sa réclusion avait été une cave servant d'entrepôt de poissons, où l'odeur était tellement accablante que plusieurs compagnons de Frith en étaient morts. Son livre, rendu si miraculeusement à la circulation, fut réimprimé par les autorités de Cambridge, avec pour titre *Vox Piscis* et illustré d'une gravure sur bois montrant le livre, l'étal et le couteau qui avait servi à ouvrir le poisson.

Cette anecdote illustre parfaitement un thème principal de notre livre : la manière dont certains événements, apparemment improbables, se répètent parmi tous les peuples et à toutes les époques dont nous avons consigné l'histoire. Certaines de ces histoires de trésors perdus et révélés par un poisson nous paraissent plutôt incroyables. On en trouve une extraordinaire dans le *Gesta pontificum* de William de Malmesbury, reprenant une version légèrement différente de la *Chronique de l'abbaye d'Evesham*. Saint Egwin, fondateur de l'abbaye au VIIIe siècle et l'un des premiers évêques de Winchester, s'était compromis dans un scandale et avait décidé d'accomplir le voyage à Rome pour blanchir son nom. Il produisit un effet dramatique, au moment de son départ, en chargeant ses pieds de fers et en jetant la clé dans le fleuve Avon. Au cours de son voyage à Rome, un poisson sauta de la mer sur le pont du navire; on l'ouvrit... et la clé apparut. La chronique précise que le poisson avait, en réalité, été pêché dans le Tibre. En tout cas, le pape considéra cela comme un signe de l'entière innocence de saint Egwin qui rentra en Angleterre réhabilité.

Parmi les épisodes les plus anciens de l'histoire sacrée japonaise figure le mythe shinto de deux frères, correspondant à Caïn et Abel, qui se partagèrent le pays, l'aîné s'installant près de la côte et vivant de pêche et le puîné grimpant dans la montagne pour y vivre de chasse. Sur un caprice, ils décidèrent d'échanger leurs rôles, mais chacun se révéla incapable d'exercer le métier de l'autre, et les choses seraient tout simplement revenues à leur cours normal si le jeune frère n'avait pas perdu le précieux hameçon de l'aîné. On en offrit au pêcheur des milliers pour le remplacer, mais il ne voulait que l'original et le jeune frère partit à sa recherche dans le palais du roi des poissons. Après de nombreuses aventures, y compris son mariage avec la fille du roi, il persuada le souverain de convoquer tous les poissons de l'océan et de sommer celui qui avait l'hameçon de le rendre. Un mulet qui avait avalé l'hameçon le regorgea aimablement et l'homme le remporta.

Dans les versions médiévales de cette histoire, l'objet le plus souvent avalé et rapporté par un poisson est une bague. Saint Mungo, évêque et saint patron de Glasgow, qui vécut au VIe siècle, fut un jour sollicité par une dame qui avait laissé tomber la bague de son mari dans la rivière Clyde et que l'on soupçonnait de l'avoir donnée à son amant. Saint Mungo après s'être abîmé en prières et en méditations, demanda que le premier poisson pêché ce matin-là dans la rivière Clyde lui fût apporté. La bague était dans sa gueule. Un autre saint évêque, Gerbold de Bayeux, jeta sa bague dans la mer et se retira dans un ermitage après avoir été chassé de son palais par son peuple. Plus tard, un homme attrapa un poisson et trouva la bague dans sa panse. La population, ayant compris la signification de ce fait, alla rechercher Gerbold et le réinstalla dans son palais de Bayeux, qu'il continua de sanctifier pendant de nombreuses années, d'abord par sa présence vivante, puis par ses saintes reliques.

Nous le savons, toutes ces histoires comportent une interprétation mystique. Dans la mythologie celte, le saumon est porteur de sagesse et les poissons utilisés pour rendre les oracles et consultés par les druides aux puits sacrés irlandais sont, encore de nos jours, au centre des légendes des paysans.

Les histoires de personnes avalées par des poissons, ou descendant dans une grotte ou un vaisseau sombre et clos, constituent des allégories du processus psychologique par lequel l'âme, dans sa recherche de la maturité, s'enfonce dans les profondeurs dangereuses de l'enfer mental pour émerger fortifiée et purifiée. La descente du Christ aux Enfers et l'aventure de Jonas dans le ventre de la baleine font partie des nombreuses illustrations de la mort symbolique en tant qu'étape vers l'initiation. Dans *Psychologie et Alchimie*, Jung décrit un épisode tiré du rêve d'un patient, comportant tous les éléments essentiels de notre histoire de poisson et de bague :

« Puis, le rêveur se promène dans une sombre caverne où se déroule une bataille entre le Bien et le Mal. Mais il y a aussi un principe qui possède toute la connaissance. Il donne au rêveur une bague enchâssant un diamant... »

Dans l'interprétation de Jung, la caverne représente la pensée inconsciente, scène d'un profond conflit mental. Le principe est la pierre philosophale, instrument de réconciliation, et en acceptant la bague, le rêveur se voue à la quête sacrée.

Le but de Jung était de démontrer la nature permanente archétypale de certains thèmes et images exprimés en mythologie universelle, poésie et symbolisme magique, et également sous-jacents dans les rêves humains, et de construire pour eux un modèle de réalité psychologique humaine. Notre propos est de porter le sujet au stade suivant, en repérant ces mêmes archétypes lorsqu'ils émergent du monde des rêves dans celui de l'expérience réelle.

Nous ne savons pas si Hérodote avait raison de déclarer que Polycrate, tyran de Samor, avait sacrifié son sceau d'or et d'émeraude sur les conseils d'un saint homme en le jetant dans la mer, et l'avait plus tard vu revenir dans le ventre d'un poisson; et nous ne savons pas très bien quelle vérité se cache sous la légende, bien connue dans le Yorkshire, selon laquelle le nom de Pickering viendrait d'une bague (ring) perdue par un ancien roi britannique et rapportée plus tard par un brochet (pike). Toutefois, nous entendons continuellement citer des exemples modernes semblables, rapportés comme des faits, mais sans les références détaillées qui leur donneraient de l'intérêt si on les publiait dans notre ouvrage.

LIMITES INVISIBLES

Ce chapitre traitera des intrusions inattendues de forces étrangères dans tout ce que nous pouvons appeler la réalité normale. Nous nous pencherons en particulier sur un phénomène étonnamment répandu et cependant peu étudié : celui des limites invisibles inhibant sans raison les gens, les animaux et même les machines. Parmi les incidents modernes concernant les OVNI, figurent souvent des moteurs de voitures qui calent en présence d'un OVNI ou lorsqu'un OVNI dirige un rayon de lumière sur la voiture. Plusieurs écrivains, parmi lesquels Roger Sandell (dans le *Metempiric UFO Bulletin*, été 1976) et Clark et Coleman (dans *The Unidentified*) pensent que cet effet est un prolongement de la tradition plus ancienne de récits de fées et de fantômes. Nous lui attribuons une origine plus lointaine : dans le Nouveau Testament, le récit des Nombres XXII – 21 à 33, à propos de Balaam et de son âne. Dieu interdit à Balaam de passer par un certain chemin, que celui-ci prit immédiatement. L'âne refusa d'emprunter le chemin, mais Balaam le battit pour l'y contraindre. Une seconde fois, l'âne s'arrêta et recula contre un mur, écrasant la jambe de Balaam qui, à nouveau, le battit. L'animal se coucha finalement en travers du chemin et aucun coup ne réussit à le faire bouger. La Bible explique, par le truchement de l'âne, qu'une vision de l'Ange du Seigneur lui barrant le chemin avait causé son inhibition.

Fort nota en avril-mai 1927 une série d'« attaques contre les automobiles », contraintes à quitter la route pour se jeter dans les fossés, les rivières ou les lacs. A propos d'un de ces cas, le conducteur raconta la manière dont il avait essayé de maintenir la voiture à droite, une force mystérieuse l'entraînant vers la gauche. Nous pourrions ajouter de nombreux incidents semblables. A Sunbury, dans l'Ontario, Mme Celina Legris fut jugée pour conduite dangereuse, causant un mort, lorsque sa voiture en heurta une autre. Le *Recorder and Times* de la région, du 24 janvier 1969, relata qu'elle avait plaidé qu'une « force invisible semblait soulever ma voiture et la jeter violemment dans la mauvaise file, juste avant qu'elle ne heurte la voiture d'en face, de plein fouet. » Même si elle disait la vérité, quelle cour de justice l'aurait crue ?

On a accusé des « rayons » mystérieux de causer des accidents et de faire caler des voitures de manière tout aussi mystérieuse. Un des cas les plus anciens fut celui d'une quarantaine de voitures qui calèrent simultanément sans être capables de redémarrer pendant plus d'une heure sur une route en Saxe (*New York Times*, 25 octobre 1930). La presse populaire s'empara avec enthousiasme du sujet des « rayons secrets » capables d'arrêter des machines en 1923-1924 et Grindell-Matthews, génie britannique excentrique, prétendait même en avoir inventé un (*Daily Mail*, 5 avril 1924). Plus tard, à l'époque de la Seconde Guerre mondiale, on raviva l'idée des « rayons de la mort » et des rayons stoppant les machines.

L'effet, comme celui des « rayons invisibles », se produit souvent dans les traditions de fées, de fantômes et de magie. On nous parle du sort magique inhibant dont le sujet ne peut être délié que par la personne l'ayant jeté. Dans la collection de contes de Kathleen Wiltshire provenant de la tradition collective de son comté anglais (*Ghosts and Legends of the Wiltshire Countryside*, 1973), un berger de quatre-vingt-dix ans raconte l'histoire d'un charretier travaillant dans la même ferme que lui, à Newton Tony. Un jour, l'homme conduisait un chariot de bois et il rencontra une femme, réputée dans la région pour être une sorcière, et qui lui demanda de prendre son fagot sur sa charrette. Il refusa et tenta de continuer son chemin, mais les chevaux étaient incapables de traîner la charrette plus loin et il n'eut pas d'autre choix que de les dételer et de les reconduire à la ferme. Le fermier l'accompagna sur les lieux le lendemain matin et, à nouveau, la charrette demeura immobile; elle resta bloquée jusqu'à ce qu'ils consentent à transporter les petits fagots de la femme. Dans *Operation Trojan Horse*, 1970, John Keel raconte que, dans les années 1820, le général Andrew Jackson se rendit à la ferme Bell, dans le Tennessee, avec l'intention d'enquêter sur les activités des esprits frappeurs qui y sévissaient. Soudain, les roues de son carrosse se « figèrent » et l'on eut beau pousser et tirer, l'on ne parvint pas à le faire bouger. Les membres de son expédition, exaspérés, tressaillirent soudain en entendant une voix métallique retentissant dans l'air : « Allez, général, faites rouler le carrosse. » Et il avança !

Week-end (Londres, 21-27 octobre 1970) publia une histoire, relatée par plusieurs témoins, d'une armée fantôme que l'on avait vue en novembre 1960 sur une route près d'Otterburn, dans le Northumberland, site d'une bataille au XIVe siècle. Mme Dorothy Strong, l'un des témoins, se trouvait dans un taxi. Elle raconte : « Subitement, le moteur s'arrêta, le compteur devint fou et le taxi donna l'impression d'être poussé contre un mur invisible. Les soldats semblaient nous encercler, puis s'évanouirent. » Plusieurs personnes ajoutèrent que cela s'était déjà produit au même emplacement.

Nous lisons fréquemment dans les récits concernant des visions de fées que des chevaux, attelés ou non à des voitures, ont été incapables de dépasser un point de la route près duquel on a entendu une musique de fées, ou aperçu des fées en plein divertissement. On raconte que saint Thomas d'Aquin, à qui Albert le Grand avait appris l'art de fabriquer des modèles magiques (voir « Les images qui s'animent ») trouvait tellement gênant le fracas des chevaux devant sa maison, lorsqu'il étudiait, qu'il confectionna un cheval de cuivre et l'enterra sous la chaussée. Après quoi, aucun cheval n'accepta d'emprunter ce chemin, même si on le fouettait.

D'autres récits de limites invisibles proviennent de gens ayant foulé une parcelle de sol marquée d'un sort par les fées. Dermot Macmanus consacre un chapitre de *The Middle Kingdom*, 1973, aux comptes rendus de « sol errant ». En 1935, sa tante, à Mayo, engagea une jeune fille d'un village voisin et l'envoya faire une course, l'obligeant à passer par Lis Ard, colline coiffée de bouleaux et dominée par un célèbre château de fées. Comme elle souffrait du mal du pays et avait du temps à perdre, elle grimpa en haut de la colline et pénétra dans le bois pour voir son village du haut du sommet. Puis, elle redescendit la pente jusqu'à une brèche dans le talus. « Elle parvenait juste à l'ouverture lorsqu'elle ressentit un étrange tiraillement – sorte de tiraillement musculaire à l'intérieur d'elle-même plutôt que venant de l'extérieur – et avant de se rendre compte de ce qui lui était arrivé, elle s'aperçut qu'elle marchait vivement dans la direction tout à fait opposée, à nouveau vers le centre du bois. » A sa seconde tentative pour passer par la brèche, la même chose se produisit. Puis, elle essaya l'endroit par lequel elle était entrée, « mais là, elle fut saisie d'un grand choc, car elle eut l'impression qu'un mur invisible se trouvait à cet endroit l'empêchant de passer. » Elle resta bloquée durant des heures derrière ce mur magique, si solide en apparence qu'elle pouvait le suivre de ses mains, tout autour d'elle. Pendant ce temps, on s'était inquiété de son absence; la soirée se transforma en nuit et on monta quatre expéditions à sa recherche. La jeune fille raconta plus tard qu'un groupe de sauveteurs était passé à une vingtaine de mètres d'elle et n'avait pas pu la voir ni entendre ses cris angoissés, alors qu'elle-même les voyait et les entendait parfaitement. Quelque temps après, elle se rendit compte que le mur s'était évanoui et elle put rentrer chez elle, effrayée et épuisée.

Il semble y avoir eu une limite invisible récemment dans un parc de stationnement de voitures à Durham, dans le nord de l'Angleterre. D'après le *Newcastle Journal* du 8 décembre 1975, Mme Dilys Cant répéta plusieurs fois en vain une marche arrière, pour garer sa voiture dans une place libre. D'après elle, on aurait dit que sa voiture butait chaque fois contre un trottoir, mais aucun obstacle visible ne la gênait. Un « champ de force invisible » empêcha également sa fille de réussir la manœuvre. Deux autres automobilistes tentèrent ensuite d'abord de conduire, puis de pousser leur véhicule dans l'espace, sans y parvenir. Comme d'habitude, quand les officiers du conseil municipal arrivèrent pour enquêter, la place « hantée » était redevenue normale.

D'après le *Daily Mail* du 1er mai 1907, une vieille Parisienne se plaignit à un magistrat que « quelque chose » l'obligeait à marcher sur ses mains, chaque fois qu'elle passait la porte de son appartement. Le magistrat la retint, pensant qu'elle était folle, et dépêcha un officier pour enquêter. Il revint avec le fils de la dame qui déclara à la Cour : « Je ne prétends pas l'expliquer. Je sais seulement que lorsque ma mère, mon oncle ou moi-même entrons dans l'appartement, nous sommes immédiatement forcés de marcher sur les mains. On envoya chercher l'oncle et, lui aussi, confirma le récit. En fin de cause, le magistrat convoqua la concierge de l'immeuble qui dit : « Tout ce que vous avez entendu est vrai. J'ai cru que mes locataires étaient devenus fous, mais sitôt entrée dans les pièces qu'ils occupent, je me suis trouvée à quatre pattes, essayant de lancer mes pieds en l'air. »

Le magistrat ordonna de désinfecter les locaux !

LÉVITATION ET VOL SPONTANÉ

Nous pouvons rappeler, avec plus ou moins de succès en notre époque d'aviation supersonique, que les êtres humains possèdent la capacité inhérente de voler de manière autonome, sans aide artificielle. Nous tirons notre documentation de diverses sources, car le sujet est ensorcelé par l'exclusionisme. Les chrétiens chérissent leurs propres saints lévitants, sans le moindre respect pour les mystiques volants d'autres confessions. Les amateurs de folklore se délectent des récits de personnes envolées en compagnie de fées, mais ne manifestent aucun enthousiasme à propos des lévitations de médiums spirites contemporains. La science traditionnelle ne s'intéresse à rien de tout cela. Pour notre part, ce phénomène de vol humain éveille chez nous la curiosité; il n'y a aucun doute qu'il se produit de temps à autre. Dans la plupart des cas, il est involontaire; cependant, il est parfois prémédité. De toute évidence, il existe une force naturelle, inconnue de notre science actuelle, par laquelle on peut accéder à la lévitation; et plus nous nous éloignons du temps et de la culture de la vision du monde réaliste de l'Europe moderne, plus nous rencontrons de preuves que cette science a été reconnue, étudiée et utilisée. Peut-être y reviendrons-nous un jour.

Les cas signalés de lévitation dans un contexte religieux sont légion. Dans *La Lévitation*, Olivier Leroy a recueilli des légendes se rapportant à environ 230 saints catholiques auxquels on attribue ce fait – ou cet accident. Elles englobent saint Ignace de Loyola qui avait tendance à demeurer suspendu à environ 30 centimètres au-dessus du sol au cours de ses méditations, saint Alphonse de Liguori qui fut élevé dans les airs devant toute la congrégation de fidèles de l'église Saint-Jean à Foggia, en 1777, et la célèbre carmélite arabe, sœur Marie : dans le jardin de son couvent de Bethléem, sa lévitation l'entraînait parfois jusqu'à la cime des arbres; en s'élevant, elle se tenait à une branche, comme le font certains yogis indiens avec leur bâton. Dans de tels cas, la personne s'élevant dans les airs est dans un état de transe ou d'extase religieuse, la lévitation physique étant un effet secondaire du détachement mental ou du « voyage astral ». Le phénomène n'est pas, bien entendu, l'apanage exclusif des saints catholiques. Parmi les lévitants musulmans, on compte le derviche iranien du XIIe siècle, Haydar, réputé pour ses envols soudains vers les cimes des arbres et les toitures des maisons.

Parfois, la tendance au vol involontaire peut être gênante pour la personne affligée de ce don. Le modeste saint Joseph de Copertino (1603-1663) passa sa vie de franciscain à être transféré par ses supérieurs d'un couvent à un autre, pour éviter la publicité qu'attiraient ses envols spectaculaires. Soudain, il poussait un cri et s'envolait dans les airs, désorganisant les cérémonies religieuses au point d'être interdit de participation aux prières communes et obligé de célébrer ses messes aériennes à huis clos. Une fois, d'après un témoin, « il s'éleva dans l'espace et, du milieu de l'église, vola comme un oiseau vers le maître-autel où il embrassa le tabernacle ». Un autre jour, il vola vers un olivier « et demeura à genoux, pendant une demi-heure, sur une branche que l'on voyait ployer comme sous le poids d'un oiseau ».

L'Église, ayant condamné le vol magique dans les religions païennes et « sauvages » comme étant diabolique, n'a jamais encouragé de telles exhibitions parmi ses propres saints. Elle s'est ainsi coupée d'un aspect de la connaissance que des religions moins inhibées semblent avoir maîtrisé, l'art de la lévitation contrôlée. Si le phénomène se produit spontanément dans certaines conditions, l'on doit probablement pouvoir le reproduire délibérément. Là où les saints ont ouvert la voie, les spiritualistes ont suivi. En juillet 1871, le médium D.D. Home participa à une soirée de spiritisme dans un appartement londonien, en compagnie de Lord Adair, son cousin, et de Lord Lindsay qui décrivit les événements : « Au cours de la séance, M. Home entra en transe et, dans cet état, fut transporté par la fenêtre dans la pièce à côté de celle où nous étions, puis rentra par notre fenêtre. » Les exploits de Home, dans le domaine de la lévitation, faisaient tressaillir les salons à la mode de la Londres victorienne, mais ses pouvoirs étaient loin d'être uniques ou exceptionnels. Le *Chamanisme* de Mircea Eliade cite de nombreux exemples de sorciers-guérisseurs, chamans et mystiques orientaux qui pratiquent des rituels déterminés, entraînant un état propice qui permet au corps de s'élever dans les airs. Parfois, un futur chaman est désigné par sa lévitation spontanée. Ainsi, à Sumatra, « celui qui est destiné à devenir un prêtre-prophète disparaît subitement, enlevé par les esprits; il revient au village trois ou quatre jours plus tard; sinon, on organise sa recherche et on le trouve habituellement en haut d'un arbre, conversant avec des esprits. Il paraît avoir perdu la tête et la population doit offrir des sacrifices pour qu'il recouvre son bon sens ».

Quand de telles choses arrivent dans des communautés traditionalistes, régies par des chamans ou des magiciens officiels, la personne qui a attiré la force de lévitation est placée dans un cours d'initiation pour apprendre à contrôler cette force et l'utiliser. En Europe, où la lévitation spontanée est soit non reconnue, soit classée en termes de diabolisme et de surnaturel, son apparition importune et fait souffrir la personne qui en est affligée. Dans les annales de la Société pour la recherche psychique figurent d'innombrables cas de personnes soulevées dans les airs et jetées à travers la pièce par des forces inconnues. John Aubrey publia dans *Miscellanies* une lettre écrite en 1683 par un clergyman de Barnstaple, dans le Devon, donnant un témoignage direct d'une série d'attaques mystérieuses et très violentes contre un jeune homme, Francis Fry, serviteur dans une ferme de la paroisse de Spreyton. Il fut assailli de projectiles volants et de coups, et la maison entière fut tellement perturbée que l'on dut prendre la précaution d'éloigner une jeune fille qui y habitait. La veille de Pâques 1682, Fry disparut; on se mit à sa recherche et on le découvrit, à moitié nu, dans un bourbier, sifflant et chantant, ayant tout à fait perdu la tête. Ses souliers gisaient épars de chaque côté de la ferme et l'on trouva sa perruque au haut d'un arbre : « Reprenant ses esprits, une heure après, il protesta solennellement que le diable l'avait emporté si haut qu'il voyait du ciel la maison de son maître, pas plus grosse qu'une meule de foin, qu'il avait tous ses esprits et qu'il avait prié Dieu de ne pas permettre au Diable de l'anéantir; et que, soudain, il s'était retrouvé dans le marécage. »

Si Francis Fry avait éprouvé cette lévitation involontaire dans une société tribale, cela l'aurait distingué comme esprit voyant et médium spirite; au faîte des persécutions contre la sorcellerie, peut-être aurait-il été brûlé. Cependant, à l'époque d'Aubrey l'hystérie récente était presque passée et Aubrey put rendre compte du phénomène curieux qui l'enchantait (comme n'importe quel véritable érudit) sans être obligé d'avoir recours à un commentaire moralisant.

Les lecteurs peu familiarisés avec la littérature d'après-guerre traitant des OVNI, actuellement pôle principal de tels articles, seront peut-être surpris du nombre de cas récents de gens ayant fait l'objet d'un déplacement subit et inexplicable, parfois accompagné d'une rencontre avec des personnages de rêves qui semblent être les agents de ce transport. Le cas de Travis Walton, décrit dans notre chapitre « Enlevés et restitués », en est un exemple frappant; un autre, sujet d'un article dans la *Flying Saucer Review*, de novembre 1973, et relaté en détail dans *The Unexplained* de Clark et Coleman, commença par la disparition d'un soldat brésilien, José Antonio da Silva, de sa tente près d'un lac où il avait passé la nuit à pêcher, près du village de Bebedouro. Le 9 mai 1969, après une absence inexplicable de quatre jours et demi, da Silva se retrouva soudain déposé dans un lieu sauvage près de Vitoria, à plus de 300 kilomètres de son point de départ. Il raconta qu'il avait été enlevé par des personnages humanoïdes, provenant d'une soucoupe volante (voir « Téléportement »).

En feuilletant nos dossiers, nous trouvons de nombreux cas de ce genre où un carrosse rapide voyageant à travers les airs semble le seul moyen possible d'expliquer le peu de temps et les grandes distances mentionnés. Si ceci demeure présent dans notre esprit, nous serons amenés à reconsidérer les prétentions extravagantes des anciennes sorcières à pouvoir pratiquer la lévitation et voler – prétention qu'aucun historien moderne de la sorcellerie n'a jamais prise au sérieux, mais qui fut certainement jugée telle, à en croire les témoins sincères d'un grand nombre de procès, y compris les accusées elles-mêmes.

L'explication habituelle actuellement réservée aux prétentions des sorcières à voler est qu'elles en éprouvaient la sensation à la suite de l'usage de drogues, de transes et du pouvoir de suggestion, tout en restant sur terre. Les mystiques décrivent souvent leurs ascensions dans le monde de l'imagination prophétique comme un envol vers le ciel. Cependant, nous dit Eliade, les chamans considèrent le vol physique comme une conséquence ou une extension occasionnelle des envols de l'extase; ils attachent à ces événements la valeur d'un rappel des pouvoirs plus grands de leurs prédécesseurs, capables de réunir à volonté les conditions nécessaires à la lévitation du corps. A moins de rejeter tous les rapports documentés de toutes les traditions religieuses, concernant des saints et ascètes pratiquant la lévitation, il nous est difficile de nier que certains sorciers peuvent avoir bénéficié des mêmes pouvoirs, dons ou infirmités. Et, si les lévitants chrétiens étaient encouragés à supprimer toute tendance à un exhibitionnisme aérien, les sorciers n'ont jamais été aussi inhibés.

ÉTRANGES DISPARITIONS

Nous connaissons de nombreux récits de gens qui disparaissent subitement, mystérieusement et définitivement, mais du point de vue du conteur, quelque chose leur manque à tous. Ce sont des histoires trop courtes et leur fin ne convient pas. Par exemple, nous pouvons déclarer, en nous référant au *Daily Chronicle* de Londres du 30 juillet 1889, que le 13 de ce mois-là, M. Macmillan, le célèbre éditeur, accomplit l'ascension du mont Olympe. On le vit agitant son mouchoir du sommet, mais malgré des recherches minutieuses et des offres de récompenses, on ne réussit jamais ensuite à retrouver sa trace. En 1809, M. Bathurst s'apprêtait à entrer dans sa voiture en sortant d'une auberge allemande; puis, raconte Sabine Baring-Gould dans *Historial Oddities*[1], « il voulut en faire le tour et s'avança jusqu'à la tête des chevaux – et on ne le revit jamais plus ». En décembre 1900, un bateau quitta Lewis, dans les Hébrides occidentales, pour aller remplacer les trois gardiens du phare solitaire des îles Flannan : ils n'étaient pas là. Deux pilotes de la RAF, Day et Stewart, s'écrasèrent dans le désert de l'Iraq, en 1924; leurs empreintes étaient nettement visibles dans le sable à une certaine distance de l'avion, puis on ne voyait plus rien et personne n'eut plus jamais de nouvelles des deux aviateurs.

Dans des cas comme ceux-ci, si aucune explication rationnelle n'apparaît, les superstitions s'éveillent. On parle du Diable, en particulier si la personne disparue était réputée pour sa mauvaise vie. La disparition d'Owen Parfitt, en 1769, pourrait être, et fut, en réalité, expliquée comme une manifestation de l'habitude du Diable d'emporter les siens. Parfitt, malfaiteur des mers à la retraite, un pirate disait-on dans la contrée, coulait ses dernières années entouré d'une habile discrétion dans un cottage de Shepton Mallet, dans le Somerset. Il était paralysé, mais une parente charitable l'avait enveloppé d'une couverture et installé dehors, dans un fauteuil, pour lui permettre de profiter d'une agréable journée estivale. Elle s'absenta un moment pour aller faire une course et, à son retour, le fauteuil avec le coussin et la couverture étaient

1. Bizarreries historiques.

toujours là, mais le vieil homme avait disparu; et il était parti pour de bon. Dans un champ, de l'autre côté de la route, à portée de voix de la maison, deux moissonneurs étaient à leur besogne. Ils affirmèrent n'avoir vu passer personne devant la maison, et n'avoir rien entendu ou vu d'anormal.

Si le Diable emporte les siens, cela ne suffit pas, bien entendu, à expliquer tous les cas où des hommes bons ou saints disparaissent; ainsi entendons-nous parler d'anges et de personnes directement emportées au ciel. Cependant, la plupart des personnes qui disparaissent, n'étant ni angéliques ni diaboliques, ne peuvent être considérées comme ayant été sélectionnées en vue d'un traitement particulier par les dieux ou les diables, et l'explication la plus courante dans le passé comportait une référence à une force amorale, les fées. Dans des chapitres antérieurs, nous avons parlé de la croyance universelle à des enlèvements par des fées ou des êtres surnaturels, mais, dans un grand nombre de cas de personnes disparues, l'intervention de tels êtres n'est que supputée.

Le Dr Moore, par exemple, dont nous relatons l'aventure dans le chapitre « Enlevés et restitués », fut arraché à ses amis par une force invisible à leurs yeux, qu'il discerna comme une troupe d'hommes. Que l'on définisse cette force en termes de fées reflète simplement la croyance conventionnelle des gens impliqués et nous sommes sûrs que si l'incident s'était produit de nos jours, et non en 1678, ce sont les pilotes de soucoupes volantes qui auraient été accusés. Cependant, dans les cas modernes, dont fait état la *Flying Saucer Review*, de personnes subitement disparues et revenues par la suite pour raconter leur aventure, il existe de nombreuses références à une force impersonnelle d'abduction, pas forcément identifiée à des agents conventionnels du type fées, dieux, ou OVNI. La *Flying Saucer Review* de novembre 1975 relate un cas récent intéressant. Près de la ville argentine de Bahia Blanca (centre notoire de l'effet de téléportement) un jeune serveur de restaurant, Carlos Diaz, rentrait chez lui au petit matin le 4 janvier 1975, lorsqu'il se sentit soudain paralysé par un rayon de lumière venant d'en haut. L'atmosphère autour de lui se mit à bourdonner et vibrer et il se sentit soulevé à environ 3 mètres du sol avant de perdre connaissance. Quelque quatre heures plus tard, il se retrouva couché dans l'herbe, au bord d'une route. A ses côtés se trouvait son sac renfermant ses vêtements de travail et un journal qu'il avait acheté plus tôt, ce matin-là, dans son village. Et pourtant, il n'en était pas tout près, mais à environ 650 kilomètres, en dehors de Buenos Aires, où il fut mené à l'hôpital.

Pour justifier du temps passé entre sa disparition et son retour, Diaz raconta une histoire d'un type communément répandu dans les mythologies, à la fois de fées et d'OVNI, bien que comportant certains détails spécifiques. A la suite de son ascension dans le ciel et de sa perte de connaissance, il s'était trouvé dans un globe translucide en compagnie de trois créatures étranges, ressemblant un peu à des hommes, mais de couleur verte, qui lui avaient extrait des touffes de cheveux, sans lui faire de mal. A l'hôpital où on l'examina, on constata qu'il avait effectivement perdu des cheveux, enlevés par un procédé mystérieux, sans endommager les racines.

Personne n'assista à la disparition de Diaz et, si son histoire est connue et racontée, c'est uniquement parce qu'il est revenu. Nous nous demandons combien de fois le même genre d'aventures se produit dans les cas de disparitions mystérieuses, où il n'y a pas de retour et, par conséquent, pas de récit. Il existe des comptes rendus de gens qui ont *presque failli* disparaître dans des circonstances semblables à celles dans lesquelles Diaz fut enlevé. Dans le cas extraordinaire des enfants de Clavaux (cité par le *Times* du 13 janvier 1843), deux petites filles furent aspirées vers les airs, comme par un tourbillon. Leurs parents étaient proches, mais insensibles au tourbillon, ils parvinrent à arracher leurs enfants à cette force...

Un autre récit dans le *Times* du 11 décembre 1873 traite d'un couple âgé, M. et Mme Cumpston, endormis dans un hôtel de Bristol lorsqu'ils entendirent des bruits. M. Cumpston sortit de son lit et posa les pieds sur le sol qui parut s'ouvrir devant lui; il se trouvait sur le point de tomber dans un vide noir lorsque sa femme l'agrippa et le rattrapa. Terrifiés, ils s'échappèrent de la chambre par la fenêtre et on les trouva à la gare, en chemise de nuit, cherchant un agent de police.

Un phénomène de toute évidence très actif autrefois, mais qui semble être rarement apparu au cours des dernières années, est celui de l'enfant changé : enlèvement par les fées d'un enfant remplacé par un autre inconnu et malingre. Dans un des extraits de *History of the Isle of Man*[1] de Waldron, reproduit dans *Illustrations of the Fairy Mythology*[2] de J.O. Halliwell (1845), on lit le récit d'une femme de Man dont les bébés avaient tendance

1. Histoire de l'île de Man.
2. Illustrations de la mythologie féérique.

à disparaître de manière étrange, peu de temps après leur naissance. Les deux premières fois, les disparitions s'accompagnèrent de bruits et perturbations divers dans la maison, attirant les voisins, et l'on trouva chaque fois les bébés à quelque distance du lit — on expliquait que les fées les avaient laissés choir. Peu après la naissance de son troisième enfant, la femme le vit en lévitation et entraîné en dehors de la chambre par une force invisible. Elle cria et son mari désigna le bébé du doigt, mais c'était un enfant jaunâtre et ridé, tout autre que le sien, reposant nu, les vêtements de son propre bébé roulés en boule à côté de lui. Il vécut quelques années, sans jamais parler, marcher ni satisfaire ses besoins naturels et ne mangeant rien d'autre que des herbes. Wirt Sikes raconte une autre bonne anecdote dans *British Goblins* à propos de Jennet Francis, de la vallée d'Ebwy Fawr au pays de Galles. Une nuit, elle s'éveilla, sentant qu'on lui arrachait son enfant des bras. Elle cria, pria et le ramena vers elle, avec succès. Détail intéressant, en rapport avec les pouvoirs prophétiques ou chamanistes attribués par de nombreuses tribus à ceux qui ont été téléportés : le fils devint un célèbre prédicateur.

Aux époques anciennes, lorsqu'on reconnaissait l'existence d'une force d'adbuction ou de téléportement dans la terminologie de la croyance des fées, les sorciers ou magiciens locaux étaient tout près, avec les sorts appropriés pour remédier à l'effet de « disparition soudaine ». Dans le cas de ravissements d'enfants, les annales des folklores abondent en procédés variés permettant aux parents de retrouver leur bébé enlevé et d'autres traditions suggèrent des méthodes oubliées pour capturer à nouveau les personnes plus âgées que les fées ont ravies. Robert Kirk, pasteur d'Aberfoyle en Écosse, décrivit dans *The Secret Commonwealth of Elves, Fauns and Fairies*[1], 1691, son propre enlèvement par les fées et, raconte-t-on, le jour anniversaire de sa mort (ou enlèvement final), il apparut à nouveau avec la cohorte des fées et aurait pu être libéré si l'incantation adéquate avait été prononcée.

Un écho spontané de cette vieille croyance, selon laquelle la personne enlevée réapparaît et peut revenir le jour anniversaire de sa disparition, émane d'un rapport dans le *Scottish Daily Express* du 27 décembre 1971. Six ans plus tôt, au cours des premières heures du jour de l'An 1966, le jeune Alex Cleghorn, dix-neuf ans, marchait le long de Govan Road à Glasgow, en compagnie de ses deux frères aînés, obéissant à la coutume

1. Le commonwealth secret des elfes, faunes et fées.

écossaise des visites du Jour de l'An. Soudain, Alex ne fut plus avec eux, et il ne reparut jamais. Le matin du Nouvel An 1972, les deux frères projetaient de suivre de nouveau l'itinéraire exact qu'ils avaient emprunté six ans auparavant, passant à l'endroit de la disparition d'Alex, « avec le vain espoir qu'il puisse peut-être revenir ». Que cet espoir ait été vain ou non, nous l'ignorons.

ENLEVÉS ET RESTITUÉS

Constamment, des gens disparaissent. Certains le font ouvertement, une fois pour toutes, de leur propre initiative ou de celle d'autrui; d'autres réapparaissent. Il n'est pas étonnant que ceux qui reviennent d'enlèvements mystérieux éprouvent le besoin d'expliquer, mais certaines de ces explications, loin de nous éclairer, augmentent notre perplexité quant au sort de ceux qui ne sont pas revenus.

Voici un certain nombre d'explications classiques, anciennes et nouvelles : « enlevés par les fées », « assassiné par des collègues », « est sorti pour acheter un paquet de cigarettes et est parti à l'aventure », « ravi par les passagers d'une soucoupe volante ». Le phénomène est toujours le même : une personne disparaissant sans raison et revenant de manière tout aussi inexplicable. L'explication, comme nous le répétons sans cesse, varie suivant l'époque et la mode.

Une étude longue et assidue de l'histoire de la législation nous a persuadés que la peine de mort ne devrait jamais être appliquée pour meurtre s'il n'y a pas un cadavre. Il y a eu trop d'erreurs et de demi-erreurs judiciaires. Sir Edward Coke, auteur d'ouvrages sur des questions juridiques, relate dans *Institutes*[1], vol. III, le cas horrible d'une petite fille de huit ou neuf ans qui disparut mystérieusement dans le Warwickshire. Elle était orpheline, élevée par son oncle et, à l'âge de seize ans, devait hériter de la fortune familiale. On somma l'oncle de la faire comparaître et affolé de ne pas être en mesure de le faire, il déguisa une autre fillette et la fit passer pour sa nièce. On le dénonça, l'accusant d'avoir tué sa nièce; il fut condamné et pendu. Des années plus tard, la jeune fille, ayant atteint l'âge de seize ans, revint pour revendiquer sa fortune. Elle s'était échappée, disait-elle, et avait habité chez de bonnes gens, dans le comté voisin.

Dans les annales des folkloristes du XIXe siècle figurent plusieurs cas où la disparition subite d'une personne faillit entraîner de fatales conséquences pour un compagnon. T.C. Croker (*Fairy*

1. Institutions.

Legends, vol. III[1]) raconte un témoignage visuel direct qui lui fut rapporté dans la vallée de Neath (pays de Galles), à propos de la disparition d'un certain M. Rhys. Un soir, Rhys rentrait à la ferme avec un compagnon de travail, Llewellyn. Il conduisait des chevaux. Sur le chemin, Rhys crut entendre de la musique et il dit à Llewellyn de continuer avec les chevaux, lui expliquant qu'il avait envie de rester là pour danser un peu. Llewellyn rentra chez lui et se coucha, pensant que Rhys avait dû aller à l'auberge; mais le lendemain matin, son ami n'était pas rentré et lorsque les expéditions de secours revinrent sans l'avoir trouvé, Llewellyn fut soupçonné de l'avoir tué. Heureusement, un fermier de la région, versé dans les mystères, persuada tout le monde, y compris Llewellyn et le narrateur, de retourner sur la scène de la disparition. Là, Llewellyn entendit la musique. « Pose ton pied sur le mien, David », dit Llewellyn à l'informateur de Croker. L'homme s'exécuta et les autres en firent autant. Et tous se mirent à entendre la musique et voir une foule de petites figures dansant en rond et Rhys parmi elles. Il lui semblait n'avoir dansé que cinq minutes environ et l'aventure le laissa si mélancolique qu'il en mourut peu de temps après.

La relation d'un enlèvement par les fées, tirée d'un livre de 1678 au British Museum, signé J. Cotham, et réimprimé dans *Illustrations of the Fairy Mythology*[2], 1945, est la plus intéressante que nous connaissions, à cause de ses détails remarquables et parce qu'elle constitue le témoignage de celui qui fut enlevé et de ceux qui assistèrent à sa disparition et à son retour. Trois semaines avant la rédaction de l'ouvrage, un certain Dr Moore était de passage avec deux compagnons à Wicklow, en Irlande, et passait la nuit à l'auberge de Dromgreagh, près de Blatinglass. Il commença à parler des fées, racontant que lorsqu'il était enfant, dans cette région, elles l'avaient enlevé plusieurs fois et qu'à ces occasions sa mère appelait une sage-femme de la localité, dont les incantations avaient toujours réussi à le ramener. Pendant son récit, il lui sembla, nous raconta-t-il plus tard, qu'une troupe d'hommes entraient dans la pièce, l'agrippaient et l'entraînaient dehors. Ses compagnons ne virent qu'une chose : une force invisible l'arrachait de la pièce. Ils essayèrent de le retenir, mais il disparut et ils appelèrent au secours. L'aubergiste, apparemment habitué à de tels événements, envoya chercher une vieille femme qui déclara que le Dr Moore se trouvait dans un bois, à environ 2 kilomètres

1. Légendes de fées.
2. Illustrations de la mythologie des fées.

de là avec les fées, et que, si par magie elle parvenait à l'empêcher de manger et de boire, il reviendrait indemne; sinon, on le retrouverait en état de langueur et il dépérirait. De bonne heure le lendemain matin, le Dr Moore rentra à l'auberge, mourant de faim et de soif, après une nuit passée avec les fées à aller sans cesse de festoiement en orgie. Chaque fois que ses ravisseurs lui avaient proposé de la nourriture, raconta-t-il, celle-ci avait été inexplicablement frappée et rejetée de ses mains – probablement grâce au pouvoir de la vieille femme – et, au petit matin, il s'était retrouvé seul, tout près de l'auberge.

De tels incidents abondent dans toutes les traditions locales et le thème se poursuit dans les nombreux rapports de notre époque. Parfois, comme dans le cas du Dr Moore, on a un témoignage direct des participants et de personnes ayant assisté à l'événement. Le *Daily Express* du 15 novembre 1975 publia une interview d'un jeune forestier américain, Travis Walton. Dix jours auparavant, il se trouvait dans un camion, retournant à son travail avec cinq compagnons en venant des bois près de Snowflake, dans l'Arizona. Ils virent une lumière brillante qui voletait juste au-dessus des arbres (il y a des choses semblables dans notre chapitre « Mystérieuses lueurs »). Travis Walton ne pensa pas à des anges ni à des fées, mais à des OVNI. Enfant, il lui était arrivé de se faire suivre par l'un d'eux avec son frère, et il était décidé à ne jamais se laisser effrayer par de tels engins. Le conducteur du camion, Mike Rogers, s'arrêta et Walton sauta à terre et courut vers la lumière. Les autres virent un brillant éclair projetant Walton à terre et ils partirent, affolés. Lorsqu'ils revinrent, ils ne trouvèrent aucun signe de leur compagnon et on mena des recherches massives et minutieuses pendant cinq jours, mais en vain. Un interrogatoire utilisant le détecteur électrique de mensonges au bureau du shériff ne parvint pas à discréditer le récit des hommes et on n'inculpa personne d'assassinat. Le cinquième jour, Walton reparut à Heber, à quelques kilomètres de Snowflake. Il donna une description détaillée de la soucoupe volante dans laquelle il s'était trouvé après son évanouissement. Il décrivit ses occupants, certains humains et certains « étranges... comme des fœtus bien développés », et il relata la manière curieuse dont ils l'avaient traité avant de lui rendre la liberté non loin de l'endroit où ils l'avaient ravi.

Nous pouvons citer de nombreux récits analogues dans les récentes années. Il s'en trouve dans tous les ouvrages sur les OVNI; en général, les mêmes histoires sont reprises, car dans leur manière de se copier et de se plagier, les auteurs de récits d'OVNI égalent les folkloristes. Et cela ne doit pas nous étonner, car ils traitent essentiellement du même sujet. Rhys, dans le récit gallois cité plus haut, avait été élevé dans un monde de fées; Walton était un enfant de l'âge de la science-fiction et des OVNI. Chacun fit l'expérience d'un ravissement par des inconnus et chacun l'expliqua, d'après Fort, « en termes familiers ».

La menace d'inculpation pour meurtre, mauvais côté d'un grand nombre de ces cas de rapts, devint une affreuse réalité en 1660, au cours d'une des disparitions les plus étranges des annales. Le 16 août de cette année-là, William Harrison, soixante-dix ans, homme de confiance de Lady Campden à Chipping Campden dans le Gloucestershire, partit pour toucher ses loyers. La nuit tombée, il n'était pas revenu et son serviteur, John Perry, partit à sa recherche. Il demeura introuvable, mais une expédition de secours finit par découvrir son chapeau, son peigne et son foulard sur la route, déchirés et maculés de sang. On soupçonna Perry de l'avoir assassiné et on le retint en prison où il avoua, impliquant aussi sa mère et son frère dans l'assassinat. Ces derniers nièrent énergiquement s'être rendus coupables du moindre méfait, mais Perry persista dans sa confession et son accusation et, l'année suivante, en dépit de l'absence du cadavre, tous trois furent condamnés par un juge de peu d'expérience, et pendus publiquement sur Broadway Hill.

Deux ans plus tard, l'homme « assassiné » revint à Chipping Campden, donnant une explication fantastique. La nuit de sa disparition, il avait été attaqué par deux cavaliers armés qui lui avaient transpercé le flanc et la cuisse de leurs épées et lui avaient fait effectuer, ainsi blessé, un long voyage à travers l'Angleterre, jusqu'à Deal où on l'avait porté sur un bateau qui avait appareillé. Le navire avait été capturé par des pirates turcs qui avaient vendu Harrison comme esclave à un vieux Turc habitant Smyrne. Ce vieil homme, sur son lit de mort, avait donné à Harrison sa liberté et une coupe en argent, qu'il avait vendue, ce qui lui avait permis, après de nombreuses aventures, de rentrer en Angleterre et à Chipping Campden. Le juge, Sir Robert Hyde, qui avait fait pendre les Perry sur l'unique preuve d'une seule fausse confession, mourut chargé d'honneurs et repose sous son monument, dans la cathédrale de Salisbury.

Aucun commentateur n'a jamais pris au sérieux le récit de M. Harrison. Pourquoi aurait-on voulu enlever un vieil homme sans la moindre célébrité d'une manière aussi élaborée, sans même le voler, et pourquoi, au contraire, ses ravisseurs lui auraient-ils donné de l'argent ? L'opinion populaire, exprimée dans une gazette contemporaine réimprimée avec d'autres documents et opinions à propos de l'affaire dans *The Campden Wonder*[1] (1959), de Sir Georges Clark, voyait Harrison transporté par magie sur un rocher, non loin de la côte turque, la sorcière n'étant autre que... la mère de Perry que l'on avait pendue.

1. La merveille de Campden.

TÉLÉPORTEMENT

Le téléportement est le nom inventé par Charles Fort pour désigner le phénomène selon lequel des personnes ou des objets sont transférés sans aucun agent physique d'un endroit à un autre. D'après notre système actuel de croyances, ceci, bien évidemment, ne doit pas se produire mais, dans les chapitres précédents, nous avons cité des cas qui nous amènent à supposer que cela s'est véritablement produit; et il est impressionnant de constater que des siècles d'expérience humaine montrent à l'évidence que des êtres vivants et des objets sont parfois transportés à de très grandes distances, « en un clin d'œil ».

Un ancien rapport, longtemps enfoui parmi les archives officielles espagnoles et exhumé par le pionnier de la littérature d'OVNI, M. K. Jessup, relate le procès, par un tribunal de l'Inquisition, d'un soldat qui, le 25 octobre 1593, apparut subitement et dans un état de confusion sur la place principale de Mexico, vêtu de l'uniforme d'un régiment en poste à 15 000 kilomètres de là, dans les Philippines. Il pouvait seulement répéter que, quelques instants avant d'apparaître à Mexico, il montait la garde devant le palais du gouverneur à Manille. Le gouverneur, déclara-t-il, venait d'être assassiné. Comment il se trouvait à Mexico était pour lui un mystère. Des mois plus tard, un navire arrivant des Philippines confirma la nouvelle de l'assassinat et d'autres détails du récit du soldat.

Le triste sort de l'homme de Goa, cité dans le premier chapitre de notre ouvrage, renforce notre opinion que le téléportement – et tous les phénomènes, quel que soit leur degré d'irrationnalité, dont une expérience longue et renouvelée nous prouve la capacité à se reproduire – devrait être reconnu comme un élément de la réalité phénoménale, afin que les gens qui en sont l'objet ne soient pas brûlés, renvoyés de leur situation ou autrement persécutés, à cause d'aventures se situant au-delà de leur pouvoir.

Une expérience simple de l'effet de téléportement est revendiquée par le vénéré mystique défunt Wellesly Tudor Pole dans son livre, *The Silent Road*[1], 1962 :

1. La route silencieuse.

« Une nuit orageuse de décembre 1952, je me trouvais dans une gare de Sussex, à 2,5 kilomètres de chez moi. Le train de Londres était arrivé avec retard, l'autobus était parti et aucun taxi ne se présentait. La pluie tombait drue et incessante. Il était 17 h 55 et j'attendais un appel téléphonique important venant d'outre-mer à 18 heures, chez moi. La situation me semblait désespérée et, pour l'aggraver, le poste de téléphone public était en dérangement et des problèmes sur la ligne rendaient impossible l'accès à celui des chemins de fer. Désemparé, je m'assis dans la salle d'attente et, n'ayant rien de mieux à faire, je comparai ma montre à la pendule de la gare. En tenant compte du fait que celle-ci a toujours deux minutes d'avance, je puis confirmer le fait que l'heure exacte était 17 h 57. L'heure H moins trois minutes ! Ce qui se produisit ensuite, je suis incapable de le dire. Quand je repris mes esprits, je me trouvais debout, dans l'entrée de ma maison, à une bonne vingtaine de minutes de marche à pied, et la pendule sonnait 18 heures. Je reçus effectivement mon appel téléphonique, quelques minutes plus tard. Une fois celui-ci terminé, je me rendis compte qu'il s'était passé quelque chose de très étrange. Puis, à ma grande surprise, je m'aperçus que mes souliers étaient secs et ne portaient aucune trace de boue et que mes vêtements n'étaient ni humides ni endommagés. »

On laisse entendre ici que le major Tudor Pole aurait été miraculeusement transporté chez lui, en réponse à son très puissant désir d'y être, mais sans aucune magie consciente de sa part. Cependant, si cela peut se produire spontanément, pourquoi cela ne pourrait-il résulter d'une volonté ? Nous pensons aux sorcières et aux spiritualistes et, en particulier, à l'incident – plutôt absurde et évidemment très ridiculisé en son temps – de Mme Guppy, médium robuste (pesant bien 120 kilos) qui le 3 juin 1871 « fut instantanément précipitée de sa maison de Highbury (Londres) dans une maison de Lamb's Conduit Street, à quelque cinq kilomètres, où elle atterrit brutalement, en plein milieu d'une séance », habillée de ses seuls sous-vêtements. Nous quittons rapidement ce phénomène séduisant pour examiner l'exploit le plus remarquable qui ait jamais été enregistré à propos d'un mystique chrétien – celui de téléportement ou bilocation.

La vénérable Marie de Jésus d'Agreda ne quitta jamais d'une façon visible son couvent d'Espagne et, cependant, entre 1620, année où elle était une jeune fille de dix-huit ans, et 1631, on estime officiellement qu'elle fit plus de cinq cents voyages en Amérique, où elle convertit au christianisme les Indiens jumano du Nouveau-Mexique. Cette estimation ne fut pas donnée à la légère. En effet, les autorités catholiques que les prétentions abusives des hystériques religieux avaient rendues circonspectes, firent tout ce qu'elles purent pour dissuader sœur Marie d'insister sur la réalité de ses vols transatlantiques lorsque le témoignage de missionnaires auprès des Indiens du Mexique les obligea à authentifier ses expériences.

En 1622, le père Alonzo de Benavides, de la mission Isolita au Nouveau-Mexique, écrivit au pape Urbain VIII et à Philippe IV d'Espagne, demandant qui l'avait devancé dans sa mission d'évangélisation des Indiens jumano. Eux-mêmes déclaraient que leur connaissance du christianisme leur était venue d'une « dame en bleu », une religieuse européenne, qui leur avait laissé des croix, des rosaires et un calice qu'ils utilisaient lors de la célébration de la messe. Ce calice fut plus tard reconnu comme ayant fait partie de la vaisselle sacrée du couvent de Marie à Agreda.

Ce ne fut qu'en 1630, lors de son retour en Espagne, que le père Benavides entendit parler de sœur Marie et de sa fantastique prétention à avoir converti les Indiens jumano. Il put l'interroger et obtint d'elle des récits précis de ses visites aux Indiens, avec des détails concernant leur apparence et leurs coutumes. Elle confiait ses expériences à un journal mais le brûla sur les conseils de son confesseur. Elle y avait consigné un grand nombre de précisions à propos de ses voyages, dont une vision de la planète Terre en forme de sphère (vue hérétique à l'époque) en rotation sur son axe. Dans *Life of the Venerable Mary of Agreda*[1], James A. Carrico conclut de la façon suivante :

« Qu'Agreda ait réellement visité l'Amérique est attesté par les registres de tous les conquistadores espagnols, les explorateurs et les récits identiques de diverses tribus d'Indiens séparés les uns des autres par des distances de 1 500 kilomètres. Toutes les histoires authentiques du sud-ouest des États-Unis font état de ce phénomène mystique sans parallèle dans toute l'histoire universelle. »

Dans un mémorandum de Marie figure un détail qui réjouira tous les phénoménistes. A l'instar des traditions populaires de tous les pays avertissant le voyageur au pays des fées de ne jamais accepter de cadeaux ou d'aliments des fées, et de ne pas désirer des femmes-fées, ainsi Dieu recommanda à Marie « de ne jamais, par la pensée, la parole ou l'action, prétendre désirer ou toucher quoi que ce soit, si ce n'est par la volonté expresse de Dieu ».

Un certain nombre de cas remarquables de téléportement invo-

1. Vie de la vénérable Marie d'Agreda.

lontaire ont été enregistrés au cours des dernières années, surtout dans le contexte des OVNI ; la plupart sont résumés dans l'ouvrage de John Keel, *Our Haunted Planet*[1] (1971). Par exemple, le Dr Geraldo Vidal et son épouse circulaient en mai 1968 en voiture, près de Bahia Blanca en Argentine. Puis, soudain, ils se trouvèrent à Mexico, à plusieurs milliers de kilomètres, et cela seulement quarante-huit heures plus tard. Ils n'avaient aucune idée de l'endroit où ils étaient, ni de la manière dont ils y étaient parvenus. Un seul indice : l'extérieur de leur voiture était brûlé. Un autre cas décrit en détail dans *The Unidentified* de Clark et Coleman est celui de José Antonio da Silva, vingt-quatre ans, qui apparut le 9 mai 1969 près de Vitoria, échevelé et en état de choc, alors qu'il se trouvait près de Bebedouro, à quelque 750 kilomètres de là, quatre jours et demi auparavant. Capturé par des êtres de 1,20 mètre de haut, emporté sur une autre planète, puis ramené sur terre, tel fut son récit fantastique ; mais son cas, comme beaucoup d'autres du même genre, fut étudié en détail, et personne ne put douter qu'il en donnait un compte rendu sincère. L'élément significatif de tous ces cas ovniens de bilocation est que la victime revient dans un état de choc, de transe ou d'amnésie tout à fait comparable à celui dans lequel on retrouvait les personnes d'une autre génération « enlevées » par les fées.

De nombreux cas de téléportement se sont produits spontanément, comme effets incontrôlés du hasard ; d'autres furent, de toute évidence, dirigés par la volonté de personnes ultra-sensibles, dont sœur Marie et le major Tudor Pole sont deux exemples très différents. L'homme téléporté de Goa au Portugal en 1655 comparut évidemment devant le tribunal de l'Inquisition pour avoir produit cet effet par magie et, condamné pour utilisation interdite de pouvoirs occultes, il fut brûlé. A l'époque, personne ne doutait de l'existence de tels pouvoirs et, plus nous remontons dans l'histoire, en passant de l'époque des sorcières et des chamans jusqu'aux puissants magiciens des civilisations archaïques, plus la connaissance revendiquée des techniques contrôlées de téléportement et de vol magique est précise. Même lorsqu'il n'est pas reconnu, le phénomène se perpétue sous forme d'événement occasionnel dû au hasard et, au lieu de mystiques volants et de transport aérien d'énormes monolithes par les bâtisseurs de Stonehenge, nous entendons parler d'une automobile téléportée et d'un couple éberlué de se trouver à Mexico et non en Argentine.

1. Notre planète hantée.

PROVISIONS MIRACULEUSES

Dans son article sur les miracles dans *Man, Myth and Magic*, A. R. G. Owen écrit que l'on tendrait actuellement à interpréter le repas miraculeux de la multitude comme la parabole d'un « repas spirituel » et non comme un fait réel selon lequel une foule d'environ cinq mille personnes aurait dîné de manière satisfaisante en partageant cinq pains et deux poissons. Si la tendance moderne est vraiment d'expliquer ainsi les irrationalités sacrées, nous le déplorons. En effet, les détails paraissent plutôt exagérés, mais le fait tel qu'on le raconte n'est pas unique. L'alimentation d'un grand nombre avec une très petite quantité s'appelle en langage théologique un « miracle de l'abondance » et a eu droit à tout un chapitre dans le guide définitif du pape Benoît XIV sur les phénomènes mystiques, *De servorum dei beatificatione et canonizatione*. Le père Herbert Thurston reprend l'examen d'un certain nombre d'entre eux dans *The Physical Phenomena of Mysticism* et parvient à la conclusion que l'on ne peut pas rejeter à la légère le phénomène de la multiplication, sous prétexte qu'il n'appartiendrait qu'au domaine de la légende.

Le plus récent faiseur de miracles de l'abondance que nous connaissions est le saint homme indien Sai Baba. Dans *Sai Baba : Man of Miracles*[1] Howard Murphet donne le compte rendu d'une réception suivant une cérémonie religieuse au domicile de M. et Mme Ramachandran, près de Poona. On avait nourri une centaine d'invités, mais il s'en présenta près d'un millier. Sai Baba était là et sauva la réception en multipliant miraculeusement par dix les plats pendant qu'on les servait, afin de donner satisfaction à tous. A d'autres moments, raconte Murphet, le saint était capable de produire des friandises encore chaudes, comme si elles venaient de sortir du four. On attribua une quantité de prodiges du même genre à saint Angiolo Paoli (mort en 1720) qui se délectait dans la multiplication de petites quantités de nourriture pour les distribuer aux pauvres de Rome et refusait rarement une requête sincère. Dans sa *Vie* (1756), Cacciari relate qu'il était fréquemment détaché auprès des organisateurs de pique-niques de certaines des

1. Sai Baba : l'homme des miracles.

missions carmélites. Il lui arriva, par une chaude journée de juin, d'emmener un groupe à un déjeuner champêtre où il procura des laitues et des radis pour la salade, une tarte et un panier de fraises pour le dessert, denrées toutes rares pendant cette période de sécheresse. Cacciari raconte plusieurs autres incidents semblables.

Un des cas de multiplication faisant le plus autorité contribua à la béatification de saint André Fournet (mort en 1834), fondateur des Filles de la Croix, maison d'éducation pour les pauvres à La Puye dans le Poitou. Aux environs de 1824, les sœurs de La Puye étaient au désespoir car il ne leur restait que très peu de blé dans leurs réserves et elles n'avaient pas de quoi en racheter. Après avoir flétri leur manque de foi au cours d'un sermon traitant du miracle de la multiplication par le Christ, saint André leur ordonna de rassembler tout le blé qu'elles pourraient trouver et d'en faire deux tas autour desquels il marcha en priant. La sœur chargée du grenier put retirer quotidiennement de quoi nourrir environ deux cents religieuses et, pendant les deux mois et demi qui suivirent, les tas ne diminuèrent absolument pas. D'après le *Summarium* pour sa béatification, saint André réalisa plusieurs fois ce miracle et entretint les réserves de blé de la maison de juillet à décembre. Dans *La vie de saint Jean Bosco,* Auffray cite également des documents établis en vue de la béatification du futur saint, donnant la preuve de « miracles de l'abondance ». Un jour de 1860, dom Bosco apprit qu'il n'y avait rien pour le petit déjeuner dans la maison des salésiens de Turin chez qui il descendait. Les yeux exorbités de trois cents garçons affamés le dévisageaient quand il demanda que lui soient apportés tous les petits morceaux de pain existant dans la maison. Tout le monde voyait bien les quinze ou vingt petits morceaux dans le panier qu'il tenait en marchant parmi eux – et pourtant il réussit à en distribuer à chacun.

Le miracle se produit aussi parfois dans la pâte pendant la cuisson du pain. Par exemple, durant le rude hiver de 1845, le couvent du Bon Pasteur à Bourges eut à faire face aux besoins quotidiens de cent seize personnes avec un grenier démuni. La bienheureuse mère Pelletier incita les religieuses à prier pour l'intercession de sainte Germaine Cousin, morte en 1601, pensant avec confiance que les réserves se rempliraient. Les sœurs cuisinières furent encouragées à n'utiliser qu'environ un tiers de la quantité habituelle de farine; et voilà ! En quelques minutes la pâte avait gonflé au point de déborder du pétrin et donna deux fois autant de pains que d'habitude. Ceci se reproduisit plusieurs fois entre novembre 1845 et février 1846, période pendant laquelle les religieuses n'eurent à acheter aucune farine. La documentation concernant ces merveilles était suffisamment complète pour qu'on la cite au moment du procès de canonisation de sainte Germaine, en 1854, et de béatification de la mère Pelletier. Il est intéressant de noter que les récits de folklore traditionnel des pérégrinations sur la terre du Christ et de saint Pierre englobent des variantes de ce phénomène. G.W. Dasent, dans *Popular Tales from the Norse*[1] (1903), raconte qu'ils se présentèrent à la maison d'un boulanger et mendièrent un peu de pain auprès de sa femme. Elle prit une petite boule de pâte, pensant qu'ils étaient des mendiants ordinaires. La pâte gonfla jusqu'à recouvrir la plaque entière, et ne voulant pas faire don d'un si gros morceau, elle en coupa à nouveau une petite portion. Celle-ci se développa également, et elle décida de n'en rien donner du tout. Le Christ, mécontent, la transforma en pic.

Les miracles de l'abondance remontent bien au-delà de l'époque chrétienne et l'on en cite sur toute la terre, dans les légendes de chaudrons magiques et de coupes et récipients de fées : tous ceux qui s'en servent sont repus d'aliments et de boisson. Au risque d'être taxés de prosaïsme, nous donnons notre opinion selon laquelle ces contes peuvent renfermer une part de vérité; cependant, nous croyons également que ces provisions miraculeuses ont dû venir d'ailleurs. Connaissant l'effet de téléportement (voir aussi « Matérialisation et envol d'objets ») et le soupçonnant d'avoir été utilisé par les anciens magiciens et, même inconsciemment, par les saints d'une époque plus récente, nous recherchons autour de nous des récits correspondants de provisions qui disparaîtraient.

Nous pourrions remplir ce volume de récits d'aliments et autres objets ou choses vivantes disparaissant à un endroit et reparaissant à un autre. Le monde est plein de choses faisant de constantes allées et venues, de-ci, de-là, et nous avons à peine commencé à effleurer son étendue et sa variété. Revenons au sujet de la farine pour le pain.

Dans « Chutes d'animaux et de matières organiques », nous faisons état de graines, toutes de la même espèce, tombant du ciel sur un endroit bien délimité de la terre. Des témoins ont vu et enregistré ces chutes. Imaginez un champ en friche attendant d'être ensemencé, comme les étangs vides espérant les poissons (voir « Pluies de grenouilles et de poissons ») et une chute invisible de graines qui germent par la suite. En 1919, il se produisit deux cas reconnus

1. Contes populaires des Nordiques.

d'apparitions mystérieuses de champs couverts de blé : le *Cardiff Evening News* du 1er juillet citait le cas d'un champ dans le Lincolnshire, en jachère depuis sa dernière récolte d'orge dix ans auparavant, où apparut une récolte de blé d'une qualité meilleure que celle des champs environnants; et le *Sunday Express* de Londres du 24 août raconte qu'après la destruction par la sécheresse d'un champ de blé près d'Ormskirk dans le Lancashire, l'année précédente, « une des plus belles récoltes de jeune blé vigoureux » qu'un jeune fermier ait jamais vue apparut sans qu'il réensemence son champ. Nous avons cherché des récits de graines s'évanouissant, mais ce sujet obtient à peine l'attention des journaux de nos jours, en admettant même que l'on en garde la moindre trace. En 1974, certaines fermes du Worcestershire et du Shropshire subirent des pertes de l'ordre de 20 000 francs. Leurs graines de betteraves avaient disparu des champs et l'on attribua ce phénomène à une invasion de souris. Malgré des précautions minutieuses, comme d'aplatir les sillons et de répandre du poison, les graines continuèrent à disparaître. Le *Sunday Mercury* du 26 mai 1974 déclara que les experts avaient tout essayé et demeuraient très perplexes. Nous ne savons si les souris étaient effectivement responsables ici, mais nous connaissons un autre cas moderne d'une récolte fantôme de blé, apparaissant sans crier gare. Un fermier près de Milan repéra une belle récolte dans un champ d'un hectare et demi. D'après le *Daily Mirror* du 29 avril 1968, cela s'était produit plusieurs fois dans les années précédentes et une fois mûre, la récolte disparaissait dans la nuit en dépit d'une surveillance attentive du champ. Nous nous demandons si le blé ne se matérialisait jamais dans le grenier d'un couvent indigent. Peut-être était-il également miraculeusement battu; nous connaissons de nombreux cas d'étranges chutes de paille.

Les légendes de coupes des fées éternellement pleines ont toujours été de pair avec les récits de vin téléporté dans les vies des saints. On raconte que saint Dominique, mort en 1221, bénit une coupe de vin dans laquelle burent vingt-six personnes. La coupe fut ensuite transportée dans un couvent où cent quatre religieuses avalèrent chacune une gorgée, puis elle revint au saint, encore pleine.

MATÉRIALISATION ET ENVOL D'OBJETS

En décembre 1894, une maison de la propriété de Lord Portman, à Durweston dans le Dorset, devint la scène d'événements inexplicables. Les occupants racontèrent que des objets s'élevaient dans les airs et se propulsaient vers leur maison. Le garde-chasse, Newman, mena une enquête et, une fois dans la maison, vit des perles et un sifflet d'enfant s'élever et heurter une vitre sans la briser. Il décida d'attendre et de voir ce qui se produirait et, plus tard, raconta son histoire à la Société pour la recherche psychique, qui la publia dans *Proceedings*, 1897-91 :

« Je m'assis et regardai la porte donnant sur le jardin; elle était grande ouverte, laissant un espace de 38 centimètres entre elle et les murs intérieurs, lorsque je vis arriver, de derrière la porte, une quantité de petits coquillages. Ils la contournaient à environ 1,50 mètre de hauteur, l'un après l'autre à des intervalles variant d'une demi-minute à une minute. Ils arrivaient très lentement et s'ils me heurtaient, je les sentais à peine. Avec les coquillages, deux dés se présentèrent, si lentement qu'ils auraient normalement dû tomber longtemps avant de m'avoir atteint. Les deux dés heurtèrent mon chapeau. Certains coquillages évitèrent ma tête en passant tout près et tombèrent suivant une trajectoire diagonale (*pas* comme si on les avait lâchés). Ceux qui me heurtaient tombèrent droit vers le sol. »

Cette mise entre parenthèses des lois du mouvement et de la pesanteur est loin d'être unique, en particulier dans les relations des activités des « esprits bruyants » *(poltergeister)* qui perturbent la vie domestique en projetant dans tous les sens des objets de mobilier et des ustensiles. En utilisant ce mot, nous n'avons pas l'intention de nous compromettre dans la croyance de l'intermédiaire d'un *geist* ou esprit. Même si une intelligence ou une volonté semble poindre parfois sous les manifestations de *poltergeist*, nous avons tendance à les considérer comme la preuve d'une force universelle méconnue et non comme la persécution volontaire de fantômes ou de démons. Cette force non identifiée offre à la science la gageure la plus passionnante, du fait que, non seulement elle court-circuite ou paraît suspendre ce que nous considérons comme les lois établies de la manière dont il convient à la matière de se comporter, mais, de plus, elle suggère une multiplicité d'autres univers. Deux éléments de l'histoire de Newman nous intéressent en particulier : la matérialisation des objets (venant probablement d'ailleurs) et leur vol étrange et lent à travers les airs.

A propos des vols étranges de projectiles, apparemment sans projecteurs, nous avons trouvé de nombreuses relations d'objets qui tombèrent ou volèrent, soit plus vite, soit moins rapidement que ce à quoi on s'attendrait normalement, virant souvent pour éviter des mains avides. Le Pr Sir William Barrett s'adressa à la Société pour la recherche psychique à ce propos en 1911; et le père Herbert Thurston, après une vie passée à étudier ce phénomène, fut amené à confirmer le fait en citant de nombreux exemples dans *Esprits frappeurs et revenants* (1955). Par exemple, il évoque le cas survenu en Allemagne en 1718 : « Une fois, une grosse pierre sembla tomber à la verticale et avec une grande vitesse, directement sur la tête du pasteur. Une des domestiques qui l'observait hurla de terreur, mais la pierre dévia en pleine course, aux dépens d'une vitre qu'elle fracassa, pour terminer dans la cour de l'autre côté. »

Pour donner un exemple de matérialisation, Thurston cite un texte allemand relatant la démolition complète en 1713 de la maison d'un médecin, à la suite du bombardement constant par des projectiles devenant solides et visibles quelques secondes avant d'atteindre leur but. Au cours de cette persécution, le docteur prit l'habitude d'agiter son épée autour de lui et, une fois, au moment de la replacer dans son fourreau, il constata que celui-ci était plein de terre. Le récit d'une perburbation prolongée en 1928-1929, mettant en cause le fils adoptif d'une famille indienne à Poona, parut dans *Psychic Research* de mai 1930; Mlle H. Kohn, professeur logeant dans la famille avec sa sœur, apportait son témoignage. Un jour, les deux sœurs comptèrent des œufs et les mirent dans plusieurs paniers, enfermés dans un placard. Presque immédiatement un œuf venant du côté du placard vola à travers la pièce, passant tout près des jeunes filles et alla s'écraser au sol. Elles regardèrent dans le placard et constatèrent qu'il manquait un œuf. Elles ramassèrent l'œuf cassé et de nouveau un œuf s'écrasa à côté, et de nouveau il manquait un œuf dans les paniers. Trois autres œufs subirent le même sort puis, un panier contenant quarante-deux œufs disparut du placard définitivement. A plusieurs occasions, les jeunes filles virent tomber des pièces de monnaie : « Au début, nous ne voyions pas toujours les pièces dans l'air mais simplement au moment où le son au moment de leur contact avec le sol nous faisait tressaillir. Il nous devint cependant rapidement possible d'observer de plus près et nous vîmes en effet apparaître les pièces de monnaie dans l'air. » Comparez ce récit avec les récits de chutes de pièces dans « Chutes d'objets fabriqués », où il n'est aucunement question de l'intermédiaire d'agents du type esprit frappeur.

Le terme d'« apport » est appliqué par les spiritualistes aux objets matérialisés au cours des séances. Voici deux exemples inhabituels : Guy Lyon Plaiyfair dans *The Flying Cow*[1] raconte que l'on demanda au médium brésilien Carlos Mirabelli de localiser les restes disparus d'une femme qui était morte en pleine folie. On tint une séance au cours de laquelle, d'après le témoignage assermenté d'Enrico de Goes, directeur de la bibliothèque municipale de São Paulo, une odeur nauséabonde de décomposition emplit l'atmosphère, accompagnant la chute de nombreux ossements de bras, jambes et thorax humains sur la tête des personnes présentes, ainsi qu'une pluie macabre de cheveux et divers autres restes. Plus sympathique, nous notons de nombreux cas de matérialisation de fleurs et de plantes vivantes, parfois hors de saison. Ce phénomène est un des éléments classiques du répertoire des spiritualistes; et en dehors du cercle des séances, on a noté le cas d'une fleur de marécage bleue, supposée s'être matérialisée en venant du ciel et avoir été donnée à Alexandra David-Neel en plein hiver au Tibet *(Voyage d'une Parisienne à Lhassa).* De la même manière, on prétend que des apparitions et des chutes de fleurs furent parmi les premiers miracles attribués au saint moderne Sai Baba.

Considéré universellement comme un esprit, l'« esprit frappeur » et ses troubles se traitent habituellement par l'exorcisme. Ce traitement est parfois efficace, cependant le phénomène n'est pas toujours respectueux des gens de religion ni de leur rituel. Bien au contraire. Godric, saint anglais du XIIe siècle, se vit bombardé par tous les objets mobiles de son ermitage, y compris les objets liturgiques servant à la célébration de la messe. Dans son *Itinerarium Kambriae*, Giraud le Cambrien fait état d'un cas enregistré dans le Pembrokeshire, en 1184, où l'« esprit immonde » jeta des excréments sur les prêtres exorcistes et déchira leurs vêtements sacerdotaux. Les « esprits frappeurs » tourmentèrent Martin Luther, comme ils le firent pour John Wesley; et Barrett et Thurston mentionnent tous deux de nombreux autres incidents où des

1. La vache volante.

articles pieux disparurent, s'envolèrent ou subirent d'autres avatars aux mains des « esprits frappeurs ».

Charles Fort avait tendance à remplacer la notion d'esprits frappeurs, d'anges, etc., par le concept moins anthropomorphique du téléportement en tant que force universelle responsable d'un grand nombre d'aberrations constatées par rapport à la réalité normale. Par exemple, nous avons le passage sans ambiguïté du chroniqueur de l'époque Tudor, Stowe, cité par Harold T. Wilkins dans *Strange Mysteries of Time and Space* (1958) à propos d'un bouquet d'arbres téléporté : « Dimanche, le 3 janvier 1582, dans la vallée du Cerf Blanc, Dorset, une parcelle de terrain quitta subitement sa place habituelle et fut transférée à 40 mètres de là dans un autre enclos, où se trouvaient des aulnes et des saules. Elle boucha la grand-route menant à Cerne. Cependant les haies qui l'entouraient la clôturent encore aujourd'hui et les arbres la peuplant sont toujours là. Le lieu qu'occupait cette parcelle de terrain est maintenant un grand trou. »

Des déplacements aussi mystérieux ont été constatés à propos de toutes sortes d'objets, d'animaux (voir nos divers chapitres traitant des chutes) et même d'êtres humains (voir « Téléportement »). Aux environs de l'année 1200, Gervase de Tilbury transcrivit dans son *Otia imperialia* le récit d'un marchand de Bristol qui laissa tomber son couteau préféré d'un bateau au milieu d'un océan éloigné. Lorsqu'il revint au port, sa femme lui dit qu'un jour où elle était assise chez elle, le couteau était tombé à travers la lucarne et s'était fiché dans la table située en dessous. Tous deux avaient pris note du moment de la disparition et de la réapparition du couteau et ils se rendirent compte que les événements avaient été « simultanés ». Wilkins rapporte une version moderne de la même histoire : celle d'un homme travaillant sur les lignes à haute tension dans un champ à Borckworth, Gloucestershire, en février 1956. A l'heure du déjeuner, il s'aperçut avec agacement qu'il avait oublié de prendre un couteau avec sa gamelle. Soudain, il remarqua un couteau à ses pieds, un couteau de table tout neuf qui n'était pas le sien et dont il était certain qu'il n'était pas là quelques secondes auparavant. Il le garda; on raconta à Wilkins qu'à la mort de l'homme le couteau disparut pour toujours.

LES ENFANTS SAUVAGES

Certaines mythologies ont concrétisé le thème de l'enfant humain élevé par des animaux. Miletos de Crète, fils d'Apollon, en est un exemple. A une époque, on crut véritablement que les enfants Romulus et Rémus, fondateurs de Rome, avaient été nourris par une louve; mais à partir du XIXe siècle, au cours duquel il semble y avoir eu une espèce de compétition entre étudiants et gens de science pour voir à quel point on pouvait discréditer les contes populaires et l'histoire ancienne, on considéra ces récits comme des fables, amusantes pour les enfants mais trop absurdes pour mériter l'attention de personnes sérieuses. Cependant, au moment où on démontrait leur impossibilité d'après tous les critères du rationnel, on enregistrait un nombre croissant d'histoires d'humains élevés par des animaux. Certaines reposaient sur des preuves valables et des témoignages fiables. Finalement, en 1920, l'histoire soigneusement documentée des enfants-loups de Midnapore (voir ci-dessous) convainquit tout le monde, sauf les sceptiques endurcis, que des animaux sauvages étaient effectivement capables d'élever des enfants.

Nous connaissons de nombreux cas d'enfants élevés par des loups ou des ours et, moins fréquemment, par des léopards, des antilopes, des chèvres, des cochons, des vaches et des moutons. Dans tous les cas, les enfants ont acquis de manière plus ou moins permanente la nature, les coutumes, les capacités et même certains des traits physiques de leurs éducateurs animaux. Il n'existe pas d'exemple d'un enfant enlevé à des animaux sauvages nourriciers et se réconciliant complètement avec les habitudes humaines, et les rares êtres qui ont réussi à dire quelques paroles les ont invariablement utilisées pour exprimer leur préférence pour leur ancienne vie animale à leur présente condition humaine. Il pourrait, par conséquent, paraître plus souhaitable de ne pas les forcer à quitter leur famille animale – geste souvent inspiré par des motivations religieuses liées à des théories à propos de l'âme humaine – mais c'est un fait étrange que l'on trouve rarement des cas d'enfants sauvages de plus de dix ans parmi des animaux. Peut-être échouent-ils à l'examen de passage vers la vie adulte.

On suppose généralement que de tels enfants ont été volés ou abandonnés, et trouvés par une mère animale, en période de lactation, qui les adopta; mais leurs capacités physiques remarquables, leur vitesse et leur force dans le cas d'enfants d'antilopes ou d'ours, et les traits comme les yeux de loup, par exemple, des enfants Midnapore, ont suggéré (même pour nous-mêmes) une autre théorie plutôt fantastique selon laquelle certains seraient véritablement les enfants de parents animaux, mais des monstres, correspondant aux naissances monstrueuses connues de progéniture animalesque de mères humaines. En dépit des preuves – ou peut-être à cause de leur ignorance – de nombreux anthropologues refusent encore d'accepter le phénomène d'élevage d'êtres humains par des animaux, qui comporte en effet de nombreux aspects inexpliqués, et préfèrent croire que tous les enfants animaux sont des idiots que l'on a trouvés errant près des animaux supposés les avoir élevés. Les enfants autistiques manifestent souvent des caractéristiques identiques à celles d'enfants enlevés à des familles animales.

Dans son *Systema naturae*, 1758, le grand systématiseur Linné identifiait l'homme sauvage, *Homo sapiens ferus*, à une sous-espèce de l'humanité (voir « Les hommes sauvages »). Il le décrivait comme « marchant à quatre pattes, bête et poilu » et cita en exemple neuf cas historiques dont le suivant :

Des chasseurs virent un jour deux petits garçons au milieu d'un groupe d'ours dans une forêt de Lituanie. Ils en attrapèrent un, d'environ neuf ans, solide, bel enfant et en bonne santé et le conduisirent à Varsovie, où il devint le favori de la famille royale et de la cour. Il ne fut pas possible de lui apprendre à parler ou à abandonner sa nature oursonne, mais il parvint à lever les yeux et les bras au nom de Jésus. A plusieurs reprises, il s'échappa dans les bois et on le vit une fois étreignant affectueusement un ours sauvage connu pour avoir tué deux personnes. Il semble y avoir eu une invasion d'enfants-ours, en Lituanie, à cette époque. Ce premier cas date de 1661 et deux autres figurent dans *History of Poland*[1] du Dr Connor. Le Dr Connor examina le premier en 1694 et le trouva incapable de parler ou de marcher debout, même s'il réussit par la suite à maîtriser imparfaitement ces deux facultés; un diplomate hollandais avait examiné un autre captif du même genre à Varsovie, quelques années auparavant.

On peut trouver étrange qu'un animal aussi proverbialement mal léché que l'ours soit si tolérant avec des oursons humains;

1. Histoire de la Pologne.

cependant, on lui attribue plus d'adoptions qu'à tous les autres animaux, mis à part le loup. Le cas le plus récent fut décrit dans *The American Weekly* du 5 septembre 1937. George Maranz, auteur d'un article s'intitulant « Elevée par une mère-ourse qui l'enleva toute petite », décrivait sa visite dans un asile d'aliénés turc à une fille qui venait de passer huit ans dans une famille d'ours. Un chasseur qui avait tué une ourse s'était vu soudain attaqué par un puissant petit « esprit des bois ». Finalement maîtrisé, l'esprit s'avéra être une enfant humaine, même si elle était oursonne par sa voix, ses habitudes et son physique. Lorsque M. Maranz la vit, elle était encore très proche de l'oursonne capturée par les chasseurs, bien que plutôt plus docile, et que la faim l'eût obligée à manger des aliments cuits. En 1767, des chasseurs venant de Fraumark, en Hongrie du sud, poursuivaient un gros ours, lorsqu'ils remarquèrent des traces de pas humains dans la neige à un endroit de la montage que l'on imaginait inconnu de l'homme. Ils suivirent les traces jusqu'à la tanière d'un ours où ils découvrirent une véritable Boucles d'Or, jeune fille d'environ dix-huit ans, grande, saine et de peau brune. Son comportement était « très grossier » et lorsqu'elle fut placée dans un asile, elle refusa de manger d'autres aliments que de la viande crue, des racines et des écorces d'arbres. On découvrit une autre fille oursonne d'environ trois ans en Inde en 1897, et le cas d'un garçon-ours fut connu au début du XVIIe siècle au Danemark.

Feuerbach, dans son ouvrage sur Kaspar Hauser, 1833, donne une triste description d'une fille-truie :

« Le Dr Horn... raconte qu'il vit dans une infirmerie à Salzbourg, il y a seulement quelques années, une fille de vingt-deux ans, pas laide du tout, qui avait été élevée dans une porcherie, parmi les porcs, et qui y avait vécu assise pendant de nombreuses années, les jambes croisées. Une de ses jambes était très tordue et elle grognait comme un porc, et, en vêtements humains, ses gestes paraissaient bruts et discordants. »

Le premier cas historique (c'est-à-dire provenant d'un compte rendu contemporain) d'un enfant-loup se manifesta en Hesse, en 1341. Le garçon, enlevé à des loups par des chasseurs, courait à quatre pattes et sautait prodigieusement; il mourut d'avoir été contraint de se plier à un régime civilisé. Trois ans plus tard, dans la même région, on captura un enfant-loup que l'on parvint à élever, et il vécut jusqu'à quatre-vingts ans. Il raconta que des loups l'avaient adopté; ils l'avaient nourri, lui avait donné un gîte et enseigné leurs coutumes, et il avait été très triste d'en être séparé.

La majorité des enfants-loups enregistrés depuis le début du XIXe siècle sont apparus en Inde, généralement dans les jungles du Bengale. Le cas le mieux documenté est l'histoire des enfants Midnapore, écrite par leur découvreur, puis protecteur, le révérend J. Singh, et inclus dans un ouvrage de Singh et Zingg (sans jeu de mots) *Wolf-Children and Feral Man*[1], dans lequel un grand nombre des cas mentionnés ici sont décrits en détail. Le révérend Singh, missionnaire de l'orphelinat de Midnapore, avait l'habitude de faire régulièrement des expéditions liturgiques chez les tribus primitives de la région. Au cours de l'une de ces expéditions, en 1920, on lui dit que deux petits fantômes aux yeux brûlants hantaient une colline renfermant une tanière de loups, à une certaine distance du village, et terrorisaient les villageois. Courageusement, il emmena un groupe d'hommes pour mener une enquête. Perchés dans un arbre, ils observèrent les fantômes, quittant la tanière en compagnie des loups. M. Singh conclut qu'ils étaient humains et ordonna que l'on ouvre la tanière. Aux premiers coups de pelle, deux loups sortirent et se précipitèrent dans la jungle. Puis apparut la mère louve qui attaqua férocement les ouvriers. Avant que le révérend Singh ne puisse intervenir, l'un d'eux l'avait tuée d'une flèche. A l'intérieur, ils découvrirent une pelote de petits loupiots – deux petits loupiots et deux petites filles – se serrant les uns contre les autres. J. Singh considéra comme un aimable compliment à l'égard de l'espèce humaine que la louve ait été si heureuse de sa première petite fille qu'elle ait eu envie d'en adopter une seconde. Les loupiots furent vendus par les Indiens et les deux petites filles emmenées à l'orphelinat. La plus jeune mourut au bout d'un an, sans avoir jamais parlé ni marché debout; mais l'aînée, répondant aux soins affectueux de Mme Singh, survécut à sa capture pendant neuf ans, au cours desquels elle perdit un peu de sa nature animale et apprit progressivement à se tenir debout, à manger une nourriture civilisée et même à prononcer quelques paroles.

Le dernier enfant sauvage à attirer notre attention est le garçon-singe « costaud » découvert dans la République centrafricaine de Burundi en 1973; la revue du *London Observer* en imprima une photographie le 28 mars 1976. En 1973, on découvrit deux autres cas.

Le *Sunday Times* de Londres, le 26 février 1973,comparait un garçon-singe découvert dans les jungles de Ceylan à Rocco, un

1. Les enfants loups et l'homme sauvage.

garçon-loup venu des Abruzzes, en Italie, qui « est muet, grogne à moitié comme un loup et à moitié comme une chèvre, et mord et griffe tous ceux qui l'approchent, même affectueusement ».

Plus intéressants sont les cas récents de deux garçons-gazelles. Le *Sunday Times* décrivit l'un des cas : « Un enfant-gazelle syrien, découvert par un prince local lors d'une partie de chasse, est réputé capable de courir à 75 kilomètres à l'heure en compagnie des gazelles. Il a également une vue parfaite et l'ouïe extrêmement développée. »

Le *Daily Mirror* de Londres, le 1er février 1971, publiait un rapport à propos d'un cas analogue. « On le repéra dans le Sahara espagnol, non loin du Rio de Oro. On l'a vu se déplacer par sauts et par bonds, mais moins rapide et gracieux que ses compagnons. » Jean-Claude Armen, anthropologue distingué (et bienveillant) fit un exposé à l'Institut de la Vie, à Genève : « Je l'ai regardé s'approcher des gazelles et lécher leur front en signe de reconnaissance. » Armen vient de publier un livre charmant, en France, *L'Enfant sauvage du grand désert.* En dépit des efforts des savants américains pour l'attraper, le garçon, apparemment, est toujours en liberté.

LES HOMMES SAUVAGES

En septembre 1731, une extraordinaire petite figure entra dans un village français et devint un des neuf spécimens que Linné classa dans la catégorie de l'*Homo sapiens ferus.* Un livre ainsi intitulé par Raüber décrivait, en 1888, sa première apparition dramatique : « Une fille de neuf ou dix ans, souffrant de la soif, pénétra dans le village de Songy au crépuscule. Ce village se trouve à quatre ou cinq lieues de Châlons-sur-Marne en Champagne. Ses pieds étaient nus, son corps recouvert de loques et de peaux de bêtes. A la place d'un chapeau, elle portait sur la tête un morceau de calebasse. Elle tenait une massue à la main et lorsqu'un villageois envoya un chien à sa poursuite, elle assena un tel coup sur la tête de l'animal qu'il tomba raide mort à ses pieds. »

Une fois capturée et examinée, on constata qu'elle possédait des pouces particulièrement développés, ce qui fut attribué à sa façon de se balancer d'un arbre à l'autre, à la manière de Tarzan. Une série de bains chauds révéla une peau blanche. Certains l'identifièrent même à une Eskimaude. Elle était muette, mais elle courait et nageait merveilleusement et attrapait des petits animaux pour se nourrir, également des poissons crus et – mets adapté à une petite Française – des grenouilles. Elément curieux de ce cas, jusqu'à très récemment, elle avait eu une compagne sauvage, une jeune négresse, que l'on continua à voir dans le voisinage, mais que l'on ne parvint jamais à attraper. Une pendeloque trouvée dans la campagne avait occasionné une dispute entre elles et l'Eskimaude avait cassé la tête de sa compagne avec sa massue. Par la suite, ayant appris à parler, elle était incapable de relater les faits de son existence antérieure en dehors du vague souvenir d'un gros animal aquatique et d'avoir traversé la mer deux fois. Au cours d'une brève période de son existence, une femme l'avait hébergée et lui avait donné des vêtements; auparavant, elle avait été nue.

La captivité endommagea l'esprit et la santé de la sauvageonne. Sa nouvelle alimentation faisait tomber ses dents, elle était souvent malade et son état empira avec les saignées ordonnées par les médecins pour affaiblir sa nature sauvage. Elle n'était pas idiote. On lui apprit à parler et à se comporter comme une femme civilisée de son époque, et elle remplit finalement ses bienfaiteurs de satisfaction en devenant religieuse dans un couvent parisien.

Le mystère de l'apparition soudaine dans la France du XVIIIe siècle de deux filles sauvages, l'une négresse et l'autre apparemment eskimaude, ne fut jamais élucidé. Cependant, il ne s'agit pas là d'un cas isolé. Des exemples semblables d'*Homo sapiens ferus* ont été signalés à chaque siècle et dans chaque partie du monde. On attrapa un autre jeune sauvage dans la forêt de Caunes, dans l'Aveyron le 7 août 1800. Comme dans tous les cas de cette espèce, son apparence, son comportement et son régime étaient tout à fait ceux d'un animal, mais avec les soins du Dr Itard, dont le livre *De l'Éducation d'un homme sauvage ou des premiers développements physiques et moraux du jeune sauvage de l'Aveyron*, fut publié en 1832, il apprit finalement à parler un peu et vécut jusqu'à quarante ans. Dans l'*American Weekly* du 27 octobre 1935 figure la description d'un jeune sauvage trouvé nu dans la jungle du Salvador. Il devait avoir environ cinq ans, se nourrissait de fruits et de poissons crus et passait ses nuits dans les arbres pour se protéger des prédateurs. Un rapport étrange provenant du Suffolk, cité d'après *Antiquities*[1] de Grose, figure dans *Suffolk Folklore*[2] de Lady Camilla Gurdon :

« Ralph de Coggeshall (abbé de ce monastère au début du XIIIe siècle) raconte une curieuse histoire liée à Orford. Des pêcheurs de cette côte (1161) ramassèrent dans leurs filets, un jour de tempête, un monstre ressemblant par sa taille et son aspect à un homme chauve, mais arborant une longue barbe. Ils le conduisirent au gouverneur du château d'Orford où on le garda pendant quelque temps, le nourrissant de viande et de poisson cru qu'il " pressait dans sa main " avant de le manger. Les soldats du château le torturaient de diverses manières " pour le faire parler "; et un jour, lorsqu'on l'emmena vers l'océan pour lui permettre de s'ébattre, il cassa une triple barrière de filets et s'échappa. Etrangement, peu de temps après, il revint de son propre gré vers le lieu de sa captivité; mais finalement, " lassé de vivre en solitaire, il s'échappa vers la mer et ne revint jamais plus ". La légende de ce monstre, connu sous le nom de " l'homme sauvage d'Orford " persiste toujours dans le village. »

Aucune raison ne nous porte à douter de la véracité de ce rapport. L'incident serait demeuré encore vif dans les mémoires à l'époque où l'abbé Ralph écrivait, et tant le comportement de

1. Antiquités.
2. Folklore du Suffolk.

l'homme sauvage que la manière peu compréhensive dont il fut traité s'accordaient avec d'autres exemples semblables. Mais, s'il s'agit de donner des explications, nous ne sommes pas plus forts que les gens d'Orford à l'époque. Peut-être leur visiteur était-il un homme-lion de mer ou un phoque-garou ou un vieux dieu marin ou un Finnois téléporté ou un pêcheur aliéné. Nous ne sommes satisfaits ni de ces explications ni d'aucune autre du phénomène de l'homme sauvage à répétition, et notre sympathie va vers Linné qui, les évitant toutes, traita la question en classant, comme un ordre séparé, les « hommes sauvages ».

L'existence de gens sauvages vivant dans les forêts et les lieux déserts était généralement reconnue pendant tout le Moyen Age. Ils figurent sous différents noms dans la sculpture gothique et les ornements d'héraldique. Un des supports de l'écu du comte d'Atholl, de la famille Murray, est un homme sauvage enchaîné, commémorant ainsi la prise d'un sauvage dans les roches de Craigiebarns au XVIIe siècle par l'un des Murray, à qui fut offerte, à titre de récompense, la main de l'héritière des Atholl et la succession au titre. L'homme des bois, sauvage ou vert, apparaît fréquemment sur les enseignes d'auberges. A Sproughton, dans le Suffolk, *l'Auberge de l'Homme Sauvage* (Wild Man Inn), construite au XVIe siècle, doit son nom à un homme sauvage qui terrorisa les constructeurs dans un terrain vague voisin. Du même comté provient l'histoire bien connue, mais inexplicable, rapportée par un vieux chroniqueur, William de Newburgh, de deux enfants, un garçon et une fille, de couleur verdâtre et se nourrissant uniquement de haricots, qui apparurent subitement dans un champ près de Woolpit. D'après leur récit, ils venaient d'un endroit appelé Saint-Martin; ils surveillaient les moutons de leur père lorsqu'ils entendirent un grand bruit, puis, sans savoir comment, ils se retrouvèrent mystérieusement dans les champs de Woolpit.

Charles Fort fut un grand collectionneur d'histoires d'hommes sauvages. Dans *Lo* !, il cite le récit du *New York Times* du 19 janvier 1888, à propos de cinq hommes et d'une jeune fille sauvages apparus dans le Connecticut aux environs du premier jour de cette année-là; et il prétendit avoir eu connaissance d'au moins dix hommes sauvages en Angleterre, au cours de l'hiver 1904-1905. L'un deux, d'origine inconnue, apparut nu dans les rues de Cheadle, Cheshire, et fut placé pudiquement dans un sac par un agent qui l'emmena au poste, ainsi vêtu. Un autre portait avec lui un livre contenant des dessins et textes écrits dans une langue inconnue qu'il parlait également lui-même. On traite de son cas dans l'*East Anglian Daily Times* du 12 janvier 1905. Le

Chatham News raconta le 10 janvier 1914 que, par un froid glacial, l'on avait découvert un homme courant tout nu le long de Chatham High Street. On l'arrêta, mais en véritable *Homo ferus,* il ne put donner aucune explication de son comportement. Il apparut soudain, était inconnu et fut déclaré fou.

Fort considérait ces apparitions d'hommes sauvages exactement comme il le faisait des pluies de poissons et de grenouilles. Les hommes sauvages, à l'instar des pluies de poissons, doivent venir de quelque part, et chacun de ces phénomènes, suggérait Fort, trouvait sa cause dans une force mystérieuse de la nature, qu'il fut le premier des temps modernes à identifier et nommer : la force de téléportement. D'après lui, il pouvait y avoir un lien, comme celui existant entre les deux extrémités d'un tube, entre les lieux où les gens disparaissent inexplicablement et ceux où des « hommes sauvages » en état de choc, transe ou amnésie, apparaissent soudain. Ainsi, pour chaque cas d'une apparition étrange, on devrait en chercher un autre, d'une disparition étrange. Fort attendait le jour où les possibilités du téléportement seraient comprises et utilisées pour transmettre non seulement des grenouilles ou des hommes sauvages, mais des gens et des biens d'un endroit de la terre – ou de l'univers – à un autre.

Un élément d'évidence moderne a surgi depuis pour soutenir la notion de Fort quant à l'origine des hommes sauvages. Dans notre chapitre sur le « téléportement », nous faisons référence à un jeune Brésilien, José Antonio da Silva. On nota qu'après avoir été déposé près de Vitoria, à des kilomètres de l'endroit où il avait mystérieusement disparu quelque quatre jours plus tôt, son premier instinct fut de se retirer dans les bois pour se nourrir des produits de la nature.

LOUPS-GAROUS

Les loups-garous sont des êtres qui se transforment en loups puis redeviennent humains. Sans être médecins, nous croyons que ce genre de chose est impossible sur le plan physiologique. Cependant, si nous étions avocats, nous n'aurions pas d'autre choix que de croire aux loups-garous à cause de l'abondance de la jurisprudence justifiant la condamnation et l'exécution de ces créatures. Des preuves à l'encontre des gens accusés de se transformer en animaux sauvages et de commettre des crimes sous cette forme, ont souvent été données par des témoins de bonne réputation, unanimes et fermement convaincus de par leur expérience personnelle du pouvoir de l'accusé d'assumer une forme animale. D'une part, les loups-garous ne peuvent pas exister; d'autre part, ils se produisent dans la réalité. Voici, à nouveau, un phénomène impossible à réconcilier avec aucun système rationnel d'explication.

Les témoignages les plus directs sur les loups-garous viennent de ceux qui ont effectivement assisté à la transformation. Pierre Mamor, recteur de l'université de Poitiers au XVe siècle, avait la réputation d'être un de ceux-là et ses écrits à propos de ce sujet ont été cités dans l'ouvrage du révérend Montague Summers, *The Werewolf*[1]. Le savant Mamor relate l'histoire répugnante d'une paysanne de Lorraine qui vit son mari attablé vomir le bras et la main d'un enfant qu'il avait dévoré peu de temps auparavant, sous la forme d'un loup. Mamor explique cet événement comme une « illusion démoniaque », parce que sa théorie défend le fait que les loups-garous sont de véritables loups, possédés par des esprits d'hommes, dont les corps ont été soigneusement dissimulés, le tout étant l'œuvre de démons. Cette théorie ne justifie pas des cas comme celui enregistré dans *l'Histoire des pays septentrionaux* écrite par Olaus Le Grand en 1555, et qui s'était produit quelques années auparavant. Un esclave entendit un jour sa maîtresse, l'épouse d'un noble, nier la possibilité pour les hommes de devenir des loups. L'esclave exprima un avis différent et, pour le prouver, opéra sur-le-champ la transformation. Les chiens l'attaquèrent aussitôt, mais il réussit à se libérer sous sa forme de loup, après

1. Le loup-garou.

qu'ils lui eurent arraché un œil. Le lendemain, l'esclave revint sous sa forme humaine, mais borgne. Dans *The Occult in the Orient*[1], C. Dane fait état d'un compte rendu plus récent. En 1960, M. Harold M. Young, ancien officier de l'administration birmane et, à l'époque, propriétaire du zoo de Chingmai en Thaïlande chassait dans les monts Lahu, près de la frontière birmanio-thaïlandaise, lorsqu'il rencontra un des « esprits » redoutés par la population locale, un loup-garou de la jungle. En entrant dans le village, on lui dit qu'un de ces « esprits » se trouvait dans les parages. On entendit un hurlement et M. Young se précipita vers une hutte où il vit à la lumière de la pleine lune le « loup-garou » mordant le cou d'une femme agonisante. Il épaula et tira sur la bête, l'atteignant au flanc, mais elle s'échappa dans la jungle, laissant une traînée de sang. Le lendemain matin, Young et quelques villageois suivirent la traînée qui menait dans la jungle et puis revenait vers le village, jusqu'à une hutte où ils découvrirent un homme blessé d'une balle au flanc.

Ce récit moderne renouvelle, au détail près, l'histoire classique du loup-garou resurgissant en tout temps et en tout lieu, avec une logique remarquable. Nous ne savons pas ce que devint le loup-garou de M. Young et nous donnons un témoignage indirect, mais nous avons des témoignages directs de la carrière et du sort d'un grand nombre des loups-garous européens, émanant des sources les plus fiables : les rapports contemporains de leur procès. En décembre 1521, deux paysans français, Burgot et Verdun, furent accusés à Poligny d'une longue série de meurtres à caractère cannibale qu'ils auraient perpétrés sous l'apparence de loups. Tous deux avouèrent : Burgot, qu'il avait été depuis longtemps au service du diable et avait étendu ses activités au changement d'apparences, avec l'encouragement de Verdun, loup-garou pratiquant et membre d'une alliance de sorciers. Verdun, le plus agile des deux, pouvait opérer sa transformation tout habillé, tandis que Burgot était contraint de se dévêtir et de s'enduire d'un onguent de loup-garou fourni par leurs supérieurs diaboliques. On parle souvent, dans les cas de ce genre, de cet onguent spécial permettant d'effectuer la transformation. Montague Summers suppose qu'il devait entrer dans sa composition des drogues ensorcelantes telles que la belladone, l'aconite, la ciguë ou la jusquiame. Quoi qu'il en soit, elle produisait sur Burgot et Verdun un effet bestial. Ils attaquèrent et dévorèrent un grand nombre des habitants de la région, jusqu'au jour où Verdun fut blessé par

1. L'occultisme en Orient.

un voyageur armé qui suivit la piste sanglante du loup et arriva à la masure où Verdun se faisait panser sa blessure par sa femme. Les deux hommes furent exécutés avec un troisième loup-garou de la région et on prétend que leurs portraits à tous les trois étaient exposés dans l'église jacobine de Poligny.

Les loups-garous se répandirent en Europe pendant tout le XVIe siècle. Un si grand nombre de ceux qui étaient alors capturés et brûlés en France étaient également sorciers pratiquants et prétendaient avoir appris à d'autres membres de leur alliance l'art de se transformer, que nous soupçonnons qu'il devait s'agir d'un rituel magique traditionnel, hérité des époques anciennes et encore pratiqué dans des lieux reculés. Beaucoup d'auteurs classiques traitant des loups-garous se réfèrent à cette connaissance traditionnelle. Dans l'Irlande du XIe siècle, les habitants d'Ossoroy pratiquaient la coutume de maintenir en permanence sous l'apparence de loups deux d'entre eux, chaque paire servant pendant sept ans. Giraud le Cambrésien, donnant ce renseignement dans sa *Topographica hibernica*, fait état d'un prêtre irlandais qui mentionna un de ces loups-garous d'Ossoroy en 1182. Il voyageait entre Ulster et Meath et devait passer une nuit dans les bois, lorsque s'approcha de lui un gros loup qui lui expliqua la situation et demanda au prêtre de venir bénir sa femme qui était sur le point de mourir. Le prêtre répugnait à faire bénéficier une louve des privilèges religieux, mais le loup le rassura en soulevant la peau de loup de son épouse, pour révéler la vieille femme qui s'y dissimulait.

Fort dit à propos des loups-garous : « Je considère l'idée comme absolument sotte, avilissante et superstitieuse : par conséquent, je m'incline respectueusement devant elle. » Il cite tirée du *Cornhill Magazine* d'octobre 1918, l'expérience, dans le nord du Nigeria, d'un certain capitaine Shott. A plusieurs reprises, des hyènes avaient attaqué un village indigène. Des chasseurs qui suivirent leurs traces furent surpris de constater qu'à un endroit donné, les empreintes animales cédaient la place à des pas humains. Une nuit, le groupe du capitaine Shott blessa une bête particulièrement importante, lui arrachant la mâchoire. On suivit la traînée de sang jusqu'à un autre village, où le lendemain un homme mourut d'une horrible blessure : sa mâchoire avait été arrachée.

Innombrables sont les comptes rendus de loups-garous de tous les temps et tous les continents, et également nombreux sont les récits de tigres, renards, ours, chats et de belettes-garous, de quoi remplir une ménagerie de secours. Le phénomène, en tant qu'expérience, est aussi bien établi que possible. Ce que tout le monde cherche à savoir, bien sûr, c'est si la transformation d'homme en animal se produit dans la réalité des faits, ou s'il s'agit d'une illusion affectant en même temps les sens de la personne transformée et ceux des gens qui la regardent (on fait un peu la lumière sur la question de la transformation physique dans « Élongation corporelle »).

Il importe peut-être peu à un homme dont on déchire la gorge de savoir si son bourreau est un véritable loup ou s'il ressemble simplement à un loup, mais depuis les époques les plus reculées, les savants ont discuté de cette question. Paracelse pensait la transformation véritablement physique, se rangeant à l'opinion magique suivant laquelle la puissance de la volonté et de l'imagination humaines pouvait être concentrée de manière à agir sur la réalité extérieure, par l'intermédiaire de la substance spirituelle de l'univers. D'autres autorités se trouvaient en désaccord, expliquant le phénomène comme un effet de la drogue, de la magie ou de l'« enchantement ». Ils furent, à leur tour, contredits par Sponde en 1583, avec le raisonnement suivant : « Si une herbe et la puissance du mal peuvent dominer à ce point l'élément supérieur de l'homme, sa raison et son âme éternelle, pourquoi son corps ne serait-il pas sujet à de semblables perturbations ? » Marcellus Sidetes, spécialisé dans les questions médicales, proposa une explication, au IIe siècle, en termes d'une affection connue sous le nom de lycanthropie, dont les victimes sont persuadées être des loups sauvages et agissent en conséquence : cependant, est-ce comme le pensait Marcellus « une espèce de mélancolie » cédant à des bains froids et un régime de lait caillé sucré, ou est-ce, comme pour Summers et de nombreux autres, une possession diabolique ? La question reste encore à trancher. En tout cas, la théorie de la lycanthropie n'explique qu'une moitié du phénomène du loup-garou : l'illusion subie par le loup-garou lui-même, et ne dit rien des illusions des témoins le voyant sous la forme d'un loup. On peut taxer de la même imperfection d'autres explications populaires faisant intervenir l'hypnose de soi-même et le port de vêtements rituels. Les fous sauvages, chez les Vikings, se couvraient de peaux d'ours au cours de leur métamorphose en tueurs par l'invocation des esprits des bêtes, et les membres des sociétés d'hommes-léopards, toujours actives en Afrique orientale, pratiquent le même genre de rites. Un certain M. K., dont l'histoire est citée, bien que sans référence à la source originale, dans la revue *Fate and Fortune* n° 6, assista au début de ce siècle à un rituel dans l'Orissa, province de l'Inde, au cours duquel il vit de ses propres yeux un jeune indigène transformé en tigre-garou. Il est impossible d'expliquer la moindre réalité de ces transformation rituelles à travers aucune des explications partielles déjà mentionnées, telles la lycanthropie, l'hypnose ou les illusions créées par le port de maquillage ou de peaux de bêtes. Nous ne rejetons nullement celles-ci; nous les acceptons toutes, combinées à d'autres causes, en tant qu'élément contribuant à la production d'un effet magique qui, quel que soit le degré de réalité physique que l'on choisisse d'attribuer à la transformation, présente une réalité véritablement terrible pour l'homme qui paraît se métamorphoser en bête sauvage et pour tous ceux qui entrent dans le champ de ses activités.

En flânant à travers la littérature des loups-garous, nous sommes tombés sur l'article suivant, dans *Human Animals* de Frank Hamel, et nous en faisons part ici, le trouvant d'un intérêt particulier pour les fortiens. En juillet 1603, un puissant orage de grêle ruina les arbres fruitiers de la région de Douvres et de Jeurre en France. Accompagnant les grêlons, on vit apparaître mystérieusement trois énormes loups. Suivant la caractéristique des loups-garous, ils n'avaient pas de queue et ils traversèrent un troupeau de vaches et de chèvres sans y toucher; ce qui fit dire aux populations locales qu'ils étaient des magiciens venus inspecter les dégâts causés par l'orage qu'ils avaient produit.

PRÉSAGES FAMILIAUX, ÉTRANGES ET MENAÇANTS

Le vicomte Gormanston est un homme très charmant et très séduisant, mais même le meilleur de ses amis ne peut nier qu'il ressemble un peu à un renard. Les renards font partie de la famille. L'un deux est représenté passant, sur les armoiries, et un autre, debout, soutient l'écusson. Et c'est aussi devenu une tradition que lorsque le vicomte Gormanston en titre se trouve sur son lit de mort, des renards se réunissent autour du château pour honorer le départ de celui qu'ils considèrent évidemment comme leur représentant humain.

La *New Ireland Review* d'avril 1908 publia le compte rendu des événements qui s'étaient déroulés au château de Gormanston la nuit du 8 octobre de l'année précédente, pendant que Jenico, le quatorzième vicomte, mourait à Dublin. A huit heures du soir, le jardinier et le chauffeur virent environ une douzaine de renards tapis à divers endroits du château et de la chapelle. Ils jappaient et « pleuraient ». Deux jours plus tard, à trois heures du matin, le fils de Jenico, Richard Preston, veillait le corps de son père, dans la chapelle. A l'extérieur, il entendit des pas furtifs, des petits cris plaintifs et des grattements. Il ouvrit une porte de côté et vit un gros renard assis juste devant. Il y en avait un autre derrière lui, et l'on en entendait encore d'autres dans les buissons. Preston alla ensuite à la porte du fond de la chapelle, l'ouvrit, et là se trouvaient encore deux renards, dont un si près qu'il aurait pu le heurter du pied. Pendant deux heures, les renards continuèrent à hanter la chapelle, puis soudain, disparurent.

Des rapports plus anciens sur les renards des Gormanston sont résumés dans *True Irish Ghost Stories*[1] :

« Quand Jenico, le douzième vicomte était sur le point de mourir, en 1860, on vit des renards, pendant plusieurs jours, évoluant dans la maison et tout autour. Juste avant sa mort, trois renards jouaient et faisaient du bruit tout près de la maison... L'honorable Mme Farrell déclara à ce même propos que les renards étaient venus par paires sur le domaine et s'étaient assis sous la fenêtre de la chambre du vicomte, glapissant et hurlant toute la

1. Vraies histoires irlandaises de fantômes.

nuit. Le lendemain matin, on les vit accroupis dans l'herbe devant et autour de la maison. Ils traversèrent le poulailler sans toucher aux volailles et disparurent après les obsèques.

A la mort d'Edward, le treizième vicomte, en 1876, les renards étaient là à nouveau. Il avait semblé aller mieux, un jour, mais les renards firent leur apparition, glapissant sous la fenêtre et contre toute attente, il mourut cette nuit-là. »

Quelque chose chez ces renards Gormanston leur donne l'air de ressembler plus à des renards-garous qu'à de véritables animaux. L'incident de leur traversée du poulailler, sans causer de dégâts, rappelle le récit des étranges loups qui termine le chapitre des loups-garous. Dans de nombreux cas de notre collection de présages de décès familiaux, le rôle est tenu par autre chose qu'un être vivant normal. On constate ici une confusion entre les animaux et les spectres. A la mort d'un Scanlon de Ballyknockane, dans le comté de Limerick, d'étranges clartés apparurent pour illuminer sa résidence et sont toujours ainsi apparues depuis le XVIIe siècle, époque où un Scanlon était roi d'Ossory. On les vit pour la dernière fois en 1913. Bien d'autres Irlandais d'origine reçoivent un avertissement de leur mort sous forme de gémissements ou d'apparitions de ce spectre féminin redouté, la Banshee. En Angleterre, on entend parler de coups. A en croire la *Natural History of Oxfordshire*[1] du Dr Plot, un décès dans la famille Wood à Brize Norton était toujours précédé de « coups sur les portes, les tables ou les étagères »; les Cumberford de Cumberford Hall étaient semblablement affectés par des coups frappés et les Burdet connaissaient la fin imminente de l'un des leurs d'après le son de tambour émis par leurs cheminées pendant plusieurs semaines. Des sources différentes nous apprennent que les membres de la famille catholique des Middleton du Yorkshire voient apparaître le fantôme d'une religieuse bénédictine avant de mourir, et que les Brereton sont prévenus par un tronc d'arbre mystérieux flottant dans le lac devant leur demeure.

Revenons aux être vivants, véritables ou spectraux, servant de présages de mort dans les familles : un hibou rend ce service à la famille Westropp en Irlande, sa dernière apparition enregistrée s'étant produite en 1909; les Arundel de Wardour recevaient également la visite de deux hibous, particulièrement énormes, qui perchaient de manière inquiétante sur les parapets de leur château; et les Clifton de Nottinghamshire recevaient comme augure de leur mort un rare esturgeon qui remontait la rivière Trent et passait

1. Histoire naturelle de l'Oxfordshire.

devant Clifton Hall. Dans le parc ancestral de la famille Ferrers de Chartley, près de Lichfield, vivait — et vit peut-être encore — un très vieux troupeau de vaches blanches. La naissance d'un veau noir dans ce troupeau annonçait la fatalité à la famille Ferrers. Le *Staffordshire Chronicle* de juillet 1835 donne des précisions :

« Le décès du septième comte Ferrers, de la comtesse, de leur fils, le vicomte Tamworth, et de leur fille, Mme William Jolliffe, ainsi que les décès du fils et héritier du huitième comte et de sa fille, Lady Francis Shirley, furent chacun précédés par la naissance fatale du veau à la nuance de mauvais augure. Au printemps de 1835 naquit à Chartley un veau noir et, peu de temps après, la ravissante comtesse, seconde épouse du huitième comte, reposait sur son lit de mort. »

L'évêché de Salisbury n'est pas un poste héréditaire, mais son titulaire hérite d'un présage familial mortel. Lorsqu'est en train de mourir un évêque de Salisbury, des oiseaux blancs apparaissent au-dessus de la plaine de Salisbury. Ils sont inhabituels. Kathleen Wiltshire les décrit : « Ce sont de grands oiseaux comme des albatros au vol immobile, avec d'étincelantes ailes blanches. » Le premier incident enregistré date de 1414. L'évêque de Salisbury mourut à l'étranger, étant allé à Constance pour assister au concile. Un grand rassemblement d'étranges oiseaux blancs descendit sur le toit du manoir où il était exposé et restèrent toute la nuit, produisant des sons rauques. On appela cela « un grand signe des oiseaux ».

Mlle Moberly, fille de l'évêque, vit les oiseaux blancs s'envoler des jardins du palais au moment où son père passait de vie à trépas, en 1885. A nouveau, le 15 août 1911, Mlle Edith Olivier, revenant d'une sortie de la chorale du village, près de Salisbury, vit deux oiseaux blancs curieux, volant sans battre des ailes. Elle ne savait rien du lien oiseau-évêque à ce moment, mais en arrivant chez elle, elle apprit que l'évêque de Wordsworth venait de mourir subitement. On reconnut alors sa description des oiseaux blancs comme étant le présage conventionnel.

L'histoire la meilleure et certainement la mieux documentée d'une famille hantée au moment de la mort par un animal particulier, est celle de l'oiseau blanc d'Oxenham. L'origine du lien de cette famille avec l'oiseau blanc se perd dans la nuit des temps. Une ancienne ballade campagnarde du Devonshire retrace l'histoire de Sir James Oxenham se préparant au mariage de sa fille Margaret. En toile de fond, un amoureux dépité. Sir James offre un banquet. Un oiseau blanc apparaît et Sir James frémit devant le présage qui, même à cette époque légendaire, était connu depuis longtemps dans la famille. Le lendemain, Margaret et son futur mari se présentent devant l'autel. L'amoureux abandonné s'avance, la poignarde, puis se fait justice. Au-dessus de la scène, l'oiseau blanc vole à travers l'église.

La première mention historique de l'oiseau blanc remonte en 1618, juste avant la mort de Grace Oxenham. Vingt-trois ans plus tard, son fils James publia une brochure à propos des circonstances d'un certain nombre de décès récents dans cette famille. Son fils John, âgé de vingt-deux ans, était mort subitement après avoir reçu la visite d'un oiseau à la poitrine blanche, voletant au-dessus de lui. Cinq jours plus tard, le 7 septembre 1635, l'épouse de James Oxenham, Thomasine, tomba malade, vit l'oiseau blanc et mourut; peu après, le même sort frappa sa petite sœur Rebecca, huit ans et, le 15 septembre, le bébé de Thomasine, une fille, décéda également, l'oiseau de malheur ayant auparavant fait une apparition dans sa chambre. James Howell, dans *Familiar Letters*[1], 1646, déclara avoir vu chez un tailleur de pierres londonien une dalle de marbre prête à être envoyée dans le Devonshire et portant l'inscription suivante : « John Oxenham, Mary et sa sœur, James son fils et Elizabeth sa mère avaient connu la vision d'un tel oiseau, voletant autour de leur lit au moment de leur mort. »

L'oiseau blanc demeura fidèle et actif jusqu'en 1873. Le 15 décembre de cette année-là, G.N. Oxenham mourut à Kensington. D'après une déclaration de son neveu, le révérend Henry, reproduite dans *Glimpses of the Supernatural*[2], on entendit des battements d'ailes dans la chambre du mourant, et une semaine avant sa mort, il advint un incident étrange : sa fille et une amie, ignorant totalement la tradition familiale, entendirent de l'agitation, ouvrirent la fenêtre et virent un singulier oiseau, ressemblant à un pigeon, mais plus grand et plus blanc, perché sur un proche arbuste. Des ouvriers tentaient de le chasser en lui lançant leurs chapeaux. Dans *Descriptive Sketch of Sidmouth*[3] du Dr Mogridge figure un compte rendu de la mort du vieux M. Oxenham de Sidmouth, dans la seconde décennie du XIXe siècle. Juste avant sa mort, le ménage attaché à son service, un jardinier et sa femme, virent un oiseau blanc entrer par la porte, voler au-dessus du lit de M. Oxenham et disparaître dans un des tiroirs de son bureau.

Nous avions l'intention de comparer cette espèce d'événements avec des phénomènes anthropologiques divers, tels que le totémisme et les affinités tribales avec les animaux, espérant ainsi

1. Lettres familières.
2. Aperçus sur le surnaturel.
3. Esquisse descriptive de Sidmouth.

procurer une toile de fond raisonnable pour notre collection de présages de décès familiaux. Cependant, certains aspects de ce lien famille-animal défient toute comparaison et suggèrent l'existence d'un principe directeur – ou parfois intervenant – derrière la vie sur terre, un principe à qui, quelles que soient ses autres qualités, ne manque certainement pas un sens de l'humour. Une vieille famille de la frontière écossaise, appelée Herries, a des armoiries comportant un hérisson, parce que, dit l'héraldique, c'est un jeu de mot sur le mot français hérisson. Cette plaisanterie semble avoir pénétré jusque chez les hérissons eux-mêmes, car chaque fois qu'un Herries se meurt, les petites bêtes arrivent par centaines pour hanter sa demeure.

Les Fowler sont une famille ancienne et, depuis l'époque des Croisades, leurs armoiries ont toujours comporté un hibou. L'histoire suivante fut racontée à M. William Fowler, de Cumberland, par son père; nous citons *Ghosts and Legends of the Wiltshire Countryside*, de Kathleen Wiltshire. Cette histoire semble vouloir confirmer notre idée qu'il existe un sens de l'humour dans la nature et que le principe directeur – ou autre – mentionné ci-dessus, se délecte du type de plaisanterie que les plus intelligents parmi nous pourrions considérer comme plutôt infantile :

« Le révérend W.W. Fowler, chanoine de Lincoln, se retira dans un presbytère du Wiltshire pour écrire un livre d'ornithologie. Le jour de sa mort, tous les hibous du voisinage semblaient s'être réunis autour de sa maison, perchant sur le toit, les balustres, pinacles ou tout autre endroit commode. Ils demeurèrent ainsi jusqu'à sa mort; puis, tous disparurent. Cependant, le jour des obsèques, au moment où l'on emportait le cercueil sous le porche d'entrée du cimetière, un gros hibou blanc s'abattit dessus, s'approchant tout près de la bière, avant de disparaître dans les grands ifs de la cour de l'église. »

PERSONNAGES MINIATURES

Si nous devions écrire une histoire de l'Europe vue sous l'angle des phénomènes, nous inspirant des témoignages contemporains d'expériences personnelles à travers les diverses époques, une partie du schéma général des événements serait constituée du fait que depuis les temps les plus reculés, il y a toujours eu un contact intime entre notre race et une autre, plus petite et moins matérialisée ; que le lien entre les deux peuples s'affaiblit progressivement, et que la race des plus petits a déserté les régions d'habitation humaine, pour se réfugier dans des zones plus sauvages, se retirant finalement dans l'atmosphère supérieure d'où ils descendent de temps à autre, pour de brèves visites, voyageant dans des disques lumineux ou des vaisseaux en forme de globe.

Le phénomène des « fées », encore faiblement actif même à l'époque la plus noire du scepticisme rationnel, fit une réapparition très remarquée au milieu du XXe siècle. Les petites personnes qui, d'après les rapports unanimes, avaient joué un rôle indiscret dans la vie quotidienne jusqu'au Moyen Age, disparaissaient depuis longtemps de leurs repaires favoris lorsque, soudain, elles réapparurent, aéroportées et technologiquement équipées (étant traditionnellement attachées à l'imitation de leurs contemporains humains) et mijotant à nouveau toutes leurs anciennes plaisanteries. Nous pensons, bien entendu, aux « gens d'OVNI. »

Les coutumes qui ont survécu jusqu'à l'époque récente nous montrent à quel point la relation entre notre population et l'autre race était proche et équilibrée. Nous entendons parler de gens déposant devant leur porte la nuit des soucoupes remplies de lait, des terrains des fées exempts de culture et des chemins des fées maintenus libres de toute construction et entrave, et d'autre part, récompenses et fortune comblent les hommes qui respectent les coutumes des fées. On est généralement d'accord pour dire que le déclin de cet état de choses fut provoqué en premier lieu par l'intervention des exorcistes chrétiens, des religieux zélés et des missions pénétrant dans tous les recoins du pays, bénissant les maisons, les granges, les bois et les ruisseaux. « Ce qui fit qu'il n'y eut plus de fées », explique Chaucer

> « Car là où marchait habituellement un lutin,
> Marche maintenant l'exorciste lui-même. »

Le Dr Ingram, célèbre prédicateur, mort à 103 ans en 1879, est réputé avoir chassé les derniers génies fées locaux, des îles Shetland, les obligeant à migrer vers les Féroé. John Nicholson, auteur de *Some Folk-Tales and Legends of Shetland*[1] tenait ce renseignement d'un insulaire à qui l'avait personnellement relaté une vieille femme-génie, trop faible ou trop obstinée pour entreprendre le voyage avec le reste de sa race. Cependant, si nous devons croire M.W.E. Thorner, de Luton, dans le Bedfordshire, dont la lettre est publiée dans *The Folklore of Orkney and Shetland*, les génies du nord de l'île n'ont pas encore tout à fait disparu. M. Thorner, qui séjourna pendant quelque temps dans les Orcades, au cours de la Seconde Guerre mondiale, en rencontra un groupe sur les hautes falaises de Hoy lors d'une tempête. Il devait y avoir environ une douzaine d'« hommes sauvages », au teint olivâtre et aux longs cheveux foncés, petits de taille, le regard méchant. Ils dansaient.

Ces êtres se seraient bien accommodés de la théorie émise par David MacRitchie en 1890, selon laquelle les peuples finnois du nord de l'Écosse et les fées en général seraient des vestiges des véritables Finnois ou Eskimos ou d'une autre race de petits aborigènes. Si tel était le cas, cela expliquerait les regards méchants dirigés vers M. Thorner. John Buchan écrivit une histoire terrifiante sur ce thème à propos d'un homme enlevé en Écosse par une tribu troglodyte de Pictes laissés pour compte. Une telle survivance dans le présent semblerait une explication peu plausible de l'existence de « petits hommes », en particulier depuis qu'ils se sont mis à voyager dans l'espace. Cependant, si l'on y réfléchit, la dextérité manuelle des fées a toujours été plus réputée que celle des humains, et leur connaissance de la science naturelle plus approfondie. Un exemple en est l'exquis récipient de verre, « La Fortune d'Edenhall », ravi aux fées par un maître d'hôtel de la famille Musgrave de Cumberland, et conservé par celle-ci (maintenant au Victoria and Albert Museum de Londres). Il existe également, à la Royal Irish Academy de Dublin, un ancien traité médical, présenté par les fées à un homme du Connemara qu'elles enlevèrent dans leur pays du Hy Brasil et rendirent plus tard à son peuple après l'avoir initié à tous les secrets de la médecine. Avec les talents qui leur sont généralement attribués, il n'y a aucune raison pour que la technologie des

1. Quelques contes et légendes populaires du Shetland.

fées ne soit pas à la hauteur de la construction des globes aériens dans lesquels ces petits personnages voyagent, dit-on, si communément.

Nous considérons très sérieusement ce lien des fées avec les OVNI. Le phénomène des « personnages miniatures » est trop documenté, aux époques anciennes et modernes, pour ne pas être fondé; et nous ne pouvons éprouver aucune sympathie pour les folkloristes d'une génération plus ancienne qui se délectaient des expressions pittoresques des croyances aux fées entendues dans la bouche de rustiques illettrés, tout en ignorant ou dédaignant toute répétition de la même « superstition » dans un contexte moderne. Le monde académique actuel a hérité de leur préjugé et il revient donc à l'école d'après-guerre des écrivains, traitant des soucoupes volantes et autres énigmes apparentées, de rendre compte de phénomènes qui, s'ils étaient apparus il y a deux cents ans, feraient maintenant partie des curiosités fièrement exposées dans leurs cabinets par les spécialistes du folklore. Pour des rapports modernes traitant des fées et de leurs semblables, nous devons nous tourner vers des ouvrages tels *The Humanoids*[1] (1969) de Charles Bowen, ou *Flying Saucer Occupants*[2] (1967), de C. et J. Lorenzen, ou un livre récent, *The Unidentified* (1975), de Clark et Coleman, où l'on voit mettre en relief une source phénoménale commune pour la légende des fées et celle des OVNI.

Dans le second de ces ouvrages, nous pouvons choisir parmi une cinquantaine de récits de rencontres avec des « petits personnages » dans les années 1950 et 1960, et un nombre égal de contacts avec d'autres types d'êtres venant du monde de la féerie, chacun associé à un vaisseau aérien sphérique ou en forme de disque, et tous décrits en détail par des témoins nommés. Pour ne citer qu'un seul exemple, le 20 août 1965, à midi, Alberto Ugarte, ingénieur, sa femme et un autre homme visitaient des ruines incas près de Cuzco, au Pérou, lorsqu'ils virent un disque brillant, ne dépassant pas 1,50 mètre de diamètre, descendre du ciel et se poser sur une terrasse ancienne en pierre. Des petits êtres, décrits comme d'une forme étrange et d'une brillance étincelante, sortirent du vaisseau, mais à la vue des gens, y remontèrent et repartirent.

La preuve de l'existence véritable d'une race de fées ne pêche que sur un point. Si l'on considère le nombre de contacts, il y a très peu de souvenirs matériels. On dit de certains objets, comme

1. Les humanoïdes.
2. Les passagers des soucoupes volantes.

la coupe et le traité médical mentionnés ci-dessus, qu'ils provenaient directement des petits personnages, et il existe de nombreux cas d'herbes foulées ou brûlées, ou de dépressions dans le sol découvertes aux endroits où l'on a vu atterrir des vaisseaux.

On a fait état de découvertes, rarement matérialisées, de tout petits ossements déterrés dans des lieux de sépultures de fées. Voisine de Lewis, dans les Hébrides extérieures, se trouve la petite île des Pygmées que la tradition locale tient pour avoir été la demeure et le cimetière des petits personnages. Le révérend Dean Monro y fit des fouilles au XVIe siècle et y trouva des crânes et des ossements miniatures. En 1630, le capitaine John Dymes entreprit des fouilles. Il trouva également des ossements et des crânes, mais les jugea trop petits pour être humains, ce qui nous paraît plutôt une démonstration positive. Au début de ce siècle, l'historien hébridien Mackenzie fouilla sur le même site et trouva des ossements, mais qui provenaient d'oiseaux marins et de petits mammifères et il s'y référa pour expliquer les découvertes antérieures, supposant que la légende des Pygmées était fondée sur l'incapacité des indigènes d'établir la distinction entre les squelettes d'oiseaux familiers et ceux d'êtres humains.

Les photographies ayant la prétention de montrer des fées sont généralement rares et de mauvaise qualité. Cependant, il existe un cas exceptionnel. Dans le numéro de Noël 1920 de *Strand Magazine*, Sir Arthur Conan Doyle, qui dépensait les droits d'auteur de ses romans sur Sherlock Holmes en s'adonnant à la recherche psychique, annonça un événement assez sensationnel « pour marquer une époque de la pensée humaine ». Publiées avec l'article, on voyait des photographies de deux jeunes filles au milieu d'elfes et de fées. Elles s'appelaient (leurs noms ne furent pas dévoilés à l'époque) Elsie Wright, de 31 Lynwood Terrace, Cottingley, près de Bingley, Yorkshire, et sa cousine, Frances Griffiths. Derrière la maison d'Elsie s'étendait un vallon de fées. Les jeunes filles aimaient à y jouer, se faisant des amis parmi ses petits habitants et un jour, lorsqu'Elsie eut seize ans et sa cousine dix, au cours de l'été 1917, elle emprunta l'appareil de son père pour les photographier. Elles obtinrent d'excellents portraits. Des experts en photographies furent incapables d'y déceler des défauts et les circonstances dans lesquelles elles avaient été prises semblèrent exclure toute possibilité de supercherie. Cependant, aux dires d'autres experts, elles devaient forcément être frauduleuses car, les fées n'existant pas, aucun appareil honnête ne peut les photographier... Evidemment, à cette époque Ted Serios était inconnu. (Voir « Projections de pensées ».) Un reporter impartial de la

Westminster Gazette fut dépêché dans le Yorkshire, pour pousser les jeunes filles dans leurs retranchements et les démasquer. Il se trouva devant deux jeunes demoiselles au sein d'une famille respirant l'honnêteté, et s'en retourna perplexe. Un ami de Sir Arthur, M. Edward Gardner, se rendit également dans le Yorkshire avec un appareil et imprima des plaques photographiques. Les jeunes filles emportèrent cet équipement dans le vallon et revinrent avec d'autres photos de fées. Aucun examen postérieur, aussi rigoureux fût-il, à la fois des photographies et de leurs auteurs, n'a jamais réussi à établir une autre conclusion que celle de leur authenticité complète. Proclamant « l'Avènement des Fées » dans un livre ainsi intitulé, Conan Doyle écrivait :

« Il est difficile pour l'esprit d'imaginer ce que sera le résultat final, si nous arrivons véritablement à prouver l'existence sur cette planète d'une population qui pourrait être aussi nombreuse que la race humaine, poursuivant sa propre vie étrange, de sa propre manière étrange et qu'une simple différence de vibration sépare de nous. »

MONSTRES LACUSTRES ET SERPENTS DE MER

Tout ce qui est traité dans cet ouvrage s'apparente à ce que nous appelons la réalité phénoménale. Dans cette catégorie, nous plaçons toutes les vues, visions, expériences et événements qui se renouvellent de manière répétitive, sur de longues périodes de temps, tout en éludant constamment l'analyse scientifique. L'insaisissable est l'élément significatif de ces choses, liant des phénomènes apparemment aussi disparates que les objets non identifiés vus dans le ciel par beaucoup et les monstres sinueux se manifestant dans les lacs et les océans.

Les monstres marins sont en effet curieux. D'après tous les récits – et il y en a d'excellents venant de personnes à la bonne foi certaine et à l'esprit équilibré – de grands animaux inconnus existent dans les lacs du monde entier et, également, dans la mer. Cependant, la science moderne, prétendant avoir étudié et classifié presque toutes les formes de vie, quelle qu'en soit la rareté ou la petite taille, n'a jamais trouvé de témoignage physique de telles créatures, ni corps, ni ossements, ni tissu ou autre relique. Il existe des photographies, en même temps que les récits de nombreux témoins sérieux, prouvant que l'on *voit* des monstres aquatiques, mais rien ne prouve qu'ils *existent* physiquement. Parallèlement, nous avons des rapports indiscutables d'apparitions de spectres, vus et même photographiés, mais rien pouvant intéresser le laboratoire. Cette comparaison nous paraît significative et, si rien d'imaginable n'est impossible, nous considérons que les chances de voir le Monstre du Loch Ness traîné à travers les rues d'Inverness sont à peu près aussi faibles que de voir défiler n'importe quel autre fantôme.

Sans doute, les monstres lacustres et marins existent-ils, du point de vue du phénomène. On les signale à la fois à l'intérieur des terres et le long des côtes de l'Écosse, l'Irlande, la Scandinavie, le Canada, l'Afrique, la Nouvelle-Zélande, partout effectivement où le terrain est propice pour eux et même là où il ne l'est pas. Une des objections soulevées par les géologues à propos du Monstre du Loch Ness, est que le Loch est trop petit pour subvenir aux besoins d'une colonie de tels animaux. Cependant, il existe de nombreux lacs, bien plus petits que le Ness où la preuve de l'existence de monstres est également valable. Le capitaine Leslie passa des années à faire des recherches sur les monstres légendaires – et encore communément signalés de nos jours dans le Connemara, à l'ouest de l'Irlande –, habitués de lacs de moins de un kilomètre de long. Le 16 octobre 1965, il provoqua une explosion dans le Lough Fadda et fut récompensé par la vue d'une forme monstrueuse battant les eaux à environ 12 ou 13 mètres du bord. Dans le même lac, en 1954, la bibliothécaire de Clifden dans le Galway, Georgina Carberry, et trois de ses amis, furent terrorisés à la vue d'un grand monstre ondulant et noir qui s'était approché en nageant, la gueule ouverte, jusqu'à 7 mètres d'eux. F. W. Holiday, dans son ouvrage sur les êtres phénoménaux, *The Dragon and The Disc*[1] (1973), décrit ses investigations dans des petits lacs irlandais, à peine plus grands que des étangs, tel le Lough Nahooin, près de Clifden, qui ne mesure qu'environ 30 mètres sur 25 et qui détient pourtant le record de repérages de monstres. Holiday, l'un des auteurs de récits de « monstres » les plus perceptifs, attire l'attention sur le paradoxe qui sous-tend toute l'histoire :

« Même si tout suggérait que des "Peistes" [vieux nom irlandais désignant les créatures fantômes vivant dans les lacs] étaient indigènes à ces lacs, rien ne nous indiquerait de quoi elles vivaient. Nahooin comportait une population stable de petites truites brunes. Cependant, supposer qu'un animal de la taille d'un crocodile aurait pu se tapir dans l'étang et se nourrir de ces poissons était évidemment absurde. Les truites auraient disparu en quelques jours. »

Le « Puma du Surrey » possède la même habileté à vivre sur le pays, sans apparemment s'en nourrir. Holiday attire l'attention sur un autre élément curieux à propos du Monstre du Loch Ness, que les repéreurs d'OVNI ont également remarqué. Le phénomène semble éviter volontairement les photographes, ou bien les photographies ne se révèlent pas au développement, ou encore disparaissent comme par enchantement, ou même, l'appareil de photo reste dans la voiture. La seule bonne séquence cinématographique de l'animal du Ness, prise en 1930 par un certain Dr McRae, n'a jamais été montrée au public ni à des experts. De plus, une curieuse malchance talonne le Bureau d'investigation du Loch Ness. Depuis 1965, année de l'installation de son poste d'observation qui devait maintenir le Loch constamment sous surveillance pendant six mois de l'année, on n'enregistra rien de

1. Le dragon et le disque.

très remarquable. Cependant, en 1964, au même endroit, il y eut deux bonnes apparitions vues par de multiples témoins. En 1965, le monstre se manifesta l'unique jour où la caméra du Bureau était en dérangement, et une autre fois, en 1970, il apparut quelques minutes après que l'observateur eut rangé son matériel pour la nuit. En 1971, Tim Tinsdale, chasseur enthousiaste de monstres, tenait un poste d'observation équipé de cinq caméras avec téléobjectif, lorsqu'un cou sinueux rompit la surface à 70 mètres seulement. L'émotion le paralysa et il rata la photo. L'effet inhibant des êtres phénoménaux se manifesta il y a bien longtemps. En 1857, le guetteur de Lord Malmesbury lui parla d'un monstre qu'il avait vu dans le Loch Arkaig, mais quand le lord proposa d'aller le tirer, le guetteur lui dit : « Peut-être le fusil de Monsieur le Comte fera-t-il long feu. »

La littérature moderne traitant du Monstre du Loch Ness et de ses acolytes se pose surtout la question futile de savoir si de telles choses existent physiquement. La grande majorité des auteurs, de Gould en 1934 au plus récent, Costello, soutiennent la thèse de sa réalité, tandis que d'autres, notamment le grand débusqueur de monstres, le Dr Maurice Burton, tentent des explications en termes d'erreurs, de supercherie ou de psychologie. D'un bout à l'autre de ce livre, nous suggérons qu'une telle polarisation de l'opinion est inutile. Entre la thèse dure et la psychologique, il existe une réalité intermédiaire, celle des fantômes.

Dans les vieux manuels d'histoire, on rencontre de nombreuses références aux monstres aquatiques persistant de nos jours et on les représente toujours comme autant d'animaux ordinaires différents, élémentaux plutôt que faunaux. Une ancienne *Vie* de saint Columba décrit la manière dont le saint, aux environs de 565, appela puis bannit le Monstre du Loch Ness. De semblables exploits magiques – contrôler ou exorciser des apparitions – reviennent dans de nombreuses légendes locales et le caractère archétypal du geste se retrouve dans l'universalité du mythe du héros solaire, terrassant le serpent ou le monstre-dragon. Nous respectons l'opinion attribuée à un ami de W. B. Yeats (probablement George Russell, le voyant irlandais connu sous les initiales de « A. E. ») selon laquelle « ces créatures terrifiantes, si fréquentes dans les lacs, furent placées là par de subtils enchanteurs, pour garder les portes de la sagesse ». Il s'agit là d'une ambiance et d'un thème parfaitement rendus dans les sombres romances gothiques d'Arthur Machen et de H. P. Lovecraft, au début de notre siècle; leurs histoires paraissent avoir anticipé un grand nombre des étranges phénomènes de notre ouvrage.

LE GRAND MONSTRE AMÉRICAIN

Partout dans le monde, dans tous les endroits où il y a des déserts et des montagnes, il y a des monstres, créatures inconnues de la science, mais tout à fait familières aux indigènes. Les gens qui les ont vus les décrivent comme des êtres énormes, poilus, mi-hommes, mi-singes, d'une intelligence surnaturelle et extrêmement insaisissables. On a vu et photographié leurs empreintes géantes de l'Himalaya aux montagnes de l'Amérique du Nord, mais jamais on n'a réussi à en capturer un.

Tout le monde a entendu parler de l'Abominable Homme des Neiges ou Yéti de l'Himalaya, être d'apparence humaine qui vit tout en haut des cimes neigeuses. Les indigènes le connaissent bien et certains Européens l'ont même vu. Une des descriptions classiques est celle du célèbre montagnard britannique Don Whillans, au cours de l'été de 1970 à plus de 4 000 mètres d'altitude, dans les monts du Népal. Une nuit, après avoir passé la journée à photographier sur la neige les empreintes d'un gros animal inconnu, il vit dans la clarté lunaire l'animal qui aurait pu faire les traces, marchant le long d'une crête, en face de sa tente. Il ressemblait à un grand singe et circulait à quatre pattes. Lord Hunt recueillit une bonne description du Yéti de la bouche de l'abbé du monastère de Thyangboche qui en avait regardé un jouer dans la neige à l'extérieur de sa demeure. Il mesurait environ 1,50 mètre et avait le poil grisonnant. Les autres moines furent très excités à sa vue et l'éloignèrent en sonnant de la conche et du clairon.

En dépit des innombrables rapports de sherpas et d'autres, la preuve la plus valable pour la science de l'existence du Yéti est constituée par les empreintes. Le 8 novembre 1951, Eric Shipton, au cours d'une de ses expéditions dans l'Everest avec Michael Ward et un sherpa, Sen Tensing, découvrit des empreintes remarquables dans la neige à une altitude de 6 000 mètres. Elles appartenaient à un être qui marchait comme un homme, et qui, s'il avait été de proportion humaine, aurait mesuré environ 2,25 mètres. Ils suivirent les traces pendant environ 1,5 kilomètre, puis les perdirent sur une plaque de glace. Un grand nombre d'autres explorateurs de l'Himalaya, y compris l'expédition de 1954 montée par le *Daily Mail*, ont enregistré des empreintes semblables;

la découverte la plus extraordinaire fut celle du Sikkim, en 1915, par un officier forestier, J. Gent. Les empreintes mesuraient entre 5 et 7 mètres de long; d'après des informateurs indigènes de Gent, qui les identifièrent comme appartenant à un spécimen d'une race locale d'hommes sauvages géants, les orteils étaient à l'opposé de la direction vers laquelle marchait la créature.

Les hommes sauvages poilus de l'Asie centrale soviétique ressemblent au Yéti. Un savant de l'université de Léningrad, A.G. Pronin, en vit nettement un en 1957 dans les monts du Pamir; il le revit quelques jours plus tard et le décrivit comme étant roux-grisonnant, poilu avec des bras longs et une démarche traînante. Les bergers kirghizh locaux connaissaient depuis longtemps l'existence de cette créature, mais ni eux ni aucune des expéditions dépêchées par les Soviets dans la région n'ont jamais réussi à en capturer un.

Des apparitions de géants poilus, non identifiés, se sont produites dans toutes les régions montagneuses de l'Asie, mais la preuve la plus solide de l'existence de ces êtres nous vient des régions occidentales de l'Amérique du Nord. Les premiers colons en Californie, en Oregon et dans le Washington, apprirent des tribus locales l'existence de l'étrange homme sauvage des montagnes, appelé Sasquatch par les Indiens de la Colombie britannique. Depuis que l'explorateur David Thompson vit des empreintes attribuées à cette créature, chaque pas mesurant 35 centimètres de long, près de Jasper, dans l'Alberta, plusieurs milliers d'inexplicables traces de pas ont été découvertes et les êtres poilus ont souvent été vus et même photographiés. Prolongeant la tradition indienne suivant laquelle le Sasquatch a tendance à enlever les êtres humains, plusieurs Américains modernes ont prétendu avoir vécu cette aventure, la plus récente en 1976. Le premier compte rendu date de 1924 : Albert Osman, exploitant forestier, campait en face de l'île de Vancouver, lorsqu'on le souleva avec son sac de couchage et tout son matériel pour le porter à une quarantaine de kilomètres au repère d'une famille Sasquatch composée du père, environ 2,60 mètres de haut, de la mère, plus petite de 30 centimètres, et des deux enfants. Ils le traitèrent correctement, et six jours plus tard, il s'évada. Craignant de se faire railler, il garda son secret pour lui jusqu'en 1955.

Un article parut dans le *Seattle Times*, le 16 juillet 1918, à propos de l'attaque de « diables montagnards » contre la hutte d'un prospecteur chercheur d'or à Mount St-Helens, dans l'État de Washington. On prétendit que les diables étaient des membres d'une race locale, intermédiaire entre l'homme et l'animal, possédant des pouvoirs magiques et le don de l'invisibilité à volonté. En octobre 1940, les membres de la famille Chapman de Ruby Creek, en Colombie britannique, virent s'approcher d'eux une créature mâle de 2,50 mètres de haut, qui les incita à fuir de leur maison et laissa derrière son passage des traces de 60 centimètres, et un baril renversé de poisson salé. De nombreux incidents et visions sont signalés dans les ouvrages de Ivan T. Sanderson, John Green et d'autres auteurs traitant du phénomène de « Bigfoot » (Grands Pieds) et toute la documentation recueillie à ce jour et prouvant l'existence de ces géants inconnus dans l'Amérique du Nord-Ouest a été analysée avec sérieux dans *Bigfoot*, ouvrage de l'anthropologue John Napier. La preuve la plus convaincante qu'il reconnaisse est le chemin de près de un kilomètre composé de 1 089 traces de pas, longues de 42 centimètres et larges de 18, découvert en 1969 près de Bossburgh, dans l'État de Washington. Le pied droit de l'être qui les produisit était estropié, mais à un endroit donné, il enjamba facilement une barrière de 1,07 mètre.

Un compte rendu publié dans le *New York Times* du 30 juin 1976 relate l'expérience d'un bûcheron, Jack Cochran, le 12 mai 1974, dans la forêt nationale de la rivière Hood (Oregon). A environ 45 mètres, il vit une « grande chose poilue », debout et silencieuse. Après sa première – remarquable – idée que c'était peut-être un de ses collègues, il se rendit compte que la créature ne pouvait être que le légendaire Bigfoot. Celui-ci finit par s'éloigner sous les arbres, « gracieux comme un athlète. » Le lendemain, deux bûcherons de la même expédition marchaient dans les bois et le dérangèrent, lui ou son frère. Il s'enfuit sur deux jambes, poursuivi par les hommes qui lui jetaient des cailloux. Des membres du Centre de recherches Bigfoot de The Dalles, dans l'Oregon, visitèrent par la suite le site et découvrirent d'immenses traces de pas accompagnées de celles des bûcherons.

Le film pris par Roger Patterson, lors d'une chasse au Sasquatch à Bluff Creek, en Californie du Nord, le 20 octobre 1967, constitue le rapport le plus frappant jamais réalisé ou prétendu l'avoir été, du Grand Monstre américain. Il montre, à une distance d'environ 30 mètres, un être poilu, hominien, marchant debout en plein champ de la caméra. Les experts ayant examiné le film n'ont pu trouver aucun défaut ni aucune preuve de supercherie et il paraît digne d'une place parmi les photos classiques d'OVNI et du Monstre du Loch Ness, comme étant une des rares photos d'un spectre.

Nous parlons de spectres, en pensant à ce que disait l'anatomiste Sir Arthur Keich, que la seule espèce d'êtres que l'on voit constamment mais qui ne se présente jamais sur la table de dissection, appartient au monde des esprits. En Amérique, les chasseurs de Bigfoot sont aussi actifs que ceux du Monstre du Loch Ness dans la poursuite de preuves de l'existence physique de leur phénomène; et ils ont rencontré une dose égale de succès ou d'échec : empreintes, vues, bruits, sentiments étranges, légendes mythiques — et, par-dessus tout, l'insaisissabilité. En juillet 1976, les journaux américains parlaient d'une « expédition secrète » organisée par l'American Wildlife Research (Recherche sur la nature sauvage américaine) qui devait s'enfoncer dans la brousse de la Colombie britannique, que l'étude d'un ordinateur avait désignée comme le lieu le plus propice à la localisation du Sasquatch.

Soutenant notre croyance dans la réalité phénoménale qui relie un si grand nombre de nos chapitres, voici un des récits les plus anciens que Warren Smith cite dans *Strange Monsters and Madmen*[1] ; il le tire d'un journal montré à son ami, Brad Steiger, par le petit-fils de l'homme qui l'écrivit, M. Wyatt du Tennessee. Le grand-père, homme des bois dans le Comté de Humboldt, écrivait dans son journal, en 1888, que les Indiens de la région étaient en contact avec d'étranges êtres poilus qu'ils appelaient « ours fous » et qui étaient de temps à autre amenés sur terre par des hommes de l'espace du type moderne et classique, avec leurs OVNI brillants et des costumes moulants et argentés. L'explication, telle que la donnait Wyatt, était que les hommes de l'espace étudiaient les possibilités de stockage sur terre des animaux dont ils se régalaient le palais.

1. Monstres et fous étranges.

LES CHIENS NOIRS

Un fantôme se voit, mais ne s'attrape pas, définition recouvrant bon nombre de nos phénomènes. Les études du folklore indiquent qu'il existe à peine un coin des îles Britanniques sans son fantôme traditionnel. Ce genre de choses est soumis à la mode. Le vieux carrosse avec ses chevaux et son cocher sans tête, autrefois régulièrement observé, paraît avoir été remisé dès le début de l'ère des voitures motorisées, mais à sa place nous avons tout ce qu'il faut comme exemples de spectres de voitures à moteur. Rien n'a véritablement changé. Notre stock de fantômes indigènes demeure indemne. A travers les caprices de la mode, la continuité demeure.

Dans le cas du « Puma du Surrey », nous constatons une continuité : une grosse bête noire et mystérieuse rôdant dans la campagne anglaise. Ceci n'a rien de neuf. Chaque volume de folklore local mentionne l'animal et il fait tellement partie de l'expérience des gens que dans chaque région il a son nom familier : Black Shuck, dans le Norfolk, Pooka en Irlande, Gurt Dog, dans le Somerset, etc. Quel que soit son nom, le phénomène est partout le même, un animal craintif hantant certains lieux, dont la vue peut faire s'évanouir d'horreur un homme. « C'était impressionnant. Il avait quatre pattes et il était noir, et avait de grands yeux enflammés, larges comme des soucoupes. »

Semblable à celle-ci, on connaît l'aventure d'un fermier du Devon. Nous tirons nos citations de l'excellente collection de mythes, légendes et vues modernes de chiens noirs, réunis dans l'ouvrage de Patricia Dale-Green, *Dog*. Ce fermier était sur Dartmoor (on ne donne ni date ni autre détail), lorsqu'il entendit les pas d'un animal s'approchant de lui par-derrière. C'était un gros chien noir. Il voulut le caresser, mais sa main ne toucha rien. L'animal s'éloigna en courant, « un jet de vapeur sulfureuse jaillissant de sa gorge ». Le fermier courut derrière lui jusqu'à un carrefour où le chien parut exploser dans un éclair éblouissant, projetant le fermier à terre.

Ceci n'est pas le type d'histoires que l'on raconte à ses compagnons de beuverie de la veille, mais il y a trop de rapports sincères de gens ayant vu le chien noir sans l'aide de *delirium tremens* pour que le phénomène soit simplement l'effet de la boisson. Certaines caractéristiques étranges de cette apparition de chien noir la relient à plusieurs de nos autres types de phénomènes. Par exemple, sa manière de s'évanouir dans un éclair explosif; il s'apparente, par cet élément, aux boules de feu, feux follets, dans le chapitre des « Mystérieuses lueurs ». Comme lui, il y a un lien avec les cours d'églises, carrefours, cours d'eau et étendues de vieilles routes. On le considère également comme un présage macabre. Le volume sur le Somerset de *County Folklore*[1] contient une référence au chien noir qui hante la route de Saint-Audries à la ferme Perry et qui apparut, dit-on, à deux personnes en 1960, juste avant leur mort. La luminosité de nombreux chiens noirs et la méchante apparence qu'on leur attribue expliquent leur fréquente identification au Diable ou à ses agents : « A certains endroits, on dit que si l'on examine les emplacements où s'est trouvé Black Shuck, on constate qu'ils sont brûlés et sentent fortement le soufre », écrit P. Dale-Green. Un correspondant de *Notes and Queries*, 18 mai 1850, à propos des chiens noirs de l'East Anglia, constate le même effet. Un des témoins, « entraînant ses voisins vers l'endroit où il l'avait vu, trouva un emplacement dénudé, comme si de la poudre à canon y avait explosé ». Un autre incident se produisit à Hatfield Peverell, dans l'Essex : un charretier voulut frapper un gros chien noir qui obstruait le passage sur un chemin campagnard et, pour tout résultat, prit peur et fut réduit en cendres avec son cheval et sa charrette. Un autre cas a été enregistré à propos d'un fermier près de Aylesbury dans le Buckinghamshire, qui voulut frapper les deux yeux d'un chien noir, brillants dans le noir. Le chien et ses orbes lumineux disparurent instantanément; le fermier en resta muet et paralysé, et ne s'en remit jamais.

Nous aimerions avoir une action rationnelle et identifier le chien noir avec un de ces phénomènes familiers même si encore inexpliqué, telle la boule de foudre. Un problème se pose du fait que tous les gens ayant vu des chiens noirs déclarent unanimement qu'ils ont absolument la forme d'un animal. Il ne peut y avoir ici aucun malentendu. Et on ne décrit pas toujours la créature sous un jour dangereux. Le Pooka de l'Irlande (étrange similitude entre Pooka et puma) est souvent représenté sous un jour favorable comme compagnon ou guide des gens de la campagne, le long des routes sombres et solitaires. Le livre sur le folklore du Somerset renferme une autre référence à l'aspect amical et protecteur

1. Folklore du comté.

du chien noir. Dans les années 1930, les femmes des vallées isolées des collines Quantock laissaient leurs enfants vagabonder dans les collines avec la certitude que le Chien Gurt, là-haut, les protégerait de tout danger. En règle générale, plus les gens acceptent leur fantôme local, de manière simple et calme, plus celui-ci devient aimable.

Dans un volume sur le folklore du Suffolk, le chien noir local est décrit sous la plume d'un vieil auteur :

« Le vieux Shuck est un lutin espiègle qui prend la forme d'un gros chien ou d'un veau, hantant les grand-routes et les chemins dans la nuit. Ceux qui sont suffisamment imprudents pour le rencontrer sont certains d'être au moins jetés à terre, avec force meurtrissures, et ils auront de la chance s'ils évitent d'avoir les chevilles tordues ou cassées; ce dont nous avons des comptes rendus et que nous croyons. »

La manifestation la plus terrible de chien noir dans le Suffolk, – entraînant plus que des chevilles rompues – se produisit le dimanche 4 août 1577. Un groupe de témoins en publièrent un compte rendu. Entre 9 et 10 heures du matin, les habitants de Bungay étaient réunis à l'église, et soudain éclata un orage extrêmement inhabituel et d'une très grande violence. Le ciel devint noir, l'église trembla et le clerc de la paroisse grimpé sur le toit pour nettoyer les gouttières fut jeté à terre par la foudre, sans être sérieusement blessé. Dans l'église se produisit un prodige effrayant – un chien noir. Illuminé par des éclairs, il apparut sans ambiguïté à tous les fidèles et tous les témoignages contemporains s'accordent à déclarer qu'il avait la forme d'un chien. Il parcourut l'allée centrale d'un bout à l'autre de l'église et passa parmi les fidèles. Il se glissa entre deux personnes agenouillées en prière et toutes deux furent instantanément frappées de mort. Un autre homme, touché par le chien, se recroquevilla comme une bourse, mais demeura en vie. On trouva le mécanisme de l'horloge de l'église tordu et cassé, et l'on découvrit des marques comme des griffes sur les pierres et sur la porte à cadre métallique de l'église. Le même jour, à Blythburgh, à environ 10 kilomètres de Bungay, un chien noir traversa également l'église, frappant la congrégation et tuant deux hommes et un garçon, et en « foudroyant » beaucoup d'autres.

Comme beaucoup d'autres chiens noirs, ce monstre du Suffolk était évidemment un être « élémental », mais défiant toute explication rationnelle, comme un effet des forces naturelles de l'atmosphère, tout en ayant simultanément l'apparence d'un animal reconnaissable. Une telle créature de paradoxe doit appartenir au domaine de la magie et de la sorcellerie, bien que cela ne doive pas le placer au-delà de toute enquête future. Les magiciens ne sont pas moins tenus par les lois de la nature : ils en ont simplement une meilleure compréhension. Aucun sorcier ne peut invoquer ce qui n'est pas déjà dans la nature. Si des apparitions spectrales peuvent être conjurées par magie, il doit y avoir un potentiel fantôme dans la nature sur lequel celle-ci peut agir; et si ce potentiel existe, il peut à l'occasion se manifester spontanément... Le redoutable chien noir de Bungay représentait de toute évidence une manifestation spontanée, mais nous connaissons de nombreux cas de chiens noirs réputés être les familiers des sorcières ou des sorciers déguisés en animaux-garous. K. Wiltshire, qui cite dans son livre de légendes du Wiltshire au moins quarante cas de chiens noirs dans cet unique comté, déclare avoir entendu dire que les sorcières de Norfolk sont encore capables de produire ces animaux aux yeux en soucoupes par le seul pouvoir de la concentration.

Notre exemple le plus récent de chiens noirs liés à la magie vient d'un article dans le *Sunday Express* du 23 novembre 1975, relatant le procès pour tentative d'homicide de cinq rétameurs, un père et ses quatre fils, pour avoir tenté de brûler une prétendue sorcière près de Varasdin, en Croatie. Ils déclarèrent que la vieille femme les avait attaqués sous l'apparence d'un chien noir aux yeux étincelants, faisant tomber un des frères de sa bicyclette. Des voisins les dérangèrent au moment où ils mettaient le feu au bûcher sur lequel ils l'avaient attachée.

Une vue générale de notre documentation sur les chiens noirs fait penser que toutes ces apparitions appartiennent à un aspect de la nature mieux reconnu dans le passé que de nos jours. Le lien particulier des chiens noirs avec l'eau, les ponts, les rivières souterraines, les trésors enfouis, les vieilles cours d'églises et certains tronçons de routes suit un schéma que partagent certains de nos autres phénomènes et suggère l'existence d'un unique principe mystérieux les reliant tous. Nous développons cette thèse dans le chapitre suivant. En attendant, à quiconque pourrait rencontrer un grand chien noir aux yeux brillants et à l'apparence sinistre, notre meilleur conseil, tiré de l'expérience des autres, serait de lui suggérer de céder le passage et d'éviter de le toucher.

LE PUMA DU SURREY

Des animaux d'une espèce en principe disparue, mais qui ne l'est pas; qui ne devraient pas exister, tout en existant – au moins à l'occasion; vivant dans une partie du monde, mais apparaissant ailleurs. Nous parlons d'animaux qui existent « à l'occasion », ceci étant le seul moyen de justifier certains caractères particuliers de la répartition de la faune universelle, rarement mentionnés dans les manuels de biologie et d'histoire naturelle. En vain, avons-nous cherché dans notre *List of British Mammals*[1] des références au Puma du Surrey, indigène par intermittence, et nous nous sommes finalement tournés vers le seul ouvrage faisant autorité sur cet animal, le registre de la police de Godalming. Y sont répertoriées, rien que pour les deux années allant de septembre 1962 à août 1964, 362 visions d'animaux mystérieux, généralement identifiés sous le nom de pumas. Ces registres ne sont pas accessibles au public, mais des coupures de presse composent à elles seules un dossier (imprimé et donnant des sources et des détails dans *Info Journal* de mai 1974 et *The News* de janvier 1976) sur plus de quatre-vingts « pumas » et animaux mystérieux depuis 1962. Ceci ne représente qu'une faible part du phénomène. En plus de ceux connus de la police, pour un grand nombre desquels il n'est pas fait de publicité, et des cas enregistrés dans le dossier du Puma de Surrey que tient la Société zoologique de Londres, beaucoup d'autres n'ont jamais été enregistrés pour la bonne raison que les gens hésitent à se donner l'air stupide en avouant avoir vu ce que la raison et les experts leur disent être impossible : une grosse bête inconnue, dans le paysage domestique du Sud de l'Angleterre.

Pour illustrer ce phénomène au bénéfice de personnes étrangères au sujet, voici des renseignements typiques. Nous pourrions donner de nombreux exemples pour chaque année depuis le début des années 1960 et pour chaque comté du sud de l'Angleterre mais nous en resterons au Surrey et aux comtés avoisinants, tra-

1. Liste des mammifères britanniques.

ditionnelle patrie du Puma, et à une année où le phénomène en était à sa petite enfance, 1964.

Le 4 septembre 1964, un ramasseur de mûres de Munstead vit un animal d'environ 1,50 mètre de long, sans compter sa longue queue, brun foncé doré, doté d'un visage félin et d'une raie noire tout le long de son dos. Plus tard, sur Munstead Common, on découvrit de larges empreintes d'animal, nettement imprimées dans le sol sablonneux, et on les suivit sur environ 800 mètres jusqu'à un endroit où la bête avait sauté une haute barrière et disparu dans des arbustes; le 23 et le 24 septembre apportèrent d'autres nouvelles du Surrey : un chevreuil trouvé mort avec le cou rompu et de profondes griffures sur le corps paraissant avoir été infligées par un puissant monstre; également une génisse, encore vivante, mais grièvement blessée, présentant des arrachements de chairs et des marques de griffes. Le lendemain, un automobiliste près de Dunsfold identifia à un puma une étrange bête qui avait traversé la route devant sa voiture en courant. En octobre, les nouvelles vinrent du Sussex voisin. Une femme promenant ses chiens dans les bois décrivit au *Midhurst and Petworth Observer* sa rencontre avec un puma de 1,80 mètre, au pelage brun doré. Ses chiens l'avaient chassé dans le sous-bois d'où étaient sortis des « bruits de crachats et des cris ». Plus tard, on avait trouvé des marques de pattes dans les parages. Le même mois, un garde-chasse tira sur un « animal noir aux yeux bridés » à Fairley Mount près de Winchester, dans le Hampshire; un animal semblable – l'identification conventionnelle de « puma » était admise maintenant – fut aperçu par un autre garde-chasse dans la même région, et plusieurs autres rapports du même genre vinrent de Crondall, près de la limite Hampshire-Surrey. L'*Evening News* de Londres évoqua cette épidémie de pumas dans deux articles, les 24 et 28 octobre. L'apparition suivante fut réservée à deux gendarmes. Leur puma se manifesta dans la cour de l'église de Stoke Poges, dans le Buckinghamshire, près du monument élevé à Thomas Gray qui y composa son *Elégie*, et leur expérience parut dans l'*Observer* de Londres, le 20 novembre. Ce jour-là, l'on vit un puma à Nettlebed, Oxfordshire; deux jours auparavant, on en avait signalé un à Littleworth Common, Buckinghamshire et le 15 décembre, un autre apparut à Ewhurst, Surrey.

En janvier 1965, la police du Surrey avait reçu un tel nombre de rapports sur des apparitions de pumas qu'elle publia un avertissement au public, l'incitant à se méfier de Hurtwood Common où l'on pensait que l'animal avait pris ses quartiers d'hiver.

Et cela continua. Le 5 juillet 1966, le *Times* publiait un rapport venant de Worplesdon, dans le Surrey, relatant la manière dont, la veille, plusieurs agents de police et autres témoins avaient observé, à environ 30 mètres, un puma de la taille d'un labrador, couleur gingembre, au visage félin et avec une longue queue au bout blanc, traquer et tuer un lapin. La scène dura environ vingt minutes. Une photographie parut dans le *People* de Londres, le 14 août. Des experts « dans leurs fauteuils », que le témoignage oculaire ne gênait pas, déclarèrent que ce qui avait été vu était un chien, un renard ou un chat « sauvage », ce à quoi l'inspecteur de police Eric Bourne, témoin oculaire, répondit : « Je ne suis pas timbré. Je sais reconnaître un blaireau ou un renard d'un puma et ceci était définitivement un puma. »

On a pendu des gens avec des preuves plus douteuses que celles-ci; et ici nous notons un élément caractéristique d'un grand nombre de nos phénomènes, la croyance persistante et décidément arrogante des autorités urbaines selon laquelle on ne peut pas faire confiance aux gens de la campagne pour distinguer des animaux familiers locaux de ceux de l'Amérique du Sud par exemple.

Le Puma du Surrey poursuit son existence, inexpliquée jusqu'à nos jours. Il y eut une série impressionnante de vues en 1975 entre les 6 et 9 mars, commençant par un « gros animal félin » qui courut à travers les champs à Brooks Green, près de Horsham dans le Sussex, provoquant les ruades de deux chevaux et entraînant la chute de leurs deux jeunes cavalières. Une battue policière dans la région permit de découvrir des poils sur un grillage ainsi que des marques de pattes attribuées par la SPA à un animal de 45 à 60 kilos qui ne pouvait être un chien. Au cours des jours suivants, une bête ressemblant à un puma fut aperçue plusieurs fois, en particulier près de l'autoroute à Pease Pottage. En avril 1976, la *Bath Chronicle* signala un autre puma dans le Wiltshire occidental.

Un mystère apparaît ici, qui a attiré et successivement vaincu les savants rationalistes, les chasseurs de gros gibier (oui, on en a vu aussi dans le Surrey), les fermiers et la police, et les chercheurs spécialisés en OVNI et en questions occultes. Dans le cas de Munstead, mentionné plus haut, la police locale envoya des moulages des empreintes de pas au zoo de Londres, où on les identifia positivement à celles d'un puma. Cependant, le Dr Maurice Burton, vieux débusqueur du Monstre du Loch Ness et d'autres folklores du même accabit, les identifia aux marques d'un limier; même si le comportement et l'apparence de l'animal tel qu'on l'avait vu différaient beaucoup de ceux d'un chien. Si nous devions nous fier au témoignage oculaire des autres, nous dirions que, sans aucun doute, la région du Surrey était infestée de bêtes sauvages étrangères, des pumas ou quelque chose de très proche.

Cependant, il n'en est tout simplement rien. Il existe des indices mais tous peu concluants; des marques de pas, des poils, quelques pièces de bétail lacérées et des photos ambiguës. Aucun cadavre et, surtout, aucun signe des massacres massifs et soutenus du bétail local et des animaux sauvages qu'une colonie de vrais pumas aurait immanquablement causés. D'après les autorités, un puma requiert pour s'alimenter environ 150 kilos de viande par semaine, l'équivalent d'environ cinq chevreuils. Maintenir ce régime dans le Surrey constitue une impossibilité écologique. Même un unique puma en liberté pèserait, à lui tout seul, d'un poids intolérable sur le bétail local. Le phénomène est identique à celui auxquels sont confrontés les repéreurs d'OVNI. L'évidence est phénoménale et non physique. Nous ne pouvons douter des OVNI ni des pumas anglais, à cause de la fréquence et de la certitude des vues; pas plus qu'il n'est possible d'y croire comme nous croyons aux aéroplanes et aux renards, parce que cela semble faire partie de leur nature de ne pouvoir être attrapés et étudiés scientifiquement. Dans un chapitre précédent, nous avons observé un phénomène apparenté, celui des chiens noirs, souvent vus, mais jamais tués ou capturés; nous pensons aux animaux « esprits frappeurs », tels que l'ours noir sans tête qui tourmenta un village du Somerset au XVIIe siècle, aux loups-garous et aux animaux ou aux hommes à l'apparence changeante, aux habitués des sorcières, aux projections de pensées qu'évoquent les mystiques de l'Orient et aux légendes interminables de créatures mystérieuses venant de tous les continents et océans.

Tout ceci nous a amenés à élaborer une théorie que nous soutenons provisoirement et lâchement, comme toutes celles que nous avons émises. Elle consiste à dire que les animaux maintenant disparus qui peuplèrent une certaine région, à une certaine époque, continuent après leur disparition à hanter cette région, sous des formes fantomatiques variées, avec des apparitions physiques occasionnelles mais véritables, en attendant le moment de revenir s'y établir de nouveau. Il existe des cas remarquables d'espèces apparemment disparues qui semblent ressuscitées des morts, comme par enchantement. Le pétrel des Bermudes, remarquable oiseau volant, était bien connu des premiers colons qui, avant 1621, l'avaient exterminé. Du moins, est-ce ce que l'on croyait; pendant au moins trois cents ans, le pétrel ne fut pas revu sur son île natale. En 1951, il resurgit soudain du néant. On découvrit une colonie comportant dix-sept nids sur une île des Bermudes où l'oiseau est maintenant prospère. Dans son ouvrage, *On the Trail of Unknown Animals*, Heuvelmans donne plusieurs exemples de la tendance d'espèces disparues à surgir à nouveau de leur terre natale. Avec un effet dramatique certain, il fait mention de quelques bonnes apparitions modernes du mammouth de Sibérie.

En Angleterre, on assiste à la mystérieuse renaissance du sanglier, disparu depuis deux ou trois siècles. Le 5 août 1972, on attrapa un gros sanglier à l'issue d'une longue poursuite près de l'autoroute, au nord de Hartley Wintney; il n'en manquait aucun dans aucun zoo. Si cet incident avait été unique, nous n'en aurions rien pensé. Cependant, le 10 août, on aperçut un autre sanglier dans la même région et police et chiens le traquèrent sans succès. Six jours plus tard, on en vit un autre, courant avec des chevaux dans un champ, gris foncé, avec une tête pointue et une longue queue à houppes. Le 7 septembre, un fermier abattit une laie de 125 kilos, près de Bramshill, dans le Hampshire, geste qui incita les autorités du zoo à renoncer à divulguer la localisation d'*un autre* sanglier dont elles connaissaient l'existence. Ces incidents mettant en cause des sangliers se produisirent dans la région où se rencontrent les limites du Hampshire, du Surrey, du Berkshire et du Sussex – patrie du Puma du Surrey. Le dernier signalement d'un sanglier nous vient d'Écosse où, d'après le *Daily Telegraph* du 16 mars 1976, l'un de ces animaux aurait été tué en entrant en collision avec une voiture sur la propriété du comte de Cawdor, près de Nairn.

Dans la Grande-Bretagne du pléistocène, et même probablement à des époques plus récentes, il y avait des sangliers et des « tigres » aux larges dents; et lorsque Worplesdon n'existera plus et que le train ne mènera plus les banlieusards jusqu'à London Bridge, peut-être en verra-t-on à nouveau.

Cet ouvrage a été composé par EUROCOMposition S.A. Paris
et imprimé par la S.E.P.C. à Saint-Amand-Montrond (Cher)
pour le compte des éditions Belfond

Achevé d'imprimer le 10 juillet 1980

n° d'édition : 333 n° d'impression : 740
Dépôt légal 3e trimestre 1980